## 本书编委会

# 致　谢

本书长期开展的一系列研究获得了以下课题项目的资助或支持，特此致谢：

(1) 科技部国家软科学研究计划项目“深化我国行政管理体制改革若干重大问题研究”(2010GXS1B025)

(2) 国家社会科学基金重大项目“基层政府社会管理体制机制创新研究”(11&ZD032)

(3) 教育部哲学社会科学研究重大课题攻关项目“国家公共危机安全管理系统研究”(03JZD0021)

(4) 教育部高等学校特色专业建设点中国人民大学行政管理专业建设项目

(5) 中国人民大学国家重点学科行政管理专业支持项目

(6) 北京市与中央在京高校共建项目 2010 年“社会转型与公共治理”项目

公共管理硕士(MPA)系列教材

# 社会管理概论

主　编　唐　钧

副主编　边晓慧　李家福
　　　　王　春　范　坤

中国人民大学出版社
・北京・

# 公共管理硕士（MPA）系列教材
# 编 审 委 员 会

# 《公共管理硕士（MPA）系列教材》
# 总　序

纪宝成

公共管理是以政府为核心的公共部门运用管理学、政治学、经济学、法学、社会学、系统科学等多学科理论与方法对国家和公共组织进行有效治理的管理活动。公共管理学是运用管理学、政治学、经济学等多学科理论与方法研究公共组织，尤其是政府组织的管理活动及其规律的学科体系。它是一个科际整合的交叉学科群，是以解决公共问题为导向的应用科学。

中国作为一个统一的国家有几千年的历史，在政府管理领域有着丰富的经验，这些经验对世界很多国家都产生过重要影响。从这个意义上说，中国是公共管理理论与实践的发源地之一。

现代公共行政与公共管理的研究和教育于20世纪初在西方兴起，迄今有上百年的历史。我国从20世纪80年代开始公共行政与公共管理研究和教育的恢复和重建，自此以后公共行政与公共管理的研究和教育得到长足发展。

根据新形势下社会公共管理现代化、科学化、专业化的要求，为建立适应社会主义市场经济需要的办事高效、运转协调、行为规范的公共管理体系，完善国家公共事务和行政管理干部培训制度，建设高素质的专业化国家公共事务和行政管理干部队伍，1999年5月国务院学位委员会第17次会议审议通过了《公共管理硕士（MPA）专业学位设置方案》，并决定于2001年10月在我国首次进行MPA招生考试，2002年3月MPA学员正式入学。

为了提高我国公共管理硕士（MPA）专业学位教育水平，保证公共管理硕士专业学位教育工作的健康、顺利发展，国务院学位委员会、教育部和人事部于2001年2月成立了全国公共管理硕士（MPA）专业学位教育指导委员会。MPA专业学位教育指导委员会的教材工作小组就教材建设问题专门进行了讨论。

80年代以后我国出版了一些公共行政与公共管理的教材，这些教材在公共行政与公共管理专业人才培养方面发挥了重要作用，但仍存在一些缺陷，即教材相对比较分散，不系统，没有一个完整的知识体系，联系实际不够。

公共管理是一个不断成长和发展的学科，公共管理实践尚在不断发展中，因而公共管理教育也处在探索和发展阶段。为适应公共管理硕士（MPA）教育对教材和教学参考资料的需要，不断探索回应公共管理实践中的问题，反映国内外公共行政与公共管理研究的最新成果，中国人民大学出版社组织有关专家编写了这套公共管理硕士（MPA）系列教材。本套教材包括按照国务院学位办确定的《公共管理硕士专业学位培养方案》的要求而编写的9门核心课程教材，也包括公共管理各领域、各新兴学科的方向性必修课程教材及部分选修课程教材。

本套教材力求体现如下特色：第一，系统完整，基本涵盖了公共行政与公共管理专业教育的主要知识领域；第二，反映国内外公共行政与公共管理研究领域的最新成果，为公共行政与公共管理领域的教育者、学生、实际工作者提供了本领域的最新信息、资料及多视角思考空间；第三，反映公共行政与公共管理硕士（MPA）专业教育的特点，重视应用性，注重能力的培养，为此在教材中除讲授一般理论知识外，还加有大量案例分析；第四，将中国传统的行政管理思想、国外先进的公共行政与公共管理理论与中国现实管理实践紧密结合，理论联系实际。

本套教材除适合MPA学生使用外，也适合公共管理学科的研究生及各级行政管理人员作为培训参考资料使用。

参与本套教材编写的有中国人民大学、北京大学、清华大学、复旦大学、中山大学、厦门大学、上海交通大学、国防科技大学等十几所大学的老师，他们都是公共行政与公共管理教育领域的专家，他们在公共行政与公共管理教育领域积累了丰富的经验，同时又比较注重社会实践，使理论与实践相结合。本套教材的作者来自全国各地，突破了一个学校、一个区域的界限，我们的指导思想是尽量把公共行政与公共管理领域有影响的学校和有影响的老师都吸收进来，博采众家之长。为此，中国人民大学出版社邀请有关专家成立了公共管理硕士（MPA）系列教材编委会。

随着公共行政与公共管理教育和实践的不断发展，公共行政与公共管理学科的研究和教育也在不断发展和完善，这就要求教材也要不断更新内容。我们编写的这套教材只是一个初步的探索和尝试，还望广大读者对这套教材提出批评建议，以便于我们不断修订、完善。

# 前　言

社会管理是人类社会必不可少的一项管理活动。

我国社会管理的提出经历了由“社会建设”、“社会建设和管理”向“社会管理”逐步过渡的过程。随着市场化、城市化、信息化、工业化和全球化的深入推进，计划经济向市场经济转轨，传统社会向现代社会转型，中国社会发生着深刻的变革。2004 年党的十六届四中全会指出改革开放进入到了新的历史阶段，第一次明确提出了“社会建设”的概念，即“加强社会建设和管理，推进社会管理体制创新”，将中国特色社会主义事业的总体布局拓展为经济建设、政治建设、文化建设、社会建设“四位一体”。2006 年党的十六届六中全会将“社会管理”作为构建社会主义和谐社会若干重大问题的一个重要方面，指出“完善社会管理，保持社会安定有序”，将社会管理与社会事业发展等重要的社会建设问题并列论述。2007 年党的十七大进一步系统论述了“社会管理”，明确了“党委领导、政府负责、社会协同、公众参与”的社会管理格局，社会管理由此列入中国政治的最高议程。

加强和创新社会管理是社会矛盾凸显期我国面临的迫切任务。我国经济快速发展迎来了重要的战略机遇期，但同时也造成了社会矛盾凸显，社会管理领域出现了诸多问题。社会心理失衡现象愈加突出，社会结构调整滞后引发社会管理不适应，社会贫富差距持续拉大引发的社会分化凸显，社会管理滞后、缺失引发的社会失序进一步增多，高度流动性社会引发的社会风险日益扩大，信息化社会对传统社会管理方式构成了挑战，这些都给社会管理工作带来了许多问题和挑战。变革传统社会管理体制，推动社会管理创新，成为我国当前面临的迫切任务。加强和创新社会管理对于协调利益关系、化解社会矛盾，调节分配差距、维护社会公正，保障社会安全、促进社会稳定，推动社会进步、实现社会和谐具有重要意义。

新的经济社会环境要求新的社会管理体制与之相适应，当前我国社会管理呈现出新的发展趋势。社会管理的根本目的是保障公共安全、维护社会秩序、提供公共服务、促进社会和谐，其基本任务包括协调社会关系、规范社会行为、解决社会问题、化解社会矛盾、促进社会公正、应对社会风险、保持社会稳定，创造既有活力又有秩序的经济社会发展环境。当前的经济社会环境要求社会管理在内涵上向纵深发展，在外延上扩大范围，在形式上突出精细化、规范化，在效果上强调符合客观规律和人民满意。

本书围绕社会管理，从概念、格局、体系、实践四个部分展开研究："概念"篇是社会管理研究的起点，尝试理清社会管理的基本内涵，构建社会管理的概念工具和分析框架；"格局"篇是社会管理研究的基础，关注社会管理主体的角色定位、相互关系与作用机制，推进四位一体社会管理格局的建立健全；"体系"篇是社会管理研究的核心，不断丰富和完善我国的社会管理体系，推进中国特色社会主义社会管理体系的构建；"实践"篇是社会管理研究的本质，关注社会管理的发展重心与建构路径，重视国际引领和本土实践，不断提高社会管理改革与发展绩效。全书内容共四篇九章，具体如下：

(1) 第一篇，社会管理的界定与内容。本篇关注社会管理的基础概念，科学界定社会管理的外延和内涵。社会管理是一个具有中国特色的实践概念，必须放置在中国国情背景下考量。本篇探讨社会管理的内涵、特征与原则，并在此基础上进一步研究社会管理意在达到的多元目标、内容及分类，从而构建全书研究社会管理的分析框架。

(2) 第二篇，社会管理的格局。本篇梳理了我国社会管理格局的宏观环境、历史演变与阶段特征，并进一步分析了当前我国社会管理格局面临的新背景、新趋势与新选择，论证建立健全"党委领导、政府负责、社会协同、公众参与"的四位一体社会管理格局，成为我国加强和创新社会管理的重要思路和目标模式。

(3) 第三篇，社会管理的体系。本篇着重探究我国的公共安全体系、社会秩序体系、公共服务体系与和谐保障体系。社会管理体系是社会管理的客体，体现社会管理的内容，社会管理体系的健全和发展是社会管理实现的载体，也是彰显社会管理价值的必然要求。

(4) 第四篇，社会管理的实践。本篇探究我国不同时期、不同地区和不同领域社会管理的阶段重心与发展类型，并基于大量社会管理创新实例，凝练我国社会管理的共性标准，进一步构建我国社会管理的发展路径，推动社会管理的整体统筹，最后探究我国社会管理的国际引领与本土实践。

2011 年，被称为社会管理元年。加强和创新社会管理是一个中国特色的实践命题和必然趋势，必须放置在中国现实国情下，解决转型期中国面临的现实问题，并不断与时俱进，满足人民群众日益增长的多元化需求，维护人民群众的根本利益，不断推动社会参与和公民自治，构建国家与社会的良性互动关系。

# 目　录

## 第1篇　社会管理的界定与内容

## 第2篇 社会管理的格局

## 第4篇 社会管理的实践

# 第 1 篇

# 社会管理的界定与内容

社会管理的概念界定是进行社会管理研究的起点，作为分析工具，正确把握社会管理的内涵、特征与原则，进而明确社会管理的目标和内容，对于科学建构社会管理的逻辑体系和现实框架具有十分重要的基础性意义。本篇在综合把握国内外社会管理相关理论和实践的基础上，全面解析社会管理的内涵、特征、原则、目标、内容及分类，尝试构建我国社会管理的分析框架，为后文进一步探究社会管理格局、社会管理体系和社会管理实践提供基础和指导。

# 第1章 社会管理的概念与原则

社会管理是社会管理格局、社会管理体系和社会管理实践的核心概念，清晰界定社会管理的内涵、全面把握社会管理的特征、深刻理解社会管理的原则，是完善社会管理理论体系、推动社会管理实践的前提与基础。

## 1.1 社会管理的概念内涵

社会管理的概念内涵关注的核心问题是社会管理"是什么"、"管什么"、"怎么管"，其中，社会管理"是什么"是基础，决定了社会管理"管什么"和"怎么管"。当前，关于社会管理"是什么"并没有清晰的界定。有学者比较研究了西方的一些相关概念，认为以"social order"、"social regulation"，或者"social management"对译的"社会管理"，都难以充分表现中国语境下社会管理的概念内涵①，而从中文表述"社会管理"出发去西方国家寻找吻合概念也是失败的，"social administration"和"social management"都不能恰当地表达"社会管理"的含义。② 从这样一个意义上说，社会管理是一个中国特色的概念，理解和界定社会管理必须从中国国情出发，在中国语境下加以阐释。

### 1.1.1 广义和狭义的界定

当前，关于社会管理的概念并没有统一的界定，表述多种多样，内涵和外延各有交

① 参见郎友兴、汪锦军、徐东涛：《社会管理体制创新研究论纲》，载《浙江社会科学》，2011 (4)。

② 参见陈振明：《政府社会管理职能的概念辨析》，载《东南学术》，2005 (4)。

义，这一方面是由于社会管理发轫于管理实践，社会管理作为一个实践概念往往难以像学术概念那样有清晰的预设和边界，另一方面更重要的原因在于“社会”概念的多元化解释，这种起始于对“社会”广义和狭义的界定从根本上决定了不同外延的社会管理内涵。

正确理解“社会管理”中的“社会”，应该从作为“客体”的社会和作为“主体”的社会两个角度进行考虑。

作为客体的“社会”，是社会管理的对象。根据社会外延的大小，从广义到狭义可以区分为以下三种观点：(1) 广义的“社会”与自然界相对，是以物质生产活动为基础而相互联系的人们活动的共同体，这是一个具有复杂结构的有机整体，包括政治、经济、文化、社会生活领域。(2) 狭义的“社会”指的是与政治活动、经济活动等相区别的以人的生活为中心的广泛领域，主要涉及人的生育、迁徙与流动、教育、医疗、卫生保健、劳动与就业、社会福利与社会保障、社会组织、社会治安等领域。(3) 最狭义的“社会”则仅指与“国家”相对应的领域，是政府之外的非政府组织、民间组织、第三部门等。

作为主体的“社会”，是社会管理重要的参与主体。根据社会管理主体的范围，可以区分为以下两种观点：(1) 广义的社会管理的主体涵盖了党、政府、企事业单位、社会组织和公民个人，作为社会的组成部分，这些主体在不同领域从不同方面参与社会的治理。(2) 狭义的社会管理的主体特指社会组织等第三部门，因此社会管理仅指社会的自我治理，这区别于以政府和企业为治理主体的政治领域、经济领域的治理。

基于对“社会”的不同理解，“社会管理”也有广义、狭义和最狭义等多个不同层面的含义。

广义上，社会管理是指对于整个社会的管理，即包括政治子系统、经济子系统、思想文化子系统和社会生活子系统在内的整个社会大系统的管理。这种管理分为四个基本的部分：对社会的经济发展的管理即经济管理，对社会的政治发展的管理即政治（行政）管理，对社会的思想（精神）发展的管理即思想管理，对社会的社会发展的管理即狭义的社会管理。① 具体来说，这个意义上的社会管理是指由政府、市场及非政府组织构成的主体对包括政治的、经济的、文化的和社会的各类社会公共事务所实施的管理活动。

狭义上，社会管理则是指对与政治、经济、思想文化子系统并列的社会子系统的管理，实际上是将社会管理作为政府“经济调节、市场监管、社会管理、公共服务”四项职能（见表1—1）之一，强化政府促进就业和调节收入分配职能，完善社会保障体系，健全基层社会管理体制，维护社会稳定。

最狭义的社会管理专指社会的自我治理，即社会组织和公民等（政府组织和企业组织之外）治理主体对于社会领域（公领域和私领域之外）的自我组织与自我治理。

---

① 参见童星编著：《社会管理学概论》，21页，南京，南京大学出版社，1991。

表 1—1　党的十七届二中全会规定的政府四项基本职能

| 职能名称 | 职能内容 |
| --- | --- |
| 经济调节 | 调节经济运行、推进经济发展。主要是运用经济手段、法律手段，并辅之以必要的行政手段调节经济活动。 |
| 市场监管 | 推进公平准入，规范市场执法，加强对涉及人民生命财产安全领域的监管。当前政府监管、规范市场秩序已成为重点。 |
| 社会管理 | 主要是强化政府促进就业和调节收入分配的职能，完善社会保障体系，健全基层社会管理体制，维护社会稳定。当前社会管理方面的重点，主要有促进就业、保护环境、维护治安和社会保障等。 |
| 公共服务 | 主要是着力促进教育、卫生、文化等社会事业健康发展，建立健全公平公正、惠及全民、水平适度、可持续发展的公共服务体系，推进基本公共服务均等化。 |

### 1.1.2　本书界定的社会管理

实际上，社会管理广义和狭义的多种界定并不是截然对立的，既有区别，又紧密联系。“尽管社会建设和社会管理有狭义和广义之分，但是这种区分只具有相对的意义，实际上，它们是不能截然分开的。广义的社会建设和社会管理当然要靠各个子系统的建设和管理来支撑，其中包括狭义的社会建设和社会管理的内容。同样，狭义的社会建设和社会管理如果没有整个社会的建设和管理作为自己的大环境，没有其他各子系统的配合，也很难孤军建设成为和谐的子系统，很难实行有效的管理。”① 因此，本书从广义的角度来界定社会管理，以更加整合、系统、开放的观点考察社会管理各个子系统之间相互影响、相互促进的关系。

第一，社会管理的“领域”是整合的。社会并不与“政府”相对，而是涵括政府，因此社会管理的领域不仅仅指涉政府领域之外的社会组织、公民自治，也包含了政府依靠强制力实施的管理和控制，这是维护国家统一、社会稳定和公共安全的必然要求。将社会与国家相对立的视角，在强调两者各自属性的同时，也割裂了两者的共性和共同的价值追求。

第二，社会管理的“主体”是多元的。社会管理主体涵盖了党、政府、社会组织和公民等在内的多元主体，它们通过协同、协作实现对社会公共事务的有效管理，因此社会管理既不是党政一元主导，也不是社会组织和公民的纯然自治，它更加强调治理主体的沟通、互助与协作，关注于社会管理的目标和治理绩效。随着社会管理多样性、复杂性、疑难性的不断增强，单一主体的社会管理已经难以适应社会管理的新形势和新要求。

第三，社会管理的“客体”是系统的。社会管理的客体由单一走向综合，由独立走向系统，这个“客体”涵盖经济、政治、思想、文化和社会等多个子系统，而不是将社会管理的对象与经济管理、政治管理、文化管理的对象明确区分，事实上，这种划分界限在现代社会已经越来越模糊，而且随着子系统之间越来越多的相互联系和相互影响，社会管理对象的“系统性”已成为未来的发展趋势。

① 郑杭生：《社会学视野中的社会建设与社会管理》，载《中国人民大学学报》，2006 (2)。

因此，本书对社会管理进行界定的前提是现代社会管理的“大主体、大社会”。“大主体”即社会管理的主体涵盖了党、政府、企事业单位、社会组织和公民个人等所有社会管理的参与主体；“大社会”即社会管理的客体是社会大系统，涵盖了经济子系统、政治子系统、文化子系统和社会子系统等，从而更加系统全面地专注于经济发展、公共服务、公共安全、社会秩序、社会价值和道德规范等。

综上，在我国社会、政治体制下，本书将社会管理界定为：党委和政府以及其他社会主体运用法律、法规、政策、道德、价值等社会规范体系，直接或间接地对社会领域各方面、各环节进行服务、协调、组织、监控的过程和活动。其本质特征是党政部门、企事业单位、社会组织和公民对社会公共事务的协同治理，其基本思路是建立健全四位一体的社会管理格局，其基本目标是完善社会管理体系，其基本动力是加强和创新社会管理实践。

### 1.1.3 社会管理的多学科视角

从学科渊源上来讲，社会管理具有多学科的特征：第一，作为狭义的社会管理是公共管理的重要内容，是从主体出发探究政府等公共组织如何更好地履行职能，完善服务，促进公共价值和公共利益的实现；第二，社会管理是在特定的社会结构下，关注社会问题和社会矛盾的解决，良好社会秩序的建构以及社会保障和社会福利体系的建设，因此这是一门关注社会管理对象的社会学，一定程度上成为社会管理的根基，着力于描述、解释社会现象并尝试提供解决之道；第三，加强和创新社会管理必须在现代信息社会大背景下发生发展，信息化是社会管理的背景环境，也是社会管理的工具手段，社会管理必须不断适应和运用现代信息技术，推动社会管理的现代化发展。

总之，为了深刻理解和把握社会管理，必须从多学科的视角来审视社会管理，这不仅有利于理清社会管理的学科特色，进一步把握社会管理的个性和特征，而且能够吸收和借鉴传统学科的成熟经验，推动社会管理在理论和实践上的创新和探索。

1. 社会管理是务实的公共管理学

公共管理是指以政府为核心的公共部门整合社会的各种力量，广泛运用政治的、经济的、管理的、法律的方法强化政府的治理能力，提升政府绩效和公共服务的品质，从而实现公共福祉与公共利益。① 作为一门学科，公共管理拓展了政府管理的主体、领域和内容，强调市场化和民营化方法的引入，关注战略管理、绩效管理、信息管理和目标管理等技术手段的运用。社会管理是公共管理的重要分支和内容，更加强调对社会事务的积极有效的管理过程与结果，社会管理本质的实践性使其成为更加务实的公共管理。

社会管理，宏观上包括了经济、文化、社会、精神等领域广泛的公共事务，微观上包括了公共安全管理、社会秩序管理、社会组织管理、社区管理、流动人口管理等，这使得社会管理必须立足于社会管理的宏观背景，从社会管理的微观实际出发，一方面关注于

① 参见张成福、党秀云：《公共管理学》，1～5页，北京，中国人民大学出版社，2007。

政府宏观发展战略、治理模式和治理策略的不断改革和创新，另一方面关注于具体的社会管理问题的解决和社会公共事务的治理，这也使得社会管理的衡量标准是结果导向的，因此作为务实的社会管理，其寻求的是最符合实际情况、最能解决问题的满意解，而不是最符合逻辑框架的最优解。总之，从公共管理学的视角来看社会管理，必须更加关注于社会管理的实践性，关注公共管理的理念、理论、方法、技术等对于社会管理实践和问题的现实有效性。

2. 社会管理是解决问题的社会学

社会学是对社会现象、社会生活、社会关系和各种社会问题进行观察、分析和研究，从而揭示人类各个历史阶段的各种社会形态、社会结构和社会发展的过程和规律，为人们积累认识社会和安排社会生活的科学知识。社会学的研究对象是人类社会生活及其发展，宏观上研究社会系统或结构，微观上研究社会行动与人际互动，社会学的研究以实证研究为主，注重社会调研、问卷分析、社会体验、情景模拟等。

作为一种研究社会形态、社会结构、社会行为和社会秩序的学科，社会管理离不开社会学并以其为实践基础。首先，社会学描述社会的环境、形态、结构及其演变，为社会管理提供了宏观环境，任何社会管理都是特定社会背景、社会结构和社会阶段内的管理；其次，社会学对于社会规律、社会行为的研究，描述了社会主体、社会现象等的发生发展规律，从而深刻地挖掘和解释社会特征，为社会管理提供了行动基石；最后，社会学提供了社会管理的解决之道，源自于实践的社会学吸纳并整合基层、大众的实践智慧和工作经验，为社会管理创新改革提供了源源不断的动力。因此，从描述、解释社会现象和社会发展规律出发，致力于解决不同社会阶段、社会形态出现的各种各样的社会管理问题，从而消解社会矛盾，维护社会秩序，避免社会动荡，实现社会的稳定和平衡，从这样一个意义上来说，社会管理就是解决问题的社会学。

3. 社会管理是以人为中心的信息学

信息学是研究信息的获取、处理、传递和利用的规律性的一门新兴学科。信息学以信息为研究对象，注重计算机、网络等高新技术的运用，并以此不断拓展人类的信息功能。对于现代社会管理来说，信息是一种重要的资源，也是一种有效的管理工具。实现有效的信息管理成为整合信息资源、提高信息利用效率和管理质量的必然要求。

社会管理中的信息管理以人为中心，信息作为有效的工具，促进并服务于社会管理。首先，社会管理信息管理主体是“人”，信息只有被“人”充分掌握、认识并加以利用才能真正发挥其价值，人是社会信息管理的能动性主体；其次，社会管理的信息有利于“人”，现代社会是信息爆炸的社会，有价值的社会管理信息必须有利于人类面临的社会问题的有效解决，有利于社会公共服务的有效供给，有利于良好的社会秩序的形成；再次，信息是现代社会管理创新的重要动力，以“人”为目标，信息成为现代社会改善管理与服务的有效工具；最后，社会管理作为以人为中心的信息学，强调信息的公开性和透明性，保障作为社会管理主体以及服务对象的“人”的知情权，从而不断提高信息管理过程的高效、透明。社会管理作为以人为中心的信息学，从现代社会管理的大环境、大趋势出发，适应和运用信息技术手段，推动社会管理创新。

## 1.2 社会管理的特征

社会管理的特征深刻概括了社会管理区别于其他管理的内在属性。本书将社会管理的特征概括为以下十个方面：发展的阶段性、本质的实践性、主体的多元性、党政的主导性、主客体的契合、领域的公共性、内容的服务性、任务的多重性、思路的整合性、手段的多样性。

### 1.2.1 发展的阶段性

不同时期，社会管理所处的背景环境、解决的问题、发展的重心都各不相同，这使得社会管理呈现出明显的阶段性。马克思将人类社会划分为原始社会、奴隶社会、封建社会、资本主义社会、共产主义社会五个阶段，不同的社会阶段具有不同的生产力水平和生产关系，因此社会管理的方式也具有显著差异。实际上，社会管理发展的阶段性不仅体现在不同社会形态的转换方面，也体现在同一社会形态内部。从时间维度看，随着社会管理环境的发展变化，社会管理的领域、主体、客体、方法、手段是不断变化演进的；即便是同一时期内，不同地区因为经济发展水平、社会管理问题的不同，社会管理的重心、方式也具有明显的差异性。

新中国成立60多年来，社会管理环境发生了巨大的变化，社会公共事务日益复杂繁琐，社会和公民需求多样化，这使得社会管理的内容不断拓展，社会管理模式也从传统的党政一元主导向党、政府、社会和公民的多元协同转变。同时，我国不同地区由于发展基础、资源环境、交通条件不同，在经济发展、社会建设和公共服务等方面存在较大差距，这使得我国同一时期不同地区的社会管理在发展类型、重点任务和方式手段方面都呈现出明显的阶段性差异。总体来看，社会管理的阶段性体现了社会管理的动态性和发展性。必须不断进行社会管理创新，推动社会管理水平的提高，才能满足社会管理新的需求。

▶阅读材料

#### 马克思恩格斯关于社会发展的五阶段论

一是“部落所有制”。这种所有制是与生产的不发达阶段相适应的，当时人们是靠狩猎、捕鱼、牧畜，或者最多是靠务农生活的，因此分工还很不发达，仅限于家庭中现有的自然产生的分工的进一步扩大。因此，社会结构只限于家庭的扩大：父权制的酋长、他们所管辖的部落成员以及奴隶。

二是“古代公社所有制和国家所有制”。这种所有制是由于几个部落通过契约或征服联合为一个城市而产生的。在这种所有制下仍然保存着奴隶制，但动产和不动产的私有制已经发展起来，公民仅仅共同占有自己的那些做工的奴隶；建筑在这个基础上的整个社会结构，以及与之相联系的人民权力，随着不动产私有制的发展而逐渐趋向衰落。分工已经比较发达。城乡对立、国家对立相继出现。

三是"封建的或等级的所有制"。"封建时代的所有制的主要形式，一方面是地产和束缚于地产上的农奴劳动，另一方面是拥有少量资本并支配着帮工劳动的自身劳动。这两种所有制的结构都是由狭隘的生产关系——粗陋原始的土地耕作和手工业式的工业所决定的。"

四是"资本主义所有制"。这种所有制形式产生于工场手工业，并随着工业的发展而逐渐扩展到整个社会，成为社会占主导地位的所有制形式。其主要特点是生产资料归资本家个人所有；资本家凭借所占有的生产资料对雇佣劳动及其产品进行支配，社会日益分化为资产者和无产者两大对立的阶段；社会分工高度发达，生产过程日益社会化并由此与生产资料的资本家私有制产生冲突。

五是"共产主义所有制"。共产主义是作为对资本主义所有制下生产力和"交往方式"（当时未提出"生产关系"概念）之间矛盾和冲突的一种解决方案而出现的。在共产主义制度下，生产资料将重新由社会共同体来统一占有、统一管理，固定分工以及与此相连的阶级对立、城市对立等现象都将会消失，每个人都将可以自主地选择自己所从事的活动，获得自由、全面的发展。

### 1.2.2　本质的实践性

社会管理是人类社会必不可少的一项活动。自人类社会产生，社会管理就随之产生，并随着社会环境的演变而不断优化和创新，这使得社会管理首先是一个实践命题，社会管理的实践性决定了社会管理必须与特定的时代背景、社会形势相适应，并解决社会问题，满足社会需求，而任何社会管理的理论也必须建构在社会管理的实践基础之上并能够指导和推动社会管理实践。

社会管理的实践性体现在以下三个方面：第一，社会管理要坚持以人为本，人既是社会管理的主体，也是社会管理的客体，不断满足人的需求，促进人的发展是社会管理的本质诉求。第二，社会管理要不断创新，创新是社会管理的手段，加强社会管理创新成为推动社会管理实践的根本动力。第三，社会管理的核心议题主要包括高效治理公共事务，维护公共安全和社会秩序，满足人民群众的公共服务需求，维护人民群众的根本权益，促进社会和谐等，这些内容构成了当前我国社会管理正面临或亟须解决的现实难题和重要任务。

总之，社会管理的实践性要求社会管理必须坚持人民群众的主体地位，充分发挥人民群众的聪明智慧，维护人民群众的根本利益，这不仅体现为社会管理任务和目标的达成，即结果满足人民群众需求，更体现在社会管理的过程之中，即满足人民群众参与诉求，实现社会管理的透明性、责任性和回应性，最终通过社会管理的不断强化和创新推动社会管理格局的优化和社会管理体系的完善。

### 1.2.3 主体的多元性

主体的多元性是社会管理区别于政府管理的核心特征。传统的政府管理，是党领导下的政府一元管理，政府是公共权力的唯一享有者，是公共事务的唯一治理者。但是随着经济的发展和社会的进步，治理主体的多元化成为应对治理环境演变的必然选择。一是弥补党政力量的不足。由于资源稀缺性和组织互赖性的增强，面对日益复杂的社会矛盾和管理任务，仅仅依靠党和政府的力量已经远远不够，需要社会组织、社会成员的广泛参与和互补协作。二是随着社会组织的不断发展以及公民意识的觉醒，社会组织和公民逐渐产生参与社会治理的需求。因此，在自上而下和自下而上双重力量的推动下，社会管理打破了传统的党政一元主导的格局，吸纳企事业单位、基层自治组织、非政府组织和公民等多元化的治理主体参与到社会管理之中。治理主体的多元性是现代社会管理的核心特征。

▶阅读材料

**东城区网格化管理的“7＋X”工作机制**

东城区创新网格化社会管理模式，将全区17个街道、205个社区划分为589个社会管理网格。按照重心下移、夯实基层的原则，东城区在每个网格内都按照实名制配置了党支部书记、管理员、助理员、督导员、民警、司法力量和消防员“七种力量”，并根据网格的不同特点，整合社保、工青妇、统战、社会组织等特色力量进网格，形成“一格多员、一员多能、一岗多责”的“7＋X”力量配置模式，构建专群（专业力量与社区群众）结合、条块（职能部门与属地）结合、社群（社会力量与社区群众）结合的社会服务管理工作格局，做到“重在综合为要，立足网格为基”，在基层实现社会服务管理“政策集成、资源集聚、力量集合”，极大地发挥了“单兵是尖刀，整合是拳头”的工作效果。

资料来源：《北京东城区创新网格化社会服务管理模式》，见 http://wcrd. wuchang. gov. cn/5777/1065044. jhtml。

### 1.2.4 党政的主导性

社会管理实现了治理主体的多元化，但是多元主体之间的力量是不均衡的，党政主导依然是社会管理的重要特征，这是因为转型期我国公民社会发育不成熟，社会组织和公民参与社会管理的领域还十分有限，能力也亟待提高，同时政府作为公共资源的主要享有者，依法引导和推进社会管理是政府的重要责任。具体来看，社会管理中的党政主导性体现在以下三个方面：第一，党是社会管理的领导核心，决定着社会管理的发展方向和基本思路，并通过党员的模范带头作用推动社会管理的发展；第二，政府是社会管理政策的制定者，承担着“元治理”的角色，政府必须不断改革社会管理体制，创新社会管理机制，为社会组织和公民参与社会管理创造良好的政策环境；第三，政府是社会管理的实施主体，社会管理是政府的职能和职责所在，政府是社会管理的最终责任主体，承担社会管理的监管责任和兜底责任。

总之，建立健全“党委领导、政府负责、社会协同、公众参与”的社会管理格局，必须以党委领导和政府负责为基础，充分发挥党和政府在社会管理中的领导和组织作用，这既要求党政机关积极履行职能，充分发挥在维护社会稳定、促进公共安全、提供公共服务等方面的职能作用，也要求党政机关积极创造良好的政策环境，引导社会组织和公民广泛参与，确保社会管理规范、有序和有效运行。

### 1.2.5　主客体的契合

社会管理的主客体的契合体现了社会管理主体与客体对立统一的关系。社会管理将社会组织、公民纳入协作治理的框架之中，实现了主体与客体的统一，这具体表现在以下三个方面：第一，在基层治理中，农村居民和社区居民通过参与基层自治组织实现了自我治理。第二，非政府组织自治，一方面，行业组织的发展推动了行业自治，其在规范行业行为、制定行业标准和维护行业秩序方面发挥着越来越重要的作用；另一方面，公民通过参与多样化的社会组织，通过社会组织的自治推动了公民的自我治理。第三，作为社会管理客体的公民通过多样化的渠道和平台参与政府公共管理，如听证制度、信息公开机制等，从而充分保障公民的参与权、知情权和监督权，有效推动了社会管理主客体的契合。

从整体来看，社会管理打破了传统的主体和客体截然分离和对立的模式，将管理客体吸纳为社会管理的主体，从而更好地了解客体的需求和问题，并努力推动社会管理客体的自我治理。主客体契合的社会管理一方面要求社会管理主体坚持以人为本，寓管理于服务，同时在管理过程中，做到互动沟通、信息公开和及时回应，另一方面确保客体参与的积极有序，不断提高参与意识和参与能力，积极行使合法权利，维护自身合法利益，同时也要遵循相关法律法规、制度程序，履行相应的义务，承担相应的责任。

### 1.2.6　领域的公共性

领域的公共性是指社会管理关注公共事务、提供公共服务、维护公共秩序、确保公共安全、保障公民权益。这种公共性不仅涉及政府的管辖范围，还涉及广阔的公民和社会组织的自治领域。随着时代的进步，社会管理的领域在不断拓展，形式和内容也在变换，但是公共性始终是社会管理领域的本质特征。

对于社会管理来说，领域的公共性意味着“公共领域对所有公民无障碍的开放性、公众在公共领域内对公共权力和公共事务的批判性，以及遵守自由、民主、正义原则进行理性商讨所达成的可以促使独立参与者在非强制状态下采取集体行动的共识”①，这具体表现在三个方面：第一，社会管理关注公共价值，维护公共利益，这使得社会管理以维护社

① 傅永军：《传媒、公共领域与公共舆论》，载《山东视听》，2006（1）。

会公平正义为根本目标；第二，社会管理通过公共权力的行使，以公共政策为手段，推动公共产品和公共服务的供给；第三，社会管理是开放与协商协作的治理，社会组织和公民作为重要的治理主体广泛参与到社会管理之中。总之，任何管理都必须有一定的边界，社会管理领域的公共性即为社会管理划定了“辖区”，这要求社会管理不能越界，做到“有所为，有所不为”，又得遵循社会管理的“公共”属性，坚持社会管理的价值和目标，明确“为何，何为”。

### 1.2.7 内容的服务性

社会管理的服务性是社会管理的本质所在，即全心全意为人民服务，保障最广大人民群众的根本利益。在实践中，社会管理的方式主要有强制化管理和柔性化服务两种，但是无论强制化管理还是柔性化服务，其本质都是服务。其中，社会管理的强制化管理主要针对社会中危害公共安全和社会秩序等可能威胁到人民群众生命、财产安全的事件，这实际上是通过对少数违法犯罪分子的强制化管理来获取大多数群众安全、稳定、和谐的生活环境，相比于直接提供公共服务而言，这是一种间接的服务方式；社会管理的柔性化服务则是直接为人民群众提供满足其生存和发展的多样化的服务，根据服务对象的不同，主要包括三类：一是以社会全体成员为对象的基本公共服务供给，如基础设施建设、公共文化服务等；二是以社会特定群体和弱势群体为对象的社会服务和社会保障建设，如流动人口服务、残疾人服务等；三是以社会组织为对象的服务，通过法律法规建设、政策设计、财政税收补助、行政服务等方式积极推动社会组织参与社会管理和公共服务的提供。

随着经济的发展和社会的进步，社会管理的服务职能将更加凸显，同时强制化的社会管理也将更多地寓管理于服务，在服务中推进管理，促进管理和服务相结合。以流动人口为例，我国逐渐改变强制化管理的思路，将管理和服务融为一体，充分保障流动人口在劳动就业、社会保障、医疗卫生和文化教育等方面的合法权益。总之，无论是强制化管理还是柔性化服务，社会管理的本质都是服务，满足最广大人民群众的根本利益是社会管理的出发点所在。

### 1.2.8 任务的多重性

社会管理的对象可以简单分为两类：人和事；社会管理的手段也可以简单区分为两种：管和理。但是，社会管理的任务却是多重的，这包括党政部门职能中明确的社会公共事务，也包括了公民以自身为中心的生产生活活动所涉及的社会公共事务。党的十七大报告论及了社会管理的十个方面：公共服务、社会保障、社会组织建设和管理、基层社会管理体制、群众权益维护机制、和谐劳动关系、流动人口服务和管理、安全生产管理和监督、突发事件应急管理机制、社会治安防控体系。北京市政府率先提出了社会建设和管理的五大任务，即公共服务、社区管理、社会组织管理、社会工作运行、社会领域党建工作。

当今社会，管理环境错综复杂，管理问题多重交织，社会管理任务的多重性成为社会管理面临的重大挑战和压力。当前，不同地区社会管理的任务可能存在差异，但是社会管理的基本任务涵盖了协调社会关系、规范社会行为、解决社会问题、化解社会矛盾、应对社会风险、保持社会稳定、促进社会公正等方面，这使得社会管理任务的解决必须遵循系统、整合、协调的原则，避免“头痛医头，脚痛医脚”，正确处理多元任务之间的关系。

▶阅读材料

### 胡锦涛就当前要重点抓好的工作提出 8 点意见

第一，进一步加强和完善社会管理格局，切实加强党的领导，强化政府社会管理职能，强化各类企事业单位社会管理和服务职责，引导各类社会组织加强自身建设、增强服务社会能力，支持人民团体参与社会管理和公共服务，发挥群众参与社会管理的基础作用。

第二，进一步加强和完善党和政府主导的维护群众权益机制，形成科学有效的利益协调机制、诉求表达机制、矛盾调处机制、权益保障机制，统筹协调各方面利益关系，加强社会矛盾源头治理，妥善处理人民内部矛盾，坚决纠正损害群众利益的不正之风，切实维护群众合法权益。

第三，进一步加强和完善流动人口和特殊人群管理和服务，建立覆盖全国人口的国家人口基础信息库，建立健全实有人口动态管理机制，完善特殊人群管理和服务政策。

第四，进一步加强和完善基层社会管理和服务体系，把人力、财力、物力更多投到基层，努力夯实基层组织、壮大基层力量、整合基层资源、强化基础工作，强化城乡社区自治和服务功能，健全新型社区管理和服务体制。

第五，进一步加强和完善公共安全体系，健全食品药品安全监管机制，建立健全安全生产监管体制，完善社会治安防控体系，完善应急管理体制。

第六，进一步加强和完善非公有制经济组织、社会组织管理，明确非公有制经济组织管理和服务员工的社会责任，推动社会组织健康有序发展。

第七，进一步加强和完善信息网络管理，提高对虚拟社会的管理水平，健全网上舆论引导机制。

第八，进一步加强和完善思想道德建设，持之以恒加强社会主义精神文明建设，加强社会主义核心价值体系建设，增强全社会的法制意识，深入开展精神文明创建活动，增强社会诚信。

资料来源：《胡锦涛扎扎实实提高社会管理科学化水平》，见 http://news. xinhuanet. com/politics/2011-02/19/c_121100198. htm。

## 1.2.9　思路的整合性

社会管理思路的整合性是指社会管理打破了传统的分裂式和封闭式管理，强调一种开放、协作、协同的治理。整合的社会管理是面对资源日益稀缺、组织互赖性增强，以及应对日益复杂的社会问题和回应公民参与诉求的必然选择。

社会管理思路的整合性表现在四个方面：(1) 主体的整合，社会管理打破了党政一元治理，将政府、企事业单位、社会组织和公民纳入到社会治理的框架之中，实现了多元主体的协同治理；(2) 资源的整合，社会管理打破组织间的割裂关系，构建协同治理的模式和机制，实现了资源优势互补和优化配置；(3) 动力的整合，社会管理的创新动力既包括自上而下的政府推动，也有来自基层政府、民间团体和人民群众自下而上的创新探索，两股力量驱动的社会管理创新形成合力，有效推动了我国社会管理的进程；(4) 方法的整合，社会管理的实施和创新往往采用多种手段、多种思路、多种方法，这提高了创新的效果，降低了创新的成本。

### 1.2.10 手段的多样性

对政府而言，实施社会管理的手段具有多样性，既包括行政手段，也包括法治、道德观念、规章制度、风俗习惯、宗教等非行政手段；既可以运用管制手段，也可以采用服务手段；既可以直接处置，也可以间接引导。例如，政府可以通过税收，进行收入再分配以满足社会发展所需要的资源；通过财政支出，支持各项社会事业的发展，实现公共服务供给的均等化；通过法规，鼓励企业和社会参与社会事业的发展，引导市场资源和社会资源进入社会领域，规范社会行为，防止社会冲突；通过制定包括扶贫政策、社会保障政策、就业政策、医疗政策、教育政策、住房政策、社会平等政策、社会服务政策等在内的诸多社会政策，确保社会公平有序运行。

社会管理手段的多样性并不意味着社会管理可以随意而为，社会管理必须根据管理事项的具体属性以及意欲达到的管理目标，采用不同的管理手段，同时，还要善于搭配运用。在具体的社会管理实践中，通过不同管理手段的综合协调运用，高效实现社会管理的目标。

## 1.3 社会管理的原则

社会管理的原则是加强和创新社会管理的重要指导，只有正确把握社会管理的基本原则，才能更好地推进社会管理。我国现阶段的社会管理原则，一方面，应当遵循人类社会发展的普遍规律，把加强和创新社会管理放在世界多极化、经济全球化的大背景下，深刻认识和总结世界不同国家和地区社会管理的经验和教训，找到一些共性的原则和有益做法，为我所用；另一方面，必须遵循中国社会发展的特殊规律，从中国由传统社会向现代社会深刻变革的大背景出发，根据我国历史传统和现实基本国情，找到中国特色社会管理应遵循的基本原则，从而更好地探讨加强和创新社会管理的理念、思路、任务和举措。

2010 年，马凯在《努力加强和创新社会管理》一文中指出了我国加强和创新社会管理的五个原则[①]：

> 一要坚持以人为本、服务优先。始终把实现好、维护好、发展好最广大人民的根本利益作为出发点和落脚点，寓管理于服务之中，实现依法管理、科学管理、人性化管理，使人民群众在社会生活中切实感受到权益得到保障、秩序安全有序、心情更加舒畅。
>
> 二要坚持多方参与、共同治理。充分发挥政府在社会管理中的主导作用，同时充分发挥多元主体在社会管理中的协同、自治、自律、互律作用，使各种社会力量形成推动社会和谐发展、保障社会安定有序的合力。
>
> 三要坚持统筹兼顾、动态协调。正确反映和协调各个方面、各个层次、各个阶段的利益诉求和社会矛盾，既要“左顾右盼”，又要“瞻前顾后”，使社会管理能够体现维护公平正义的“刚性”、协调各方利益的“柔性”、应对新情况新问题的“弹性”，促进社会动态平衡，保障国家长治久安。
>
> 四要坚持既有秩序、又有活力。把维系社会秩序和激发社会活力有机结合起来，既要保证社会的安定有序、规范运行、调控有力，又要有利于激发全社会的创造活力，降低社会运行成本，提高社会运行效率，从而最广泛、最充分地调动一切积极因素，促进社会进步和人的全面发展。
>
> 五要坚持立足国情、改革创新。从我国实际出发，充分发挥社会主义制度的优越性和政治优势，充分发挥优秀传统文化的作用。同时，树立世界眼光，积极借鉴国外先进经验和做法，勇于变革、勇于创新，把改革贯穿在整个社会管理过程之中，为推进和谐社会建设提供不竭动力。

社会管理的原则应当放置到中国特色的社会管理实践中加以考察，坚持理论和实践相结合、普遍性和特殊性相结合、结果和过程相结合。本书认为，我国社会管理的原则可以进一步归纳总结为以下四个方面：一是国情的适应性；二是格局的合理性；三是体系的完善性；四是创新的实用性。其中，国情的适应性是社会管理创新的基础原则，只有适应国情的社会管理变革才能发挥正效应；格局的合理性是社会管理的核心原则，不断完善我国四位一体的社会管理格局是我国加强和创新社会管理的重要指导；体系的完善性是我国社会管理创新的目标原则，不断健全和完善我国的社会管理体系，更好地满足于、服务于人民群众；创新的实用性是社会管理发展的路径，创新是社会管理的动力和手段，只有实用的社会管理创新变革才能不断推动社会管理实践的发展和善治的实现。

## 1.3.1　国情的适应性

国情的适应性是指社会管理必须立足于国情，不断改革创新，与时俱进，这具体体现在以下三个方面：

第一，立足我国基本政治制度，强化社会管理的组织和制度保证。社会管理需要全社

① 参见马凯：《努力加强和创新社会管理》，载《求是》，2010（20）。

会的共同参与和努力，新中国成立以来，我国形成了人民代表大会制度、中国共产党领导的多党合作和政治协商制度、民族区域自治制度、基层群众自治制度。人民代表大会制度是发展人民民主、实现人民当家作主的制度保障，有利于广泛动员和组织人民群众投身中国特色社会主义建设、管理国家和社会事务、管理经济和文化事业，有领导、有秩序地朝着国家的发展目标前进；中国共产党领导的多党合作和政治协商制度具有政治参与、利益表达、社会整合、民主监督、维护稳定等重要功能，有利于实现广泛民主与集中领导的统一，最大限度地整合集中社会资源，统筹兼顾各方利益，妥善化解人民内部矛盾，有利于畅通和拓宽社会利益表达渠道，使社会各方面的愿望和要求得到充分的反映和实现；民族区域自治制度保障了少数民族广泛参与国家和本民族内部事务的管理，是构建和谐民族关系的根本条件；基层群众自治制度能够有效保障人民群众的民主权利，提高人民群众的民主素质和民主管理能力。

第二，立足我国社会实际，重点解决社会管理中的短板。我国经济快速发展迎来了重要战略机遇期，而同时也造成了社会矛盾凸显，社会管理领域出现了诸多问题。社会心理失衡现象愈加突出，社会结构调整滞后引发社会管理不适应，社会贫富差距持续拉大引发社会分化凸显，社会管理滞后、缺失引发社会失序进一步增多，高度流动性社会引发社会风险日益扩大，信息化社会对传统社会管理方式构成了挑战，这些都给社会管理工作带来了许多问题和挑战。

第三，吸收借鉴其他国家的经验教训，推动社会管理的跨越式发展。尽管各个国家社会制度不同，但都面临着一些共同的社会公共事务，都必然行使国家的社会管理职能。相比较而言，西方发达国家比我国更早进入工业文明和信息社会，在长期的社会转型过程中，逐步探索形成了较为丰富的社会管理理论，形成了较为成熟的社会管理与矛盾调解机制，在维持社会稳定和社会秩序方面积累了一些经验。对此，我国的社会管理需要借鉴国外政党治国理政的有益做法，尤其是在社会发展领域，如环境保护、消除贫困、增加就业、安置难民及保护妇女、儿童、残疾人和老人权益等问题的解决办法具有一定的普遍性，而且有些问题还是跨国界的，需要通过开展国际合作才能解决。① 从我国实际出发，进而吸收和借鉴国外那些符合我国国情的社会管理的有益经验，将有效促进我国社会管理的科学化、规范化和现代化。

## 1.3.2 格局的合理性

社会管理格局体现的是社会管理中的主体、作用及其相互关系。我国提出的“党委领导、政府负责、社会协同、公众参与”的四位一体格局式多方参与的协同治理，为我国社会管理格局的构建提供了目标和指导。在社会管理中，不断健全和完善四位一体格局，成为我国加强和创新社会管理的核心内容。

第一，充分发挥党委在社会管理中的领导核心作用，这是建立健全我国四位一体格局的基础。党是中国特色社会主义的领导核心，只有坚持党的领导，才能保证我国社会管理

① 参见李学举：《加强社会建设和管理推进社会管理体制创新》，载《中国民政》，2005（4）。

的社会主义方向；坚持党的路线、方针、政策，为社会管理提供组织保障、人才保障和思想保障，同时也是充分体现社会主义特色、发挥社会主义优越性的必然要求。坚持党委领导就是要充分发挥党委在社会管理格局中总览全局、协调各方的核心作用，这不仅要求党委不断提高总体规划、战略制定、政策设计等宏观领导能力，也要求加强党的基层组织建设，充分发挥基层党组织在基层社会管理中的领导作用和党员的模范带头作用。

第二，充分发挥政府在社会管理中的主导作用，这是建立健全我国四位一体格局的重点。社会管理是对社会公共事务的管理，政府掌握公共资源，行使公共权力，是社会管理制度的制定者和政策的设计者，这要求政府在社会管理中必须扮演主导性的角色。因此创新社会管理体制机制，优化政府社会管理职能，完善社会管理的政策体系，将是政府主导性作用的重要体现。一方面，政府要充分发挥社会管理的职能，履行社会管理的责任，加强公共安全建设，创造稳定的社会秩序，完善公共服务供给，促进和谐社会构建；另一方面，政府的主导作用还体现在政府积极创造良好的环境和平台，为社会组织和公民参与社会管理提供良好的政策支持。

第三，充分发挥社会在社会管理中的协同作用，这是建立健全我国四位一体格局的核心。社会管理不再是政府的一元管理，充分发挥社会组织的协同作用不仅是整合社会力量、弥补政府资源不足的需要，也是满足社会组织参与诉求、提高治理绩效的必然要求。当前，社会组织在社会管理中的系统作用包括承接政府的职能转移、反映公民利益诉求、提供多元化的公共服务以及弥补政府社会管理的盲点等。与此同时，社会协同还体现在社会的自我治理上，如推进基层自治组织建设，推动村民自治与社区自治的规范化发展，不断提高社会的自我组织与自主治理的有效性和规范性。

第四，充分发挥公民在社会管理中的参与作用，这是建立健全我国四位一体格局的本质。公民是社会管理的对象，也是社会管理的主体，实现社会管理的主客体契合，必须鼓励公民参与，充分发挥公民在社会管理中的作用。公民参与的社会管理不仅有利于集中民众智慧，维护群众利益，而且也是推进民主化建设的必然要求。完善公民参与的社会管理，必须不断提高公民的参与素养，丰富公民参与平台，创新公民参与机制，完善公民参与制度，不断推动社会管理中公民的积极参与、有序参与和有效参与。

### 1.3.3　体系的完善性

建立健全中国特色社会主义社会管理体系是“十二五”时期社会管理的重要目标。社会管理体系作为社会管理的对象，体现了社会管理的内容。随着社会环境的发展变化，社会管理体系的内容和重点也在不断演变，但是建立一个完善的社会管理体系至少包括以下四个方面的内容：

第一，公共安全体系。经济发展、社会进步、公民生活都离不开安全的公共环境。作为社会管理的外在保障，公共安全体系就是政府依据相关法律法规建立的意在为社会公众提供安全的生存与发展环境、确保社会公众生命和财产安全的一整套体制机制。公共安全包括公众所享有的生命安全和财产安全，从广义上涵盖了政治、外交、经济、文化、生产、生活、生态等多种领域的安全。现代社会，公共安全问题频发，完善公共安全体系是加强和创新社会管理的基础性内容，这既包括危机状态的公共安全应急管理，也包括正常状态的社会风险管理。

第二，社会秩序体系。社会秩序是社会管理的基础，是指社会的正常而有规律的活动状态，是保证社会生活正常进行的必要条件。社会秩序在狭义上即社会治安秩序，广义上则涵盖了治安秩序、经济秩序、文化秩序、虚拟社会的秩序等内容。随着社会的发展演变，社会结构进一步分化，社会组织方式发生变革，社会问题复杂化，社会需求多元化，社会价值不断受到冲突，传统的社会秩序受到冲击，新的社会秩序亟待重建，如流动人口秩序、虚拟社会秩序等，这要求社会秩序体系的完善必须从社会管理的新环境、新问题出发，不断采用新战略、新方法，推动新型的社会秩序体系建设。

第三，公共服务体系。公共服务是政府的重要职能，也是社会管理体系的重要目标。完善公共服务体系是社会管理的重要内容和发展趋势。具体来说，公共服务体系的完善包括直接和间接两种方式，直接的公共服务体系即政府通过向公民提供公共教育、公共卫生、劳动就业、公共文化、社会保障等具体的公共服务内容，满足人民群众的公共服务需求；间接的公共服务体系则是政府通过规制、管制等手段，对一部分人的行为进行控制，以满足社会大众的整体的公共利益，从而间接地促进社会公共服务体系建设，如打击违法犯罪、实施交通管制等。公共服务体系的进一步完善必须有效处理好直接服务和间接服务的关系。

第四，和谐保障体系。和谐保障体系是我国现阶段社会管理的必然要求，它是指一种综合运用政治的、经济的、文化的和法律的手段，维护群众的合法权益，保障和改善弱势群体的利益和状况，进而促进各个系统、各个领域有序运行、协调发展的制度安排。和谐保障体系关注于社会矛盾的化解，群众权益和弱势群体利益的保障，社会价值体系的构建等，旨在积极推动多元社会统筹发展与社会和谐。

### 1.3.4 创新的实用性

加强和创新社会管理是当前我国社会管理的重要任务，实用性体现了社会管理的创新要求，作为实践的社会管理必须通过实用的创新来推动，坚持社会管理创新的实用性原则就是坚持从社会实际出发，以解决社会问题为宗旨，以实用和有效为基本标准。创新的实用性原则具体体现在以下六个方面：

第一，加强社会管理的技术创新。科学技术的发展既是社会进步的标志，也是社会发展的工具。在社会管理创新中，不断引进和运用高新技术，加强信息化建设，从而改革和完善社会管理的治理手段、技术工具，对于提高社会管理的科学化水平以及管理的质量和效率具有事半功倍的效用。

第二，注重社会管理的基层创新。基层是社会管理的重要阵地，也是管理和服务群众的直接平台。注重社会管理的基层创新，就要将创新成果应用于社会管理的具体实践，使其直接服务于人民群众；同时，基层创新可以充分发挥人民群众的主体作用，从人民群众中汲取智慧和创新的优秀成果，不断推动基层社会自治。

第三，重视社会管理的体制创新。社会管理体制提供了社会管理的领导机构、组织架构和运行机制等，一个强有力的社会治理结构是确保优良的社会管理的基础。加强社会管理的体制创新，就是要进一步理清党委、政府、社会、公民等多元主体在社会管理中的角色定位，加强党政协调，建立社会管理领导机构，明确社会管理的职能归属、机构设置和作用机制，不断强化社会管理的体制保障。

第四，完善社会管理的政策创新。社会管理政策是党和国家落实社会管理的具体方式。我们需不断完善我国的社会管理政策，确保政府社会管理职能的发挥，实现社会公共事务的有效管理，政府还要为社会组织、公民等参与社会管理与社会自治提供良好的政策环境，引导、推动社会协同治理。

第五，推动社会管理的制度创新。制度是一系列的行为规范和准则，能够塑造主体行为并使其可以预期，从而提高社会管理的规范性。新的社会环境、社会需求和社会问题，要求社会管理制度必须进行创新，取消已经不适应的制度如劳教制度，改革不合理的制度如信访制度以及设计新的制度如专家咨询制度等。制度必须与环境相适应，制度绩效只有在创新变革中才能不断展现。

第六，加强社会管理的模式创新。现代社会是多元社会，社会管理模式也不是千篇一律的，推进社会管理的模式创新，应当根据地方经济发展水平及社会管理所处的阶段、面临的问题等来构建特色化的社会管理模式，同时注意其他地区社会管理模式的借鉴与创新，如最早由东城区推动的网格化社会管理模式，这一模式是我国基层社会管理思路的创新，实现了基层社会管理的全覆盖、责任化、精细化和信息化，这一管理模式也在很多地区得到移植、推广和进一步创新。

## 本章小结

本章尝试建构社会管理的理论分析框架，首先对社会管理的概念进行了广义与狭义的界定，并对社会管理进行了多学科视角的考察，进一步分析了社会管理的十大特征：发展的阶段性、本质的实践性、主体的多元性、党政的主导性、主客体的契合、领域的公共性、内容的服务性、任务的多重性、思路的整合性、手段的多样性，并分析了四大原则：国情的适应性、格局的合理性、体系的完善性、创新的实用性。

## 关键术语

社会　社会管理　社会管理特征　社会管理原则　社会管理格局　社会管理体系　社会管理创新

## 复习参考题

1. 如何理解社会和社会管理？
2. 如何从公共管理学的视角理解社会管理？
3. 如何从社会学的视角理解社会管理？

4. 如何从信息学的视角理解社会管理?
5. 如何理解社会管理的十大特征?
6. 如何理解社会管理的四大原则?

## 案例分析

### 北京市东城区“网格化”管理

1. “网格化”社会管理的背景

2003年底，东城区开创“网格化城市管理新模式”，以每1万平方米为基本单位将当时的25.38平方公里辖区划分成了1 593个网格单元，由350名城市管理监督员实施全时段监控，着手于市容清洁、居民的投诉、辖区内摊贩管理、非法小广告清理等市政管理问题。

2010年底，在原东城区与崇文区合并成为新东城区的背景下，东城区的“网格化管理”全面升级，“网格”被赋予了更多的社会管理功能。全区17个街道、205个社区被划分为589个社会管理网格，平均每个社区被划分为2～5个网格。

新“网格”的功能更加丰富，“七种力量”进驻到每个网格：(1) 网格管理员；(2) 网格助理员；(3) 网格警员；(4) 网格督导员；(5) 网格党支部书记；(6) 网格司法工作者；(7) 网格消防员。其承担了网格内了解社情民意、维护治安秩序、环境监督整治、排查化解矛盾、落实社区矫正和安置帮教以及服务群众等职责，同时还包括开展流动人口、社会组织等的管理和服务工作，覆盖居民日常生活的多个方面。

2. “网格化”社会管理的创新

东城区“网格化”管理模式的设计，争取达成以下三项创新：

创新一：精细化管理。东城区“网格化”社会管理，在每个网格建立7大类、32小类、170项信息、2 043项指标的信息数据库，汇集网格信息，全面呈现网格民情，使社会管理更精细化，强化了服务性。

创新二：动态管理。引入先进的通信技术，构建一个“天上有云”(云计算中心)、“地上有格”(社会管理网格)、“中间有网”(互联网) 的新型社会服务管理体系，通过动态编码定义网格运行状态，实现动态化实时管理。

创新三：主动管理。实现“人进户，户进房，房进网格，网格进图”，其对象由过去的区县、街道，延伸到社区、网格、家庭甚至个人。这有利于管理者主动发现情况，及时处理问题，加强政府社会管理能力，提高处理速度，由过去被动应对问题的管理模式转变为主动发现问题和解决问题的管理模式，从而提升管理的能力和水平。

“网格化”从设计上，解决了条块分割的社会管理体系的弊端，直接将职能部门管理人员下沉，融入社区，建立了从区、街道一直到社区和网格的四级管理体系，打破了上下级关系，有助于形成高效、动态、有用的问题反映和处置通道系统。

3. “网格化”社会管理成效

据东城区政府的不完全统计，2010年12月到2011年3月，东城区三个试点街道通过“网格”收集社情民意信息8 400多条，化解矛盾纷争630余起，排除案件隐患800余起，为民服务做实事6 700余件。同时，东城区实现同期信访总量和集体上访量“双下降”，万人和百户发案率均保持在全市最低水平。尤其是2011年春节期间，三个试点街道实现安全工作“零事故”。全区火警、火灾数量同比分别下降61%、81%，是全市唯一实现火警、火灾数量下降的区县。

（注：根据相关新闻报道和资料整理）

**思考题：**

1. 东城区“网格化”社会管理创新体现了社会管理的哪些特点和原则？
2. 你认为东城区“网格化”社会管理创新应如何进一步推进？

**我国公民评议政府的历程与特征**

1997年、2001年中央纪委、监察部两次召开专门会议，对民主评议活动进行总结、部署和推广。近年来，随着行政体制改革的进一步深入，政府职能转变力度进一步加大，公民参政热情逐渐提高，这对政府的管理绩效提出了更高的要求。在此背景下，除了原有的政府自身评估外，引入公众对政府绩效进行评估的做法也得到广泛尝试。这些活动在实践中被赋予各种各样的称谓，例如“民评官”、“千人测评政府”、“万人评议机关”、“民主测评政府职能部门”、“网民评价政府”等，其特点在于突出参与人数之多和参与规模之大。例如：浙江省云和县“万人评议政务”活动被称为“一阵民主的浪潮席卷了浙南山城”；南京万人评议机关活动“让老百姓对政府机关行风进行打分”，“让人民满意”成为机关干部引用最多的一句话。这种评估方式已引起了国内一些学者的高度关注。

我国公民评议政府起于1998年，至今全国已有多地区人民政府举办了不同形式的“公民评议政府”活动，即以公众为主体对政府绩效进行评价，并将结果作为考核各部门及其领导干部政绩的重要依据。如1998年沈阳市的“市民评议政府”；1999年珠海市的“万人评议政府”；2000年邯郸市的“市民评议政府及政府部门问卷调查活动”、广州市的“市民评政府形象”活动；2001年南京市的“万人评议机关”、辽源市的“万名市民评议政府”活动；2002年温州市市民对“48个市级机关部门满意度测评调查”、邵阳市的“优化经济环境综合测评”；2003年北京市的“市民评议政府”活动；2003年10月山西晋城开创以《行风大家谈》电视栏目为载体，以广大群众与政府部门负责人直接对话为特色的民主评议“晋城模式”；2004年甘肃省政府委托第三方独立机构评议政府活动；2005年青岛市的群众评议政府实践；2006年上海市的政府部门网站、区县政府网站评议；2007年辽宁省的民主评议政风行风活动；2008年徐州市开展的机关群众评议和作风调查活动；等等。尽管各地活动的名称不尽相同，但本质上都可归结为“公民评议政府”。

随着我国民主评议的不断深入，公民评议政府的主体由市民个人逐渐拓宽为包括企业法人在内的多方组织，并且由政府主导主持开展的评议活动逐渐向由第三方测评机构组织开展的评议调查转变，这有助于拓宽提升公众评议政府的参与范围与科学性，使得公共服务的供给更具针对性与效率。

（注：根据相关新闻报道和资料整理）

**思考题：**

1. 公民评议政府体现了社会管理的哪些特征与原则？
2. 针对公民评议政府这一社会管理创新，谈谈你的看法。

# 第2章

# 社会管理的目标与内容

明确了社会管理的概念与原则，还必须进一步把握社会管理的目标与内容，以期从更深层次上理解社会管理的宗旨和价值。社会管理的目标提供了社会管理意欲达到的短期、长期目的，是推动社会管理实践的方向性指导；社会管理的内容则不仅从静态角度提供了社会管理的核心主题与关键事项，还从动态角度指明了实现社会管理的可能路径。

## 2.1 社会管理的目标

社会管理的根本目的是维护社会秩序、促进社会和谐、保障人民安居乐业，为党和国家事业发展营造良好的社会环境。从政府职能出发，社会管理的目标应包括公共事务的有效管理、公共服务的持续提升、公共空间的安全保卫、公共秩序的良好维护、和谐关系的广泛建立和公民社会的有效培育六个方面。社会管理的六大目标紧密联系，相互促进。其中，公共事务的有效管理是社会管理的基础内容，公共服务的持续提升是社会管理的根本任务，公共空间的安全保卫、公共秩序的良好维护及和谐关系的广泛建立是社会管理的有效保障，公民社会的有效培育是社会管理的价值追求。理解和把握社会管理的目标要注重其整体性、结构性和系统性，处理好各个目标任务之间的相互关联与促进作用，全面统筹社会管理的方方面面。

### 2.1.1 公共事务的有效管理

公共事务的有效管理是社会管理的基础内容，也是社会管理宗旨和价值得以实现的重要载体。在传统社会，治理环境相对简单，公共事务的治理目标单一，但是随着社会的发展变化，公共事务的有效管理超越了单一的治理目标向多元化的方向发展，超越了简单的结果导向，而向结果与过程并重的方向发展。在现代社会，公共事务的有效管理以走向“善治”为终极标准，有学者提出了衡量我国善治水平的十条标准：合法性、法治、透明性、责任性、回应性、参与、有效、稳定、廉洁、公正或包容性。[①] 实际上，这十条评估标准也构成了我国进一步推动社会管理的重要指导和依据。

为了实现公共事务的有效管理，必须不断创新社会管理，根据新的社会现象、社会问题、社会需求提出新的社会管理模式。在现代社会，随着资源的日益稀缺以及组织互赖程度的加强，传统的政府一元治理模式已经难以适应日益复杂的公共问题和人民群众日益多样化的公共需求，构建政府主导下的多元主体协同治理模式成为有效的选择，这不仅是确保社会管理绩效的工具性选择，也是回应社会参与诉求和推动公民自治的重要思路。

### 2.1.2 公共服务的持续提升

公共服务的持续提升是社会管理的根本目标，服务型政府建设是当代中国政府改革的核心内容，推动公共服务的持续改善是现阶段及今后很长一段时间内社会管理的重要任务。服务型政府是相对于管治型政府而言的，它是一种以服务公民为中心、以满足公众日益多元化的公共需求为导向的新型政府治理范式。这种治理范式要求政府从以控制管理为要务，转变为以提供公共服务为宗旨，管理范畴由经济建设领域转移至社会管理和公共服务领域，强调把社会管理和公共服务放在更加重要的位置。服务型政府彰显了政府以人为本的施政理念，体现了为民服务的行政价值观，有助于“让人民生活得更幸福、更有尊严”。社会管理创新与服务型政府建设有共同的价值诉求，即最大限度地实现公共利益。

2012年，国务院印发《国家基本公共服务体系“十二五”规划》，明确了我国基本公共服务的范围、标准及工作重点等，成为我国建立健全基本公共服务体系的重要指导性文件。未来我国公共服务的持续提升应当根据经济社会的发展变化，不断提高公共服务的质量、效率以及满足公民的多样化需求，更加注重城乡之间、区域之间、不同群体之间的基本公共服务均等化。

### 2.1.3 公共空间的安全保卫

公共安全是涉及人民群众生命和财产安全的最基本的民生问题，也是政府必须向公民提供的公共产品。加强公共空间的安全保卫，是社会管理的基础和前提。随着我国工业化、城市化的不断推进，一个全面的风险社会已经到来，公共安全问题更加频发和易发，潜伏于社会的方方面面，时时刻刻威胁着人们的生命和财产安全。加强公共安全建设，为人民群众提供安全、稳定、和谐的公共空间成为社会管理的重要任务。

公共空间的安全保卫不仅要有效应对突发的公共空间危机，也要加强公共空间的常态

① 参见何增科：《治理、善治与中国政治发展》，载《中共福建省委党校学报》，2002（3）。

风险管理。一方面，进一步建立健全“一案三制”应急管理系统，针对自然灾害、事故灾害、公共卫生事件、社会安全事件四类突发公共事件，提高危机应对和管理能力；另一方面，加强常态化风险管理，积极防控影响公共安全的因素，逐步构建“横向到边、纵向到底”的公共安全风险管理体系，建立健全应对社会风险的科学体系和防范机制，以防范风险为出发点，用长远的、全局的眼光积极调整社会政策，发挥各方面的作用，有效化解人口、资源、环境以及效率、公平等方面容易引发风险的社会不稳定因素，加强源头治理和动态协调，积极应对社会风险，保持社会稳定，为人民群众提供安全和谐的公共空间。

### 2.1.4 公共秩序的良好维护

在一定意义上，社会秩序是社会管理的核心，加强治安综合管理、维护良好的公共秩序是社会管理的重要目标。所谓公共秩序，也称社会秩序，是指社会的正常而有规律的活动状态，是保证社会生活正常进行的必要条件，其主要表现在：(1) 社会结构相对稳定，社会成员之间的社会关系基本确定；(2) 社会规范建立健全，并能够得到正常遵守和维护；(3) 社会的冲突和无序控制在一定范围之内。实际上，社会不可能也无必要对所有人的所有活动进行规范，这就失去了社会的内在自发活力和动力。

当前，我国正处在重要的社会转型期和战略机遇期，经济高速发展，人民生活水平显著提高，社会结构发生了巨大变化，人员流动性增强，个人与社会组织的依存关系减弱。一方面，经济秩序、文化秩序、治安秩序等传统社会秩序受到冲击，亟待整合重建；另一方面，流动人口管理、虚拟空间的兴起等都给我国社会秩序带来了挑战，新型的社会秩序有待培育建立。对于政府来说，必须不断创新理念，提高认识，优化方法，及时化解公共秩序隐患，为社会发展、人民生活创造良好的秩序环境。特别是面对日益兴起和庞大的虚拟社会，要创新思路方法，加强信息网络管理，健全舆论引导机制，促进网络社会健康、有序、规范发展，维护虚拟社会的良好秩序。

### 2.1.5 和谐关系的广泛建立

社会管理的一项重要基本任务，就是协调社会关系，规范社会行为，推动和谐社会构建。当前，我国正处于社会转型期，传统的社会结构发生着深刻变化。原有的利益分化较小的，由工人阶级、农民阶级、干部和知识分子组成的简单阶层结构，已经转化为利益分化较大的，由许多不同利益群体组成的复杂阶层结构，同时出现了许多新的社会阶层。社会阶层的多元化、社会结构的复杂化必然带来利益诉求和价值观念的多元化，这导致阶层之间、社会成员之间的利益纠葛和社会矛盾日益凸显；同时转型期社会价值失范，社会心态失衡，社会诚信和道德体系受到冲击，因而加强社会主义精神文明建设、构建和谐社会成为新时期政府面临的重要挑战。

当前，政府及公共组织应充分调动社会各种力量，以社会资源的公平分配来协调社会各方面的关系、规范社会各阶层和成员的行为，并积极开展群众工作，加强社会矛盾纠纷的调解，完善公民权利救济制度，建立健全群众权益保障机制，加强精神文明建设，积极构建社会主义核心价值体系，提高公民文化素养，培养现代公民。总之，和谐关系的广泛建立是社会转型期政府社会管理的重要目标，也是维护社会稳定、构建和谐社会的必然要求。

### 2.1.6　公民社会的有效培育

随着中国越来越走向开放，经济市场化和全球化客观上也要求一个“大社会”的出现。因此，政府需要把过去包揽的事务还给社会，培育社会的自治能力。第一，促进基层自治组织的发展，主要包括农村和社区的居委会组织，不断提高基层自治能力，推进基层民主发展。第二，非政府组织是支撑公民社会的重要力量，促进非政府组织发展是培育公民社会的重要内容，改革社会组织管理体制，提高社会组织的独立性和自治性，给予社会组织在政策、资金方面的支持，通过培训加强社会组织内部建设，提高社会组织的治理能力，通过购买、委托等多种方式推动政府和社会组织伙伴协作关系的建立，充分发挥社会组织在社会管理中的积极作用。第三，公民是公民社会的主体，培育爱国、正直、负责的社会主义公民是构建公民社会的重要基石，一个强有力的公民社会离不开高素质公民的支撑和推动。

总之，政府需要大力培养社会力量，建立各种社会中介组织；政府要逐步剥离社会组织的政治职能和行政职能；要落实各种社会组织的经营和管理自主权，确保各种社会组织在法律范围内享有较为广阔的自主活动领域；要给予社会组织更多的政策和财税支持；要加强政府和社会组织之间的合作；要培育高素质的现代公民。公民社会的有效培育成为我国社会管理的重要目标之一。

## 2.2　社会管理的内容及分类

社会管理的实践离不开社会管理的内容，社会管理的内容纷繁复杂，这些内容构成了社会管理指向的具体“实体”，正是通过这些内容实体，社会管理的实践才得以开展。本书对于社会管理的内容及其分类将从以下三个角度进行考察：（1）从社会管理的手段来看，社会管理是“管”与“理”的融合，包括“管的人”和“管的事”，“理的人”和“理的事”；（2）从社会管理的过程来看，社会管理是宏观与微观的契合，包括宏观的全面把控与微观的基层治理、总体的发展方向与地区的因地制宜；（3）从社会管理的形态来看，包括正常态与危机态的转化，其中，常态工作奠定社会管理基础，突发状态检验社会管理成效。

### 2.2.1　“管”与“理”的融合

“管”与“理”的融合是从社会管理手段的角度来看社会管理的具体内容。“管”即管制、管教、监管，是指采用具有一定强制性的措施来约束和规范主体的行为；“理”即料理、照料和理顺，是采用柔性手段来实现社会秩序和公共安全的维护，满足人民群众的社会福利和服务需求。从实践来看，社会管理的对象可以总结为具体的事和实在的人。社会管理坚持“管”与“理”融合，强硬手段与柔性手段并用，就必须做到“管事”与“理事”、“管人”与“理人”相结合，推动分类管理、多元化管理。

1. “管事”与“理事”

(1)“管”的事。

运用强硬手段“管事”是社会管理的必要内容，这有利于维护公共安全和社会秩序，是社会管理的基础和保障。当前，社会管理管的“事”着重包括以下五个方面的内容：

一是犯罪行为管理。犯罪行为管理是为了保卫国家安全，保障社会主义制度和公共财产，保障公民财产权、人身权、民主权和其他权利，从而维护社会秩序、经济秩序，保障社会主义建设事业的顺利进行。根据《中华人民共和国刑法》，一切危害国家主权、领土完整和安全，分裂国家、颠覆人民民主专政的政权和推翻社会主义制度，破坏社会秩序和经济秩序，侵犯国有财产或者劳动群众集体所有的财产，侵犯公民私人所有财产，侵犯公民的人身权利、民主权利和其他权利，以及其他危害社会的行为，依照法律应当受刑罚处罚的，都是犯罪，但是情节显著轻微危害不大的，不认为是犯罪。

二是治安管理。治安管理是指公安机关依照国家法律法规，依靠群众，运用行政手段维护社会治安秩序，保障社会生活正常进行的行政管理活动，这从根本上决定了治安管理的强制性、武装性和广泛性。广义的治安管理包括户籍管理、公共秩序管理、特种行业管理、民用危险物品管理、交通安全管理、消防工作、边防工作、外国人管理和中国公民出入境管理等。根据2006年实施的《中华人民共和国治安管理处罚法》，违反治安管理的行为主要包括四种：扰乱公共秩序的行为和处罚，妨害公共安全的行为和处罚，侵犯人身权利、财产权利的行为和处罚，妨害社会管理的行为和处罚。

三是经济管制。经济管制即政府对市场经济活动的干预，是为市场运行和企业行为规定的一系列的规则和制度，具体是指对价格、市场进入和退出条件、行业服务标准等的控制。经济管制一般针对市场调节失灵的行业和领域，如粮食、运输、电信、石油等关系国民经济命脉的垄断行业。

四是社会管制。社会管制是指政府对关系社会发展的重要事项给予一定的规定和限制，通过具有强制性的社会监管来维护特定利益群体的利益。社会管制的主要领域主要包括劳动者合法权益保障、食品安全领域的监管、医疗卫生监管、安全生产监管以及环境保护监管等。

五是其他管制。指社会管理中政府为了维护社会稳定、保障公共安全和社会秩序而实施的其他具有强制性的管理行为。

(2)“理”的事。

随着社会环境的发展变化，社会管理更多地从“管”转向“理”，更多的使用柔性手段推动社会管理，管理与服务相结合，寓管理于服务，在服务中实现社会管理。社会管理中“理”的事至少包括以下五个方面的内容：

一是公共服务的供给。公共服务是政府的重要职能。随着经济发展到一定阶段，公民公共服务需求日益提高，如何更好地加强基础设施建设，为公民提供公共产品和公共服务成为政府的职责所在。当前，政府公共服务的供给主要涉及两大问题：一是构建多元供给机制，引进市场化方法，不断提高公共服务的质量和效率，满足人民群众多样化的公共服务需求；二是推进基本公共服务均等化，缩小公共服务的地区差距、城乡差距和群体差距，特别是要加强对社会弱势群体的公共服务供给。

二是公民合法权益的保护。当前，社会矛盾和利益纠纷大量存在，严重威胁我国的和谐社会建设。同时伴随着公民权利意识的觉醒，公民维权意识的不断提高，加强公民合法权益的保护，完善维护群众权益的机制，成为社会管理的重要内容，这具体包括公民合法权益的诉求表达机制、矛盾调节机制以及利益协调机制。

三是社会事业建设。社会事业是指国家为了社会公益目的，由国家机关或其他社会组织举办的从事科学、教育、文化、卫生等等活动的社会服务。广义的社会事业涵盖了教育事业、医疗卫生、劳动就业、体育文化、人口与计划生育等多个领域，社会事业具有维系社会公正、体现社会公益的作用。大力发展社会事业，满足人民群众不断增长的物质、文化、精神和生活需要，是政府履行职责，建设公共服务型政府的必然要求。

四是社会保障建设。社会保障是指对社会成员特别是生活有困难的群体的基本生活权利给予保障的社会制度安排，是为了促进社会的公平正义，维护社会稳定发展。社会保障包括社会保险、社会救济、社会福利、优抚安置等内容。相比于西方国家，我国的社会保障体系尚未完全建立，对于老年人、残疾人、妇女等社会弱势群体的保障不足，因而进一步推动社会保障建设是政府未来加强社会管理的重要内容。

五是社会主义核心价值体系建设。社会主义核心价值体系是社会主义意识形态的体现，是全党全国各族人民团结奋斗的思想动力。当前我国正处于社会转型期，传统的社会道德不断受到冲击，失范行为大量存在，通过社会主义价值体系重建，构建全国各族人民共同坚守的价值信仰和精神支柱，是为社会主义建设提供不竭动力的保障。

2. “管人”与“理人”

人是社会管理的重要客体，人类不同的社会管理活动形成了很多不同类型的“人”的群体，所以社会管理的“人”既指具体的“个体人”，也包括抽象的“组织人”，应当根据不同群体的“人”的特征，实施不同类型的社会管理，采取不同的社会管理措施。

(1)“管”的人。

当前，采用强硬手段进行“管”的人重点是指以下三类：

一是违法犯罪分子。根据违法者的违法行为对社会危害程度、所触犯法律以及应受处罚方式的不同，可以将违法者的违法行为分为一般违法行为和犯罪行为。针对一般违法者主要是适用《治安管理处罚法》，处罚的种类主要包括警告、罚款、行政拘留以及吊销公共机关发放的许可证等；对于严重违法者则适用《中华人民共和国刑法》，其所受刑罚的种类主要包括管制、拘役、有期徒刑、无期徒刑、死刑、罚金等。

二是流动人口。流动人口是指那些离开户籍所在地，在另一地区滞留、居住、从事各种活动的人口，其中主要是从农村流向城市，中西部地区流向东部地区。总体来看，流动人口的文化水平较低，从事体力劳动，缺乏社会保障。近年来，大量的流动人口造成了流入地区的就业、交通和社会服务压力，对于公共安全和社会治安也造成了一定的影响，流动人口成为社会管理未来重要的管理和服务对象。

三是其他特殊人群。这里的其他特殊人群主要是指刑释解教人员、社区矫正对象、戒毒人员等可能对社会安定和谐造成威胁的群体。社会要加强对这些群体的管理，通过思想引导、就业安置、生活保障等多样化的手段和方式实现对潜在群体可能造成的潜在威胁的有效监控。

(2)“理”的人。

采用柔性化手段进行“理”人，包括满足人的需求和引导人的发展两个层面的内容。其中，满足人的需求，强调政府要了解民情、民意、民心，解民难、民忧、民虑。加强矛盾协调，保障人民群众合法权益。引导人的发展，就是要给予个体人和社会组织更多的发展支持，创造良好条件，加强引导和服务，共同参与社会管理和社会建设。当前，为了更好地满足人的需求、引导人的发展，社会管理“理”的人和组织及其主要内容主要表现在以下六个方面：

第一，弱势群体。弱势群体也称社会脆弱群体、社会弱者群体，是指由于某些障碍及缺乏经济、政治及社会机会，而在社会上处于不利地位的人群，他们凭借自身力量难以维持一般社会生活标准。当前我国弱势群体规模庞大，其中一些人的生存状况正在不同程度地恶化，弱势群体问题已经成为影响社会稳定和社会发展的重要风险因素之一。弱势群体一般分为生理性弱势和社会性弱势，前者如老年弱势群体、女性弱势群体、残障弱势群体等，后者如贫困人群、失业群体等。对弱势群体的救助应当实施动态、分类管理，针对弱势群体形式多样的特点，分类采集信息，实行动态管理；畅通诉求渠道，及时解决弱势群体反映的问题，做好矛盾纠纷的排查和调解，建立结对帮扶、鼓励就业、开展职业培训等。

第二，社区居民。社区是构成社会的基本单位，加强社区居民的管理，保持社区运行的稳定有序，有利于整个社会的和谐。当前社区居民的管理主要包括以下几方面：一是居民自治。引导居民开展自治管理。加强社区居民委员会建设，鼓励居民参与小区各项事务的管理，满足居民的知情权、参与权和监督权。二是矛盾调处。充分发挥社区的调解功能，搭建第三方平台，协调化解社区内的居民矛盾纠纷。三是提供社区服务，完善社区养老服务、残疾人服务、计生服务，创新社区服务供给体制和模式，满足社区居民的服务需求。四是社区文化建设。努力搭建居民参与社区活动的平台，注重组织居民开展公益服务和文体活动，提高社区的凝聚力。

第三，社区居委会、业委会。当前社区居委会、业委会的管理主要包括以下几方面：一是制度建设。加强制度建设，完善社区规范管理制度，加强居民自治章程、居务公开、分片包户、居民议事规则等居民自治制度体系建设。二是民主决策。加强民主建设，以社区归属感和社会责任感为导向，采取社区居委会直选、社区决策民投试点、居务管理的民主监督等措施加强社区民主建设。引导居民选举成立居民楼院管理委员会管理小组，根据多数人的意愿，由居民自主决定购买专业物业管理服务或采取居民自行管理、聘请专职人员进行日常维护的准物业管理服务，也可以由小区居民采取互助式的物业管理。三是构建居民自治网络体系。加强对业委会、楼委会和居民事务协调委员会等社区社会组织的引导，健全和完善居民自治网络体系。

第四，行业组织。引导行业组织的发展，主要包括以下三个方面：一是自律协作。通过“六小门店”自律协作组建设，吸纳辖区个体商户、小门小店，成立“六小门店”自律协作组，加强自我服务和自我管理，发挥其在改善城市管理、维护社会稳定、服务居民生活等方面的积极作用。二是专业服务。培育孵化会计师协会、律师协会，将区域内会计师、律师事务所和注册会计师、律师整合，使其更好地参与社会建设和经济建设工作，更好地开展法律服务，推动法律服务社会化。三是枢纽协调组织。通过建立各个层面的行业协会组织，加强对单位的服务与管理，建立物业协会、城市管理协会、食品卫生协会、地下空间协会等，在社会管理基础信息库的基础上完善协会的服务管理记录。

第五，“两新”组织。“两新”组织，是指新经济组织和新社会组织的简称，前者是指私营企业、外商投资企业、港澳台商投资企业、股份合作企业、民营科技企业、个体工商户、混合所有制经济组织等各类非国有集体独资的经济组织，后者是指社会团体和民办非企业单位。引导“两新”组织的发展主要包括：一是健全基层党建。加强非公经济组织和新社会组织的党组织建设，在符合建立党组织的非公经济组织和新社会组织中及时建立党组织；加强党的制度建设。建立和完善领导联系点、信息直报点、理会、考核评比等制度。二是完善沟通渠道。完善非公经济组织和新社会组织联系会建设，定期召开联系会议，研究社会领域党建规划、计划和阶段性工作，加强各成员单位的协调、沟通与协作。

第六，志愿者与社区工作者。加强志愿者队伍建设，规范有序开展志愿服务活动，加强各级志愿者组织建设，搭建公益服务信息发布和需求对接平台，建立志愿服务激励机制，完善宣传动员、招募选拔、培训派遣、日常管理、注册登记等环节的管理制度，确保志愿服务活动规范有序开展。同时积极鼓励引导企业参与辖区社会公益服务事业，履行企业的社会责任。加强社区工作者服务建设，提高社区工作者的能力，主要包括：一是实施社区工作者培训计划，以提高服务水平和能力为核心，采取分级培训和分层培训方式，加大对社区工作者的理论知识培训和业务实务能力培训；鼓励社区工作者参加社会工作师资格考试，提高社区工作者队伍的专业化、职业化水平。二是实施社区工作者国际交流计划，以建立国际化社区为导向，积极创造条件开展社区工作者的国际交流，培养国际化的社区服务管理人才，提升社区服务管理的国际化水平。三是引导大学生社工发展。加强对大学生社工的培训，丰富培训形式，提高大学生社工适应工作的能力，发挥专长，引导他们将理论知识应用于社区实践。

## 2.2.2　宏观与微观的契合

从社会管理的过程来看，社会管理体现了宏观与微观的契合，宏观的社会管理指的是从顶层设计出发，关注社会管理的整体架构、发展思路与机制设计等，微观的社会管理则是从社会管理的具体实践、面临的具体问题与具体的实施措施入手。宏观与微观的契合体现了社会管理战略与战术的有效统和，实现了自上而下与自下而上的社会管理路径的整合。宏观与微观的有效契合具体表现在两个方面：一是在战略上，体现为宏观的全面把控与微观的基层管理相结合；二是在战术上，体现为总体发展方向制定与地区因地制宜相结合。

1. 宏观的全面把控与微观的基层管理

从战略上来看，社会管理的宏观与微观的融合表现为宏观的全面把控与微观的基层管理：通过宏观的全面把控确保社会管理的整体方向，明确社会管理的发展思路；通过微观的基层管理推动社会管理战略的具体实施，确保政策落实和管理成效。

宏观的全面把控有赖于党政主导性的社会管理地位：一方面要充分发挥党的领导作用，维护党在社会管理中的核心领导地位，从而确保社会管理的发展方向；另一方面要充分发挥政府的主导性，政府负责制定社会管理的发展战略和整体思路，充分发挥社会管理和公共服务职能，不断推动政策创新和制度变革，为社会管理创造良好的体制机制与政策环境。当前，宏观的全面把控体现为以下三个方面：一是推动社会管理体制的变革与创新，进一步理顺党和政府的关系，建构起强有力的社会管理领导体制；二是社会管理格局的完善，在党政主导性作用发挥的同时，更加积极推动社会协同和公众参与；三是社会管理体系的完善，根据社会管理所处的背景环境变化以及人民需求的改变，不断完善社会管理的体系，满足新的社会需求。

微观的基层管理则是将宏观的发展战略、整体思路加以落实和推动的具体过程。基层具有贴近人民群众、直面社会问题的特征，微观的基层管理成为社会管理的主战场。首先，基层管理同样需要充分发挥基层党组织的作用，通过创新基层党建，充分发挥基层党委和党员在社会管理创新中的作用；其次，基层政府应当发挥社会管理的直接领导作用，全面负责本地区的社会管理发展思路和具体实践；再次，充分发挥基层自治组织的作用，包括农村和社区的居民自治委员会，积极推动基层自治和民主建设；最后，鼓励社会组织参与到基层的社会管理实践中，如农村社会组织、社区社会组织、公益慈善类社会组织等，在基层的利益纠纷、矛盾调节、弱势群体救助等方面充分发挥社会的作用。

2. 总体发展方向与地区因地制宜

从战术上来看，社会管理宏观与微观的融合表现为总体发展方向的制定与地区的因地制宜：总体发展方向体现了社会管理的规律性和普遍性，社会管理必须符合我国社会管理所处的环境、背景，这决定了我国社会管理的发展方向与思路；地区的因地制宜体现了社会管理的特殊性，我国不同地区在经济发展水平、社会管理阶段、面临的社会管理问题等方面具有显著的差异性，这使得社会管理又必须从地方实际出发，做到因地制宜，避免社会管理的"一刀切"。

社会管理的总体发展方向决定了社会管理的基本思路和指导原则。当前，根据我国社会管理的现状，我国社会管理的总体发展方向主要体现在以下两个方面：一是提出了"党委领导、政府负责、社会协同、公众参与"的四位一体格局，这是符合我国社会管理国情、适合社会管理发展阶段、顺应社会管理发展规律的正确选择。不断健全和完善我国四位一体的社会管理格局成为我国未来社会管理的宏观指导原则。二是加强和创新社会管理实践，这是我国推进社会管理的重要思路。社会管理要加强，强化对社会问题和社会领域的治理力度；社会管理也要创新，这是适应社会管理面临的新形势、新环境和新问题的必然选择，通过不断的创新推动社会管理成本的下降，社会管理质量的提高以及社会管理问题的有效解决。

地区因地制宜体现了社会管理的多样性和特殊性，特别是在我国，不同地区的经济发展水平、社会管理面临的问题、社会组织的发育状况以及公民的社会诉求等都呈现出显著的差异性和阶段性，这要求社会管理不能千篇一律，必须根据地方实际因地制宜地选择适合本地区本阶段的社会管理模式，如经济发达地区以公共服务为重心的社会管理，经济欠发达地区以经济建设为重心的社会管理，特定危机时期如 SARS 期间以公共安全为重心的社会管理等，对于社会管理的主体、方式、手段、策略等都有不同的要求。但是，社会管理的因地制宜不等同于社会管理的孤立式发展，而应当注重学习其他地区社会管理的先进经验，在借鉴移植过程中推动社会管理的创新。

### 2.2.3 正常态与危机态的转化

从社会管理所处的社会形态来看，社会管理包括正常态与危机态，正常态是社会管理的一般状态，危机态是社会管理的特殊状态。常态工作奠定基础，突发状态检验成效，正常态与危机态的有机融合与转化构成了我国社会管理的形态。随着风险社会的到来，突发性的公共问题和公共危机越来越频繁地出现，有效应对和治理危机态的公共问题，往往成为解决公共问题、提高社会管理能力以及推动正常态社会管理的重要契机，而危机态的突发性、频发性也要求常态化的社会管理更加注重风险管理，实现对突发性事件的有效预警和控制，避免社会管理从正常态向危机态恶性转化。

1. 正常态的社会管理

正常态是相对于危机态而言的，是指社会管理的一般状态，也是社会管理的普遍状态，正常态下的社会管理涵盖了社会管理的所有领域、所有问题，是提高社会管理水平与评估社会管理绩效的主要战场。一方面，正常态的社会管理是基础，一个良好的社会管理水平为人们提供了安全的公共环境、稳定的公共秩序、充分的公共服务以及和谐的社会关系。另一方面，正常态的社会管理直接决定着危机态社会管理的治理绩效，不仅为危机态社会管理奠定基础、积累经验，也直接影响着危机态社会管理面临问题的严重性、潜在性以及可治理性。因此必须充分重视正常态下的社会管理，不断提高社会管理水平和社会管理能力，避免社会管理向危机态的转化和演变。

正常态相比于危机态，其社会管理的对象具有稳定性和可控性，面临的问题也相对简单，而且社会管理问题往往是潜伏和隐秘的，在短时间的威胁和影响较小，因此正常态下的社会管理应当坚持以下四个基本原则：一是社会管理要治本，这使得社会管理应当从根源上关注问题的本质，避免治标不治本；二是社会管理要有长远观，常态下的社会管理是基础，要从长远的视角思量社会管理中出现的新领域、新问题和新矛盾，切忌目光短浅；三是社会管理要有统筹观，现代社会管理问题越来越超越单一领域而逐步具有跨越不同领域的特性，这使得常态下的社会管理必须以统筹的观点来看待社会管理问题，以整合的观点促进问题的解决；四是社会管理要有协作观，常态下的社会管理应当积极纳入多元的治理主体，提高协同解决问题的意识和能力，从而为危机态的协作奠定基础。

此外，正常态的社会管理应当特别重视风险管理。现代社会是一个风险社会，这使得社会管理的常态问题随时都有可能演变成严重的社会危机，因而要加强正常态下的风险管理和预警机制建设，及时识别潜在的巨大风险，避免危机的产生，从而将风险在正常态的社会管理中加以控制和化解。

2. 危机态的社会管理

危机态是社会管理的一种特殊形态，随着危机社会的到来，加强危机管理成为社会管理的重要内容。危机态下的社会管理面临的问题具有突发性、不确定性以及时间的限制性，这使得社会管理面临巨大的压力。危机如果不能得到及时、有效的处理，就可能给人民和国家造成严重的生命和财产损失，但是另一方面，危机也是机会和转机，危机态的社会管理往往成为提高社会管理能力、促进管理变革和制度创新的重要契机，这有利于有效推动特定社会管理问题的解决，促进正常态社会管理的发展。

危机态的社会管理是指针对危机状态下的社会问题所进行的有组织、有计划、持续动态的管理过程，政府针对危机发展的不同阶段采取一系列的控制行动和治理措施，从而有效地预防、处理和消弭危机。根据社会管理危机的阶段性和过程性，危机态的社会管理可以区分为危机信息的获取和预警、危机的准备与预防、危机的控制与回应、危机后的恢复与重建四个持续演进的过程，这四种不同阶段的危机型态和危机管理是一个有机联系的整体，前一阶段直接影响着后一阶段的治理行为，决定着后一阶段治理的重点和难点，四个阶段的相互配合和密切联动是实现有效的危机管理的必然要求。

但是，危机态下的社会管理不应当以危机的有效解决为最终目标，还应当通过经验教训的总结、持续不断的学习与创新来推动正常态社会管理的发展，通过能力提升、制度创新与管理变革推动社会管理体制机制模式的科学化演进。

## 本章小结 »

本章着重研究了社会管理的目标与内容，提出了社会管理的六大目标体系：公共事务的有效管理、公共服务的持续提升、公共空间的安全保卫、公共秩序的良好维护、和谐关系的广泛建立、公民社会的有效培育；对社会管理的内容和分类从以下三个方面进行了概括和梳理：社会管理是“管”与“理”的融合、社会管理是宏观与微观的契合、社会管理是正常态与危机态的转化。

## 关键术语 »

社会管理目标　社会管理内容　公共事务　公共服务　公共空间　公共安全　公共秩序　公民社会　正常态　危机态

## 复习参考题 »

1. 社会管理的目标是什么？
2. 社会管理目标在社会管理体系中具有怎样的意义？
3. 如何理解社会管理的目标体系及其相互关系？
4. 从“管”与“理”融合的角度，如何理解社会管理的内容及其分类？
5. 从宏观与微观契合的角度，如何理解社会管理的内容及其分类？
6. 从正常态与危机态转化的角度，如何理解社会管理的内容及其分类？

## 案例分析

### 大兴区村庄社区化管理实践

大兴区村庄社区化管理的想法最初源自2003年“非典”期间，当时为防止疫情传播，村庄普遍实行封闭管理。2008年北京奥运会、新中国成立60周年等重大活动期间，为保证首都的安全，也实行过短暂的封闭管理。不过，此类“封村”属于应急行为，并没有形成制度。

2006年起，大生庄村第一个试行封闭式社区化管理，“建围墙、设街门”，社会治理成效显著，成为了封村的先行者。2010年4月25日，北京警方在大兴区西红门镇老三余村召开现场会，宣布推广大生庄村的村庄社区化管理模式。大兴区西红门镇金星地区老三余村、寿宝庄村等16个流动人口“倒挂村”试点村庄社区化管理。警方联合政府部门为这些村庄建围墙、安街门、设岗亭，并封闭一些不常用的路口，外来流动人口全部登记管理，出入办理出入证。2010年7月，北京市委书记刘淇、公安部部长孟建柱考察大兴区大生庄，对社区化管理模式予以充分肯定。2010年底，大兴区共151个村庄实现了村庄社区化管理。2011年，大兴警方针对剩余的213个村庄以及18个工业区、5个养殖地，结合各自结构特点，找准防范薄弱环节，不断完善硬件和软件设施，切实推行社区化管理。到9月底，大兴区实现了村庄社区化管理的全面覆盖。

根据首都综治委《关于开展推进村庄社区化服务管理活动的意见》的基本精神，大兴区村庄按照“治安秩序标准化、村庄社区管理标准化、村庄社区服务标准化、村民自治管理规范化”的工作思路和目标，全面落实各项工作。大兴区村庄社区化管理的基本做法可从防范、管理、服务、自治四方面来看。

1. 抓防范，治安秩序标准化

第一，坚持改建先行。维修改造村庄治安防范基础设施，通过“筑围墙、安街门、把路口、设岗亭”等措施，落实出入村庄“人凭证、车凭卡”的管理模式，对原有开放的自然村落实行相对独立封闭、井然有序的社区化管理。

第二，整合机构建站。将社区警务站、流动人口和出租房屋服务站、民调室等有效整合，建立融合“三站一室”功能的村综治工作中心（站），由社区民警与村干部共同开展工作，有效承担“实有人口管理、安全防范、治安管理、情报信息搜集和服务群众”等职能，使之成为“打击违法犯罪、服务人民群众、严密村庄防控、化解矛盾纠纷”的前沿阵地。

第三，充实管理力量。按照实有人口2.5‰和流动人口5‰的比例，配齐配强巡防队和流动人口、出租房屋管理员队伍，明确职责任务，规范工作环节，切实发挥其辅警和群防群治的作用。加强警力配置，有效指导社区维稳和治安防控工作。

第四，落实防范责任。出入口由专职巡防队负责值守，落实人员和车辆查证；胡同院落由村内治保分子负责守望；主要街巷防控由社区民警带领巡防队巡逻。

第五，实施科技创安。根据村庄内街巷数量分布等情况，确定监控探头数量和点位，进行统一安装，建立镇、村两级监控平台，全天专人值守，提升防控水平。

2. 抓管理，村庄社区管理标准化

第一，坚决遏制违法建设。完善违法建设快速处置机制、长效防控机制，形成区镇村三级监管网络，拆管并重，努力从源头上遏制违法建设。充分发挥基层服务站的作用，切实加大对经济机构管理、拆控违建等工作的日常巡查管理力度，发现问题及时制止并上报相关主管部门进行查处。

第二，加强实有人口和出租房管理。建立健全实有人口和出租房电子台账，对租房人和出租房实行专人管理，做到“来有登记、走有注销”。出租房屋普遍建立一户一档，组织流动人口积极参与社区管理，在治安管理、计划生育、法律援助、劳动就业咨询、卫生医疗、子女上学等方面为流动人口提供与常住人口同质化的服务。

第三，加大秩序整治。建设职业化保洁队伍，负责村域内环境清理和卫生清洁工作。统一在村内主要道路一侧规划停车泊位，确保有序停车，道路畅通。规范村内外门店经营、广告牌匾、货物堆放等行为。加大对无照经营、店外经营、制假贩假等非法经营行为的发现、举报。

第四，做好“两个排查”。充分发挥部门职能作用，努力做好农村地区矛盾纠纷和安全隐患的排查化解，构建基层矛盾调处平台。加强农村社区安全稳定信息员和人民调解员队伍建设，及时掌握安全稳定信息，积极开展人民调解，妥善处置各类安全隐患。

3. 抓服务，村庄社区服务标准化

第一，加快社区服务站建设，实行“一口受理、首问负责、分办落实、组织协调、投诉处理”等统一管理制度，重点把社会治安、医疗卫生、计划生育、文教体育、公共就业、社会保障等基本公共服务覆盖到农村社区。

第二，健全农村社区服务体系。向广大村民和流动人口开展便民利民服务。同时，根据农村社区的特点，建立健全为生产服务的科技信息、农业技术推广、土地流转、市场营销服务体系，为农村经济发展服务。

第三，丰富村民物质文化生活。加强公益性娱乐休闲活动场所、设施的建设，丰富村民业余文体生活；通过扶持政策引导“万村千乡市场工程”试点企业在村庄社区新建或改造连锁超市，提高经营和服务水平。加快推进农村社区的高速宽带信息网络建设，基本完成数字电视双向改造工作。在实现社区化管理的村庄普遍设置“一站多用”的综合信息服务站点，为社区居民提供各类信息服务。

第四，趋同管理。坚持“以人为本、服务为先”的原则，对村内流动人口实行同质化服务，在治安管理、计划生育、法律援助、劳动就业咨询、卫生医疗、子女上学等方面为流动人口提供与常住人口同质化的服务。吸收流动人口参与综合治理、治安巡逻等工作，逐步实现流动人口自我教育、自我管理和自我服务。有条件的村庄建立来京人员党支部，创办流动人口服务培训中心，全方位满足流动人口提升素质的要求。定期组织村民和流动人口开展法律法规和安全防范教育，在流动人口中开展“争当荣誉村民”活动，增强流动人口的归属感，培育现代市民意识。

4. 抓自治，村民自治管理规范化

第一，在区县综治办的指导下，制定并完善了《村规民约》和《村民自治章程》，并将其作为社区化建设工作的起步，通过起草初稿、征求意见、修改完善、村民表决等步骤，将符合村内实际的管理办法以文字形式加以固定，为村务管理提供统一的依据，在日后规范村民日常行为、预防矛盾发生等方面发挥了显著作用。

第二，积极发挥村党组织的作用，实现领导、指挥、策划、实施的全程介入。充分发挥基层党组织战斗堡垒作用和党员先锋模范作用，落实村庄社区化管理党委书记第一责任人制度。同时，推广农村网格化社会管理模式，借助村“两委”成员分片包户、居民代表定期入户等自治制度，实现每个网格至少有一名党员或一名村民代表，以网格管理员作为信息员，让群众身边的人做群众工作。

第三，充分尊重广大村民包括暂住的流动人口的民主权利，尊重民意，顺应民情，通过召开村民代表大会、村民会议常务委员会等有效形式广泛征求包括流动人口在内的群众意见，形成广大群众自觉自愿的共识，使村庄社区化管理措施在党的领导下具备广泛的群众基础，确保各项措施有效实施。

（注：根据相关新闻报道和资料整理）

**思考题：**

1. 大兴区村庄社区化管理的目标有哪些？
2. 大兴区村庄社区化管理体现了社会管理的哪些内容？

### 罗斯福新政及其成效

罗斯福上台以后，即推行新政。1933—1935 年年初为第一次新政，主要目的在于复兴和救济；1935—1939 年为第二次新政，主要意图在改革。由于复兴（Recovery）、救济（Relief）、改革（Reform）三个英文字母开头都是 R，所以人们称罗斯福新政为“三 R”计划。在新政期间，总共颁布了 700 多项法令，涉及整顿财政金融、调整工业生产、节制农业发展、实行社会救济、举办公共工程、调整三权分立体制六个方面。有人统计，在罗斯福新政任内所讨论的有关美国经济生活和社会的问题，比以前历届总统所讨论的相关问题加在一起还要多。

罗斯福新政的主要内容可以概括为以下五个方面：

（1）大刀阔斧，整顿财政，主要是整顿银行。颁布《银行紧急法令》，授权总统全权整顿破产银行，由政府提供 35 亿美元贷款，帮助有信誉的银行复业，同时颁布《存款保险法》，稳定储户对银行的信心。随后，政府先后颁布了《格拉斯—斯高特法》、《联邦证券法》、《证券交易法》，迫使商业银行与投资银行脱钩，要求所有担保人和经纪人提供真实情报。随后建立证券和兑换委员会，防止并惩处投机行为。改革银行体系，颁布《银行法》；改革税制，颁布《财产税法》；实施食品税计划，颁布联邦反对价格歧视法令，推动公平竞争。

（2）调整工业生产。颁布《全国工业复兴法》，旨在鼓励全国产业复兴，促进公平竞争，规定某些有益的公共工程的兴建，规定劳工的基本权利。随后政府颁布了《全国劳资关系法》、《公平劳动标准法》，保障劳动者权益。

（3）节制农业发展。颁布了农业调整法，该法宣称旨在“提高农村购买力以解救当前全国经济危机”，根据法案成立了农业调整局，控制小麦、棉花、玉米、水稻、烟草、生猪等农副产品的生产。剩余农副产品部分由政府收购，部分则销毁或暂存仓库。颁布《土壤保护法》，加强土壤保护，提倡土壤保护和科学耕作制度；政府再次颁布《农业调整法》，规定丰年时由政府收购剩余农产品，歉收时由政府控制市场物价等。

(4) 社会保障制度和田纳西工程。颁布《民间护林保土队救济法》，建立民间护林保土队；实施联邦紧急救济措施，颁布《联邦紧急救济法》、《紧急救济拨款法》，实施以工代赈计划。1935 年 5 月 1 日，根据《紧急救济拨款法》成立重新安置署。1935 年 6 月 7 日，根据《紧急救济拨款法》建立全国资源委员会。1935 年 6 月 26 日，根据《紧急救济拨款法》建立全国青年管理署。1935 年 8 月 14 日，罗斯福总统签署《社会保险法》，从而确立了美国现代社会保障制度。此外还实施了保障住宅的立法措施，建立保障雇员权益的一些机构，建立民间救济工作管理机构，规定铁路职工福利保障。规定退伍军人福利保障。举办公共工程方面，最重要的是 1933 年 5 月 18 日颁布了《田纳西河流域管理法》，据此成立了田纳西河流域管理局。

(5) 行政机构和司法制度的改革。1937 年 2 月 25 日，罗斯福提出增加最高法院法官的建议，由 9 名增至 15 名。7 月国会司法委员会提出反对改革的报告，认为“它违反历史上的一切先例”，“破坏了宪法给予少数派的保障”，拒绝批准罗斯福的建议。改革行政管理机构，主要有 1938 年 6 月 16 日建立临时国民经济委员会；1938 年 7 月 4 日，颁布《全国经济问题第一号》行政命令；1939 年 4 月 3 日，颁布《政府机构改组法》；1939 年 9 月 8 日，颁布第一号行政命令，即 8248 号命令。这些举措使总统管理经济的权力得以扩大，并使总统制职权体制化，建立了包括白宫办公室、预算局在内的总统办事机构和管理体系。

（注：根据相关新闻报道和资料整理）

**思考题：**

1. 罗斯福新政体现了社会管理的哪些内容？
2. 罗斯福新政对我国社会管理创新与发展有哪些借鉴意义？

# 第 2 篇

# 社会管理的格局

社会管理格局关注社会管理各个主体的地位和作用。“党委领导、政府负责、社会协同、公众参与”的四位一体社会管理格局构成了我国未来社会管理格局的基本形态和目标模式，这代表了一种新型的现代社会管理格局的形成和转向，即从党政一元主导向社会多元协作转变。本篇主要分析我国传统一元主导的社会管理格局、过渡阶段的社会管理格局的内容与特征，以及现代多元社会管理格局转向的新背景、新趋势与新特征。此外，本篇还进一步深入研究了党委、政府、社会、公众作为四位一体社会管理格局的主体要素，在社会管理中的角色功能、相互关系以及作用机制。

# 第3章 社会管理格局的演变

社会管理格局关注社会管理各个主体的地位和作用，是指社会管理的一种工作局面、结构态势、运行方式或是管理模式，是社会管理各种力量分工和协作的组合方式，侧重于描绘社会管理体系的组织架构①，因此社会管理格局的核心要素是社会管理的主体，包括党、政府、社会组织和公民等。由于不同国家对政府、企业、民间组织和公民在合作管理中地位和作用所作出的制度安排不同，各个国家的社会管理格局也呈现出不同的模式，同一国家不同时期的社会管理格局也会有所不同。②

社会管理是人类社会必不可少的一项管理活动。自人类社会产生以来，社会管理活动就相伴随而出现，特定的社会管理模式和社会管理格局必须与当时、当地的政治、经济、文化和社会国情相适应。随着时代背景以及国内外环境的发展变化，社会管理的内容不断拓展，社会管理的体系不断完善，社会管理的技术不断创新。其中影响社会管理格局的核心要素是社会管理主体，社会管理主体的不断拓展及其相互关系的发展演变，在不同阶段形成了不同的社会管理格局，直接影响着社会管理模式及其治理绩效。本章内容着重分析我国改革开放以来社会管理格局的历史变迁，以及21世纪我国社会管理格局面临的新背景、新趋势和新选择。

## 3.1 党政一元主导的社会管理格局（1949—1978年）

新中国成立之初，中国共产党面临两大亟待解决的任务：一是进一步稳固政权和维护

① 参见陈振明等：《健全社会管理格局，创新社会管理体系——“我国社会管理格局和管理体系构建”课题研究报告》，载《甘肃行政学院学报》，2008（4）。

② 参见何增科：《我国社会管理体制的现状分析》，载《甘肃行政学院学报》，2009（4）。

国家统一，防止敌对分子的分裂和破坏；二是恢复和发展国民经济，改善群众生活，提高综合国力。因此一定时期内的阶级斗争仍有存在的必要，同时在社会资源匮乏的条件下实现百业复兴也成为新中国面临的核心难题。为了实现这一特殊时期、特定国情背景下的社会管理目标，我国逐渐形成了党政一元主导的社会管理格局，这具体表现在以下六个方面：党政合一体制、计划经济体制、二元分割的户籍制度、城市单位制、农村人民公社制以及高度依赖国家的社会组织。

### 3.1.1 党政合一体制

在战争时期，为更好地统一指挥和集中行动，同级党政军群的组织关系上逐渐形成了党的一元化领导。新中国成立后，为了更好地维护新生政权和国内秩序，推行党的一元化领导，逐渐形成了党政合一体制：首先，在政府机关建立党的组织。1949 年 11 月，中共中央印发《关于在中央人民政府内组织中国共产党委员会的决定》、《关于在中央人民政府内建立中国共产党党组织的决定》，在中央人民政府机关内组织党委会，由中央人民政府中担任负责工作的共产党员组成党组，从而确保党的路线、方针和政策的贯彻执行，确保党的绝对领导。其次，在全国各级行政区划都建立起党的委员会，设有党委领导成员和党委职能部门，分口领导政府部门工作，党委直接管理政府机构干部，重大问题由党委决定，各级政府的行政首长直接向同级党委负责。最后，党还通过广泛建立党组织，从中央到地方，在各个社会层次的各个角落都建立党的基层组织，而且除行政组织外，还在城市的各种“单位”和农村成立党组织，从而将自身的组织网络延伸至国家和社会的各个领域，社会对党政高度依赖，形成了党、国家与社会三位一体的格局。①

党政合一的一元化领导下，党和政府是社会管理的唯一主体，在新中国成立之初对于维护社会稳定、恢复和发展国民经济起到了积极的作用，但是随着时间的推移、国情的变化和权力私心的膨胀，党的一元化领导被发挥为“党领导一切”，党全面管理行政事务，甚至出现党政不分、以党代政的现象，最终导致了“文化大革命”期间高度集权的一元化领导，给国家和人民造成了巨大损失。

### 3.1.2 计划经济体制

新中国成立后，在物资匮乏、发展基础薄弱等现实困境下，为了集中、有效、快速地振兴和发展国民经济，我国建立起了高度集中的计划经济体制，无论是资源的分配、企业的生产还是居民的消费，政府在各个方面都进行计划和管制并要求得到严格遵守和执行，因此这种完全依赖于政府指令自上而下的计划经济也被称为“指令性经济”。这种计划经济体制在我国计划经济实践中形成了以下几个方面的制度安排：(1) 社会主义公有制为主导的所有制形式，1956 年社会主义公有制性质的经济占到年国民收入的 93%，公有制经

---

① 参见蒯正明、杨新宇：《党、国家与社会格局演变 60 年的历史进程与现实启示》，载《江西师范大学学报（哲学社会科学版）》，2010 (3)。

济是绝对的主体；（2）计划生产的企业制度，企业不以营利为目的，不承担盈亏责任，其生产计划由政府计划部门统一制定或批准；（3）计划配置的就业制度，建立了统一的劳动力招收和调配制度、工资等级制度、职工福利制度等；（4）农产品统购统销制度，针对关系国计民生的商品实行计划管理，统一收购和销售；（5）集中统一的金融制度，统存统贷，按照计划体制加以设计，中国人民银行包揽一切国内金融业务；（6）统收统支的财政制度，财政收入全部上缴，支出由政府统一拨付；（7）国家统制型的对外贸易制度，政府职能部门领导的国营外贸公司集中经营，国家对外贸公司实行指令性计划管理，形成了统负盈亏、高度集中的对外贸易体制。

计划经济体制下，政府通过行政指令控制全社会的资源分配，进而控制经济发展和社会建设。计划体制模式下，作为个体的人从生活必需品到住房再到就业都按照计划的模式加以配置，个体依附于计划体制而被牢牢地控制，社会缺乏流动，个体没有自由，通过控制获得的社会秩序必将走向衰弱和无序。

### 3.1.3　二元分割的户籍制度

户籍制度是指与户口或户籍管理相关的一套政治、经济和法律制度，其中包括通过户籍来证明个人身份、执行资源配置和财富分配等。为了有效地发展经济、管理人口和维护社会秩序，1953年新中国进行了第一次人口普查。1953年，政务院发出《关于劝阻农民盲目流入城市的指示》，规定未经劳动部门许可或介绍，不得擅自去农村招收工人，1954年又重申了该指示；1956年12月，国务院发出《关于防止农村人口盲目外流的指示》，明确规定城市各部门不得私自招用农村剩余劳动力；1957年12月，中共中央和国务院联合发出《关于制止农村人口盲目外流的指示》，特别强调公安机关严格户口管理，不得让流入城市的农民取得户口、不供应粮食，城市一切用人单位，一律不得擅自招收工人和临时工；1958年1月，我国第一个户籍管理法规《中华人民共和国户口登记条例》正式出台，第一次用法律形式对农村人口向城镇流动专门作出限制性规定，并在农村建立人民公社，推行“议行合一制”，从而将农民牢固地束缚在土地和农村，人为造成农村和城市二元分割。这种二元分割的户籍制度其本质是一种“经济制度”，是计划经济体制下对劳动力这一生产要素进行的制度安排，即为了更好地集中资源发展和支持城市重工业，农业剩余资金被用来作为工业扩大再生产的资金来源，同时为保障城市居民社会福利不外溢，而将农村劳动力牢牢控制在农村，致使农民利益严重受损。

实际上，这种二元分割的户籍制度远远超出了治安管理和人口统计的职能，更多的是作为一种身份的象征，将与其身份所对应享有的粮油供应、劳动就业、义务教育等人身权利、社会福利与身份结合在一起，从而有效地固化公民身份、控制人口迁移，进而实现差别化的福利政策和发展政策。这一制度虽然对建国初期工业化的发展有推动作用，但是也造成了农村发展缓慢、农民生活贫困、城乡差距不断拉大等问题，严重违背了社会公平正义。

### 3.1.4 城市单位制

单位制即通过建立包括党政群机关、事业单位以及公有制企业等涵盖社会生活方方面面的“单位”，为成员提供方方面面的服务，通过“单位办社会”的方式有效实现“将全中国绝大多数人组织在政治、军事、经济、文化及其他各种组织里，克服旧中国散漫无组织的状态”①。计划经济体制中的单位组织按照其级别高低以及职能与行业分布的不同，被政党和行政的力量分割成若干个平行的管理领域，而这种自上而下、平行的领域被形象地描绘为“伞”状结构，所有的城市居民被纳入到各种不同的单位组织中，个人归属于单位，单位为个人提供福利并进行全方位管理。“单位”成为我国城市社会管理中一种普遍的组织形式，国家通过对单位的控制实现了对于社会的强有力控制。

单位成为国家在城市管理中为城市居民提供服务和进行管理的主要平台，但是城市中仍有少数游离于单位之外的居民，这些居民则由街道办事处和居委会负责管理，街居因此承担了单位体制之外的“权力剩余”②。“街居制”是以街道办事处和居民委员会为载体来管理城市基层社会的一种社会管理组织形式。“街居制”下的街道办事处和居民委员会尽管在法律上作为群众的自治组织，但实质上被政府吸纳，成为政府用于控制和管理城市的基层组织模式。“单位制”和“街居制”相辅相成，组成一张严密覆盖网，形成政府包揽、政府统管式的社会管理组织体系，在城市逐渐建立起以“单位制为主、街居制为辅”的管理体制。

### 3.1.5 农村人民公社制

在城市之外的广大农村，则建立起了人民公社制度。1958 年，我国第一个人民公社成立，1962 年审议通过的《农村人民公社工作条例修正草案》，明确规定“农村人民公社是政社合一的组织，是我国社会主义社会在农村中的基层单位，又是我国社会主义政权在农村中的基层单位”。整体来看，农村人民公社制度具有以下四个方面的特征：（1）作为一种“政社合一”的制度，人民公社将工农商学兵统一起来，既管理生产又管理生活；（2）在组织结构上，人民公社形成了类似于城市单位体制的“蜂窝状”的社会结构，公社封闭独立，自给自足；（3）人民公社的基本工作机制被概括为“组织军事化、行动战斗化、生活集体化”，高度统一的生产生活模式，以控制为首要目标，极度压抑个体欲望和人性需求；（4）在运作机制上，采取“三级所有，队为基础”，通过公社—大队—生产队三个层级对农村社会进行层层控制，实现了国家对农民、农村的全面控制。

总之，人民公社“一大二公”的特点，将我国传统分散的以家庭为单位的乡村社会结构整合为一个等级森严的大“单位”，其实质在于通过自上而下的强制性手段将农民推向组织化和集体化的生活，从而实现对农民生活有效的强制性控制。农村人民公社的形成及

---

① 《毛泽东文集》，第 5 卷，348 页，北京，人民出版社，1996。

② 赵孟营、王思斌：《走向善治与重建社会资本》，载《江苏社会科学》，2001（4）。

其效用全面体现了党政一元主导的治理理念。

### 3.1.6　高度依赖国家的社会组织

建立和参与社会组织是公民结社自由的体现。新中国成立后，我国社会组织（当时主要以社会团体的形式存在）获得一定程度的发展，1950年公布了《社会团体登记暂行办法》，该办法将社会团体分为人民群众团体、社会公益团体、文艺工作团体、学术研究团体、宗教团体和其他合乎人民政府法律组成的团体，并规定全国性的社会团体向内务部申请登记，地方性社会团体向当地政府申请登记，从此确定了社会团体分级登记管理体制，也奠定了后来的民间管理模式。[①] 在实践中，针对不同的社会组织分别采取取缔、改造和成立组建新组织等措施来推动社会组织发展。据统计，新中国成立初期全国性社会团体达到44个，主要包括工人、农民、妇女、青年团体，涉及经济、科技、文化、体育、外交、宗教等领域。

整体来看，新中国成立初期社会组织的发展具有相应的法律保障和较好的政策环境，但是其发展深受党和国家的影响，社会组织的成立、发展都高度依赖于国家。大部分社会团体的资金来自政府财政支持，一些政治性较强的社团，如中华全国总工会、中国共产主义青年团、中华全国妇女联合会等，参加中国人民政治协商会议，被称为群众团体或人民团体，基本成为了一级行政组织。而且，这一时期社会组织数量较少，所涉领域较窄，高度依附于党和政府提供的政策环境，缺乏独立性和自主性。

### 3.1.7　格局特征

从整体来看，党政一元主导的社会管理格局具有如下特征：(1) 社会管理主体单一，造成公共权力高度集中，党政成为公共权力的唯一享有者，缺乏必要的制约和限制；(2) 社会管理的首要目标是维护社会稳定和公共秩序，避免失控和混乱，而不是社会发展和人民福利的改善，这使得社会管理的基本手段表现为规制和控制；(3) 社会管理的基本手段是计划，通过自上而下的强制性的指示、指令、命令等行政化手段来实施政府的各项管理活动，这是一种强制性的、非平等和缺乏互动的管理模式；(4) 社会管理内容全面，公民从出生到死亡、从教育医疗到就业住房，政府都要进行全面管理和负责；(5) 二元分割的户籍制度、单位体制和人民公社制度下的社会流动性较弱，居民禁锢于单位体系内部，相互之间联系较少，彼此封闭独立；(6) 一元化的行政模式漠视私人利益，专注于长远的共同的整体的利益，社会利益高度一致和趋同。

党政一元主导的社会管理格局与新中国成立初期的国情背景相适应，即社会资源有限、社会结构简单、社会流动性弱、社会利益高度一致，因此党政一元主导的社会管理格局建立了党对国家和社会的有效领导，有效维护了国家统一和社会团结，在社会资源匮乏的环境下，有利于集中资源开展社会建设，维护社会秩序。但是随着国情环境

① 参见周浩集：《改革开放以来党与社会组织的关系研究》，中共中央党校博士学位论文，2010。

的发展变化，这种单一、强制的社会管理模式造成社会活力严重不足，社会矛盾不断凸显，社会潜力得不到有效激发，同时一元化的社会管理模式使得执政党和政府缺乏有效的制约，民间社会发育缓慢，社会缺乏有效配合和协同，社会模式固化，缺乏异质性和多样性。随着改革开放的不断推进，党政一元主导的社会管理格局也逐渐被打破。

## 3.2 传统社会管理格局的过渡阶段（1978—2002年）

1978年，中共十一届三中全会召开，这是一次具有无比深远的历史意义的大会。这次会议决定把全党工作重心转移到社会主义现代化建设上来，推行改革开放的伟大决策。我国迎来了经济、政治、文化和社会全面转型的历史时期。对于我国社会管理格局来说，同样也被深深打上了“转型”的历史烙印，开始了从传统社会管理格局向现代社会管理格局过渡的关键阶段。

在转型的历史背景下，我国社会管理格局从党政一元主导向社会多元协同转变，这一时期的社会管理改革的过渡性特征表现在以下五个方面：党政分开、市场化改革、城市社区制、农村基层自治以及社会组织的快速规范化发展。

### 3.2.1 党政分开

十一届三中全会以后，邓小平指出：“党的领导是不能动摇的，但党要善于领导，党政需要分开，这个问题要提上日程。”在邓小平看来，过去一段时期党政关系存在的根本问题是“党政不分、以党代政”，因此这一时期党政关系的核心是解决这个问题，探索党如何领导的问题。1987年，党的十三大作出政治体制改革的重大决议，认为“党政分开”是政治体制改革的首要关键，指出：“党政分开即党政职能分开。党领导人民制定了宪法和法律，党应当在宪法和法律的范围内活动。党领导人民建立了国家政权、群众团体和各种经济文化组织，党应当保证政权组织充分发挥职能，应当充分尊重而不是包办群众团体以及企事业单位的工作。党的领导是政治领导，即政治原则、政治方向、重大决策的领导和向国家政权机关推荐重要干部。党对国家事务实行政治领导的主要方式是：使党的主张经过法定程序变成国家意志，通过党组织的活动和党员的模范作用带动广大人民群众，实现党的路线、方针、政策。党和国家政权机关的性质不同，职能不同，组织形式和工作方式不同。应当改革党的领导制度，划清党组织和国家政权的职能，理顺党组织与人民代表大会、政府、司法机关、群众团体、企事业单位和其他各种社会组织之间的关系，做到各司其职，并且逐步走向制度化。中央、地方、基层的情况不同，实行党政分开的具体方式也应有所不同。”

实际上，党政分开被视为政治体制改革的重要内容，是我党在成立之初就一直坚持的原则和理念，其本质在于党要“善于领导”，党政不分、以党代政反而会削弱党的领导，不利于党的建设和党的监督。党政分开包括三个方面的内容：一是党政职能的界定，进一步明确党组织和政府机关的不同职能，各司其职，各负其责；二是转变党的领导方式和执政方式，党的领导是政治领导，即政治原则、政治方向、重大决策的领导和向国家政权机关推荐重要干部；三是调整党的组织形式和工作机构，根据实际改革党委设置、党委办事机构、干部配备等。随后，以江泽民为核心的党的第三代中央领导集体对党政关系进行了新的探索，更加强调党的领导方式和执政方式的改革完善，实施依法治国的基本方略，将党政关系纳入制度化、规范化和程序化的轨道，依法治国首先应依法治党，执政党的执政方式必须按照现代法治思想和基本国情作出重大调整和转变。

### 3.2.2　市场化改革

经济体制改革是改革开放的核心内容，市场化则是经济体制改革的核心内容。1982 年，党的十二大提出“计划经济为主，市场调节为辅”；1984 年，党的十二届三中全会指出“我国社会主义经济是公有制基础上的有计划的商品经济”；1987 年党的十三大提出了社会主义有计划的商品经济的体制是“计划与市场内在统一的体制”，新的运行机制总体上来说应当是“国家调节市场，市场引导企业”的机制；1989 年党的十三届四中全会后，提出建立适应有计划的商品经济发展的计划经济与市场调节相结合的经济体制和运行机制改革目标；1992 年，党的十四大明确提出了“社会主义市场经济体制是中国经济体制改革的目标模式”，我国经济体制改革从此进入了全面走向社会主义市场经济为特点的新阶段。随后，我国的社会主义市场经济体制不断发展和完善。21 世纪初，我国已经建立起比较完善的社会主义市场经济体制。

社会主义市场经济体制是从我国特殊国情出发，具有中国特色的经济体制类型，相比于传统的计划经济体制，其主要特征表现在以下五个方面：(1) 在所有制形式上，实行公有制为主体，多种所有制经济共同发展；(2) 在分配方式上，以按劳分配为主体，多种分配方式并存；(3) 在运行机制上，通过竞争机制和价格杠杆，充分发挥市场配置的基础性作用；(4) 在微观主体上，企业是独立的市场主体，并不断推动现代企业制度的建立；(5) 在政府职能上，政府主要履行经济调节、市场监管、社会管理和公共服务的职能，培育和完善市场体系。总之，社会主义市场经济体制的建立成为推动我国改革开放快速发展的根本动力。当然，市场化改革并不仅限于经济领域，它同时也推动了社会管理方式的市场化策略，通过竞争机制的引入，促进社会管理效率的改善和服务质量的提高。

### 3.2.3　城市社区制

社会管理组织体系的转型是一个渐进的历史过程，改革开放以后，社会管理领域逐渐放松管制，在组织体系上主要表现为以下两个方面：(1) 单位制逐渐萎缩并逐步解体。作为一种高度行政化的组织模式，单位制将人固化并且异化，“单位办社会”模式造成的效率低下、质量低劣也越来越难以满足人们日益增长的需求，这推动着社会管理组织体系从以“单位制为主、街居制为辅”向“单位制＋街居制”转变。（2）不断推动基层自治。1989年《城市居民居委会组织法》通过并颁布实施，要求加强城市居民委员会的建设，由城市居民群众依法办理群众自己的事情，促进城市基层社会主义民主和城市社会主义物质文明、精神文明建设的发展。进入90年代以后，单位制进一步解体，单位人向社会人、社区人转变，社区成为居民生活的主要空间，居民的社区服务需求也日益增长，社区建设受到重视。1989年12月修订《中华人民共和国城市居民委员会组织法》，新增了“居民委员会应当开展便民利民的社区服务活动，可以兴办有关的服务事业”条款；1991年，社区建设引起更大关注和重视，随着国有企业改革中单位体制的进一步松动瓦解，大量社会事务涌向社区，社区发挥着社会兜底功能，弥补了社会管理体制的漏洞和管理的真空。1998年，民政部被赋予“指导城市居民委员会建设，制定社区工作及社区服务管理办法和促进发展的政策措施，推动社区建设”的职能，专门负责管理社区。1999年，民政部通过《全国社区建设试验区工作实施方案》。2000年，国务院办公厅转发《民政部关于在全国推进城市社区建设的意见》，对我国城市社区建设的基本概念、社区建设的内涵、推动社区建设的主要内容、社区组织和队伍建设、社区建设的规划和领导等问题作了全面系统的阐述，社区制建设正式启动。

这一时期，社区制取代单位制成为我国城市基层主要的组织形式，这是适应我国社会经济发展变化的必然选择，同时也推动着我国城市基层管理从层级控制转向民主自治，从管理转向更加强调服务的新时代。

### 3.2.4 农村基层自治

随着经济体制改革的不断推进，以家庭联产承包责任制为核心的农村经济体制改革在全国范围展开，改革的核心举措即“将公社土地分散承包给农户，农民享有土地使用权”。家庭联产承包责任制不仅促进了土地关系的重建，更从经济学意义上瓦解了公社制度，促进了“政社合一”的人民公社管理体制的终结。公社体制解体后，国家从经济领域退出，形成了“乡政村治”（即乡镇政权的国家权力运作与乡村基层组织的自治活动）的政治结构模式，1982年宪法明确规定“城市和农村按居民居住地区设立的居民委员会或者村民委员会是基层群众性自治组织”，1987年12月，第六届全国人大常委会第二十三次会议通过的我国第一部《中华人民共和国村民委员会组织法（试行）》，对村民委员会的性质、设置、职能、工作原则、工作机构等作了具体规定，农村基层民主政治开始起步。村民自治在不断的探索中逐步完善，而村民委员会具有地域性、群众性、广泛性、自治性及中介性等特征，是我国推动农村基层自治的组织载体。

农村基层自治的体制与“政社合一”的体制存在着如下的区别：第一，在国家政权与自治组织的关系上，前者与后者不再是领导与被领导的关系，而是指导与被指导的关系；第二，在国家与个人的关系上，不再有体制内的经济手段和控制资源；第三，在自治组织与个人的关系上，个人对自治组织并没有强烈的归属关系，村民委员会对个人的组织性是软性的、松散的；第四，从性质上说，国家对社会的整合不再是政权性的，而是自治性的。当然，从政治手段而言，公社化的国家对个人的控制不再采取政治斗争和单一价值观的疏导。[①] 从人民公社到农村基层自治，我国逐步建构起农村基层治理的结构体系。

### 3.2.5 社会组织的快速规范化发展

改革开放后，社会组织获得了迅速发展，并逐步走向规范化发展之路。1978年只有78家学会、研究会及分会成立，到1979年，则上升为249家。在整个80年代，学术类社会组织每年以300多个的速度递增，各种基层会、群众性专业技术组织数量增长迅速。[②] 1989年，《社会团体登记管理条例》颁布，成为我国社会组织管理发展史上具有标志性的事件，它建构起了我国特色的社会组织管理体制的制度框架，确立了社会组织管理的三个基本原则：分级管理原则、双重管理原则和非竞争性原则。1998年，国务院机构改革成立民政部民间组织管理局，修订、颁布了《社会团体登记管理条例》和《民办非企业单位登记管理暂行条例》，将不同于社会团体和基金会的另一类社会组织称为"民办事业单位"，并将其纳入统一管理的体系，构建起一个更具包容性的管理体制。随后，党和政府又颁布了一系列规范和激励社会组织发展的专项法律、法规和具体规章，如《公益事业捐赠法》、《基金会管理条例》、《民间非营利组织会计制度》，不断促进社会组织发展的规范化和有序化。此外，1990年和1997年，我国还对社会组织进行了两次大规模的复查登记和清理整顿，并最终确定了由登记管理机关和业务主管单位共同负责的双重管理体制。

这一时期，我国对民间组织从抑制、清理和禁止的政策转向监督、审查和指导，重新审视社会组织在社会管理与社会建设中的重要作用，并采取积极措施推动社会组织的规范化发展。但是由于社会组织力量薄弱、能力有限、经验不足，政府依然是社会管理的主体，社会组织对于政府的依附性较强，独立性不够，对社会管理的参与性不足。

### 3.2.6 格局特征

从1978年改革开放到2002年党的十六大召开，是我国社会管理从传统的一元主导社会管理格局向现代的多元协同社会管理格局转变和过渡的时期，这一时期我国的社会管理格局深深打上了"转型"的时代烙印：（1）从一元主导向多元协同转型，社会管理的主体除了党和政府以外，人民团体、基层自治组织、社会组织和公民都是社会管理的重要参与主体；（2）从集权化向分权化转型，一元主导的社会管理强调自上而下的层级控制，因此权力倾向于集中，而多元协作的社会治理强调权力分享和共享，即国家向社会分权，政府向市场分权；（3）社会管理的目标从维护国家稳定和社会秩序转向关注经济发展与人民生活水平的改善，致力于不断满足人民群众日益增长的物质文化生活需求；（4）社会管理重心从高层向基层转移，不再致力于强化自上而下的体系建构，而更加关注基层社会治理和群众自治；（5）社会管理的着力点从实施有效的控制向为人民群众提供更好的服务转型，服务型政府建设成为政府改革的重要内容；（6）社会管理的方式从计划和命令向协商和协

① 参见周政华：《当代中国乡村政治动员研究》，华中师范大学硕士学位论文，2007。

② 参见姚华平：《国家与社会互动——我国社会组织建设与管理的路径选择》，华中师范大学博士学位论文，2010。

作转变，更加强调自由、平等和诚信基础上的市场机制、社会机制效用的发挥。

## 3.3 我国社会管理格局的新背景、新趋势与新选择（2002 年至今）

### 3.3.1 新背景：社会管理格局改革创新的背景环境

进入 21 世纪，社会管理再次成为改革创新的核心内容，2011 年更被称为社会管理年。完善社会管理体系，健全社会管理格局成为新时期党和国家面临的重要任务。“十二五”规划指出创新社会管理体制机制是“适应经济体制深刻变革、社会结构深刻变动、利益格局深刻调整、思想观念深刻变化的新形势”。国内环境构成了社会管理格局改革创新的生态域，直接影响着社会管理改革创新的内容、阶段、领域及方式。新时期社会管理格局的改革创新是在特定的历史条件和社会背景下发生的，也只有顺应并适应新时期社会管理新环境的社会管理格局体系才能具有旺盛的生命力，因此必须正确把握我国社会管理格局改革创新的背景环境，直面社会管理面临的问题和挑战，这具体表现在以下七个方面：

1. 社会发展的战略转型期

2011 年，我国 GDP 总额达到 47 万亿元，经济总量位居世界第二位，人均 GDP 超过 5 400 美元，按照世界银行的标准，我国已跻身中等收入国家行列。国际经验表明，人均 GDP 在 3 000～10 000 美元的阶段，既是中等收入国家向中等发达国家迈进的机遇期，又是矛盾增多、爬坡过坎的敏感期。这一阶段，经济容易失调，社会容易失序，心理容易失衡，发展容易掉进“中等收入陷阱”。而事实上，当前我国的经济发展和社会建设已经出现很多问题亟待解决：一是经济发展不平衡，贫富差距、城乡差距、区域差距日益增大，成为影响社会安定团结的潜在因素；二是经济社会发展不平衡，长期以来政府重经济发展、轻社会建设，忽视民生，社会管理和公共服务职能没有充分发挥；三是市场经济快速发展，但是法律法规的不健全造成市场存在很多漏洞，不规范的市场行为如食品安全问题大量存在，严重威胁着人民群众的身心健康。

2. 社会结构的不断分化和重组

经过改革开放 30 多年的快速发展，我国经济建设取得了举世瞩目的成就，与此同时，社会结构也在不断分化和重组，这使得社会空间布局、功能结构和利益分配都需要加以调整和重构：（1）城乡结构。随着城市化进程的不断加快，从 1978 年到 2011 年，我国的城镇化率从 17.9%上升到 51.3%，全国已有近一半的人口居住在城镇，城乡结构的变化对社会管理也提出了新的要求。（2）阶层结构。我国传统的社会阶层结构单一，“两个阶级一个阶层”，这使得社会利益高度同质，冲突和矛盾较少。然而随着社会的不断发展，我国的阶层结构不断分化，出现了民营科技企业的创业人员和技术人员、受聘于外资企业的管理技术人员、个体户、私营企业主、中介组织的从业人员、自由职业人员六个新的社会阶层。传统阶层的内部分化以及新兴阶层的出现使得社会利益结构分化，利益冲突和矛盾更加激烈。(3) 人口结构。计划生育的实施使得我国人口结构发生了巨大变化，独生子女家庭增多导致家庭小型化，使得传统依靠家庭解决的养老、看护等问题无法通过家庭解决；老龄化社会的到来进一步加重了养老、医疗等社会问题的严重性，这些都构成了社会管理面临的新问题和新任务。

3. 社会组织方式的重构

人在社会中以组织化的方式存在，现代社会的组织方式也发生了深刻的转变，现代人逐渐从“单位人”走向“社会人”和“社区人”。一方面，“单位制”瓦解，人们开始回归家庭，家庭成为社会的细胞；另一方面，社区成为人最基本的组织方式，在现代社会的组织体系里发挥着重要的作用，政府大量的社会管理和公共服务职能向社区转移，如何更好地以社区为平台推进社会管理就显得十分重要。从整体来看，现代社会的组织方式呈现出如下的特征：一是扁平化，传统的等级严密的科层化组织模式逐渐弱化和消解；二是开放性和流动性加强，组织成员可以较为自由地进入和退出；三是自治化，组织不再强调控制和管理，鼓励组织成员参与组织的自我治理，更加柔性化和人性化。社会组织方式的转变使得现代社会管理必须向基层下移，在管理技术和手段上更加灵活和弹性。

4. 社会需求的多元化

随着经济的发展和社会的进步，人们的社会需求结构也发生了深刻的变化，满足人民群众日益多元化的社会需求正是社会管理的目标所在。当前，这种社会需求呈现出如下三个方面的特征：(1) 需求结构和层次的变化。从新世纪开始，我国进入了全面建设小康社会新阶段，人们的生存需求已经获得满足，发展需求则越来越强烈，人们开始关注自身发展，注重精神文化需求，需求的层次和标准也在不断提升。(2) 公共安全需求日益强烈。随着生活质量的提高，人们对于就业、养老、住房、医疗、食品药品安全、安全生产、社会治安、交通安全等方面的关注程度越来越高，这种对于社会安全的强烈需求也正是现代风险社会的重要特征。(3) 社会需求的多样性和差异化。由于收入条件、生活经历等的不同，不同社会阶层、不同群体、不同年龄段之间的社会需求有很大差异甚至存在冲突，社会需求的多样化和差异化也使得社会管理的任务更加艰巨。

5. 社会事务的复杂化

在工业化、城镇化、市场化、信息化和国际化的过程中，出现了大量新的社会事务。例如，在城镇化过程中，出现外来人口管理、城市社区建设和管理、城中村改造、城乡结合部管理、农民市民化的转变等；在工业化过程中，出现征地拆迁、环境和资源保护、安全生产与劳动保护等社会事务；在市场化过程中，出现就业与失业、企业改革、劳动关系、劳动权益保护、劳动力转移和培训、收入分配、市场监管和服务以及社会保障与社会福利等多种社会事务；在信息化过程中，出现互联网等新兴媒体的管理、食品药品安全管理等社会事务。由于社会结构的变动，社会需求结构的变化和升级，出现了农民工问题以及与之相关的农民工子女教育问题、计划生育问题、养老问题、医疗问题、工伤问题、心理健康问题、家庭关系问题、城市融入问题、政治参与问题、信仰问题、独生子女问题和老龄化问题，出现了国际交流与合作、信仰多元化、文化传播与文化安全等问题。这些新的社会事务使得社会管理更加复杂，工作量大大增加，社会管理难度加大。①

6. 社会组织的发展壮大

改革开放以来，我国社会组织不断发展壮大，“截至 2009 年底，全国依法登记的社会组织 43.1 万个，其中社会团体 23.87 万个，民办非事业企业单位 19.04 万个，基金会 1 843 个”②。除此之外，还有大量没有登记在册的社会组织。社会组织无论是在规模和类型上，还是在参与社会事务的领域和能力上，都在不断发展，社会组织的发展壮大成为推动我国形成多元协同的社会管理格局的强大外生力量。对于政府来说，社会组织的发展壮大一方面有效地弥补和解决了政府不足和政府失灵，社会组织在环境保护、扶贫发展、权益保护和慈善救济等领域发挥着重要的补充和替代功能，有效促进了社会稳定团结和公平正义；另一方面，社会组织打破了政府一元管理的格局，政府对于资源的垄断和支配角色受到挑战。如何看待社会组织在治理中的角色，如何实现政府与社会组织的协作互动，如何实现有效监管都是社会管理改革创新亟待解决的难题。

7. 社会价值的失范

改革开放以来，市场经济体制改革在带来经济迅速发展的同时，也造成了一系列的矛盾和问题，传统的社会价值体系被打碎，新的社会价值体系尚未建立，社会价值的失调失范造成了转型时期的“道德真空”。一方面，市场经济对于利益的过分追逐，使得追求利益最大化成为一些人的行为准则，社会诚信度严重下降；另一方面，市场经济造成的贫富差距、城乡差距和区域差距使得社会公平正义受损，弱势群体产生严重的社会剥夺感。社会价值失范造成社会的失衡和扭曲，仇富、仇官、仇社会等危险的社会心态大量存在，严重威胁公共秩序和社会安全。社会价值失范是过渡转型时期的特有现象，社会价值的真空阶段为社会管理带来了新的难题，而致力于重塑社会价值和道德规范，构建社会主义核心价值体系，加强精神文明建设，消除社会潜在冲突和提高幸福感的社会管理的“软件”建设就十分必要。

### 3.3.2 新趋势：从一元主导向多元协作的社会管理格局转变

1. 多元社会管理格局的转变动力

随着社会管理理论与实践的不断发展，社会管理格局呈现出从一元主导向多元协作的转变，这种发展变化一方面来自于理论的指导，总体来看，影响社会管理体制改革创新的理论很多，它们或多或少影响着社会管理的主体、结构、内容、原则和方法等，其中治理理论、非政府组织理论、公民社会理论的影响最大，它们不仅丰富了社会管理的理论内涵，同时也构成了社会管理格局变迁的内在动力；另一方面，社会管理格局的发展变化还来自于社会管理改革实践的推动，无论是中央还是地方，都出现了一系列社会管理改革探索和创新实践，致力于解决现实问题的创新实践活动既是社会管理改革创新的内容，又是社会管理改革创新的目标。

---

① 参见龚维斌：《领导者要正视我国社会管理体制面临的新挑战》，载《领导科学》，2010（13）。

② 孙伟林：《促进社会组织健康发展》，载《瞭望》，2010（37）。

推动社会管理格局改革创新由一元主导向多元协作转变的直接动力则来自于传统党政一元主导的社会管理格局的种种弊端：（1）党政一元主导的社会管理格局效率低下，传统的社会管理是自上而下的指令性模式，命令从最高层逐级下达，信息传递速度缓慢；（2）党政一元主导的社会管理格局存在治理失灵，这一格局以党和政府为唯一主体，以维护社会安全和公共秩序为唯一目标，忽视公民新的社会诉求，也无力解决新出现的社会矛盾；（3）在现代风险社会，党政一元主导的社会管理是控制型的事后管理模式，缺乏对风险的预警和控制，导致问题不能及时有效地发现和解决；（4）党政一元主导的社会管理格局忽视公民社会的培育，在现代社会，资源稀缺性、问题复杂性使得以党和政府为唯一治理主体，忽视企业、非政府组织和公民参与的治理模式失灵，而且随着多元主体参与意识和治理能力的提升，多元协作治理不仅有助于工具意义上的效率提升，更有助于价值意义上的民主改善。

随着经济、政治和社会环境的发展变化，社会管理的理论和实践探索不断推进，一元主导的社会管理格局的弊端和问题日益凸显，从一元主导的社会管理格局向多元协作的社会管理格局转变成为社会管理格局演变的基本规律。

2. 多元社会管理格局的核心要素

相对于一元主导的社会管理格局而言，多元协作的社会管理格局的核心要素包括：（1）在组织体系上，构建网络化的管理组织体系；（2）在功能结构上，体现为空间社区化和内容服务化；（3）在运作机制上，体现为互动与协作的开放性运作模式。其中网络化的组织体系是多元协作的社会管理格局的组织基础，社区化与服务化是多元协作的社会管理功能的基本特征，互动与协作是多元社会管理的基本工作机制。[①]

（1）组织体系：网络化。

网络化的组织体系是多元协作的社会管理体制的组织基础。在我国，随着我国城市社会结构的分化和社会阶层的多元化，社会管理在市场经济发展中逐渐被提上议事日程。同时，社会事务的复杂性和社会需求的多样性，决定了社会管理是多元组织共同参与的过程，任何一方的单独行动都无法满足社会发展的需要。其中政府组织在其管辖的范围内满足居民共同性或普遍性需求，市场组织满足私人需求，而社会组织满足居民的各种差异性和多元化需求。政府组织、市场组织和社会组织，既是社会管理的主体，又是社会管理体制得以运行的组织基础。我国社会管理是在党委领导下的政府组织、市场组织、社会组织等权力主体互动的过程，其有效的组织体系包括：党组织、政府组织、市场组织、社会组织等组成的多元参与、互动合作的网络。

组织体系的网络化有效降低了个体的行动成本，提高了行动效率，从而更好地保护组织成员的共同权益；多元社会网络组织体系推动了社会多元利益的整合与协调，通过纵向、横向、斜向多元化的交互模式实现主体间的沟通与协作，为多元协作社会管理提供了组织基础。

（2）功能结构：空间社区化和内容服务化。

单位制下，我国社会管理空间单位化，内容全能化。随着经济社会的发展和社区建设

① 参见郭风英：《建国以来我国城市社会管理体制演变与发展研究》，华中师范大学博士学位论文，2011。

的兴起，我国社会管理的平台逐步社区化。社区的发展，为社会管理中国家、市场、社会提供了合作的治理空间。同时，我国传统的社会管理功能中社会管理与控制重于社会服务，社区平台下的社会管理更加关注于社会服务的提供和和谐社会的构建。

空间社区化和内容服务化是建设社会主义和谐社会的必然要求和体现：第一，社会管理首先要以满足民众的合理需求为目标。这就要求政府应该从社会的管理者转变为社会服务的供给者，要实现从管制型政府向服务型政府的转变，要在服务中实施管理，在管理中体现服务。第二，社会管理中要正确处理政府、市场和社会之间的分工与合作关系。这就要求改变全能型政府形象，使国家权力适当让渡社会，通过行政机制、市场机制、社会自治机制实现优势互补、互动合作，实现整个社会的和谐发展。第三，要通过利益协调机制和社会运作机制的创新，保持社会的相对稳定和动态平衡。这就要求一系列的社会机制如社会流动机制、社会利益分配协调机制、社会保障机制、公共安全的应对机制、社会自治机制等来调节社会多元利益、多元群体、多元文化之间的矛盾和冲突。

总之，与当前社会建设和社会发展的实际相结合，我国社会管理功能更加复杂化、精细化，社会管理中不仅出现了功能分工、多元管理主体，而且社会管理的目标和手段也向着更加人性化的方向发展。

(3) 运作机制：互动与协作。

社会管理的过程是协商、互动、合作的过程。在市场体制下，信息、资源、社会交往的开放性以及市场经济的分工、平等、法治等特征，使社会管理运行中多种社会管理主体之间彼此合作、相互协调、多元互动成为可能，这既是市场经济体制的基本要求，也是现代社会管理的基本特征。在此过程中，信息共享是平等协商的基本条件，因此政府要尽量提高社会管理工作的透明性，在信息共享的基础上，实现社会管理主体之间的协商、互动与合作。总的来说，在治理多元化社会管理模式下，社会管理体现了国家向社会分权，政府向市场分权，政府适度退出，以及政府与市场、社会协作治理等，这既提高了社会管理的效能，又促成政府与市场、社会的沟通与联系，进而促进社会力量的增长和政府职能的转型，推动公民社会的培育。

实际上，“党委领导、政府负责、社会协同、公众参与”不仅是我国的社会管理模式，而且指导着我国社会管理的运行机制，即在党委的领导下，以政府为主导，多重社会力量参与，优势互补，资源共享。

### 3.3.3 新选择：社会管理的四位一体格局

2004 年，中国共产党第十六届四中全会审议通过《中共中央关于加强党的执政能力建设的决定》，首次提出“整合社会管理资源，建立健全党委领导、政府负责、社会协同、公众参与的社会管理格局”；2007 年，党的十七大报告提出“要健全党委领导、政府负责、社会协同、公众参与的社会管理格局，健全基层社会管理体制”；2011 年，“十二五”规划进一步要求“按照健全党委领导、政府负责、社会协同、公众参与的社会管理格局的要求，加强社会管理法律、体制、能力建设”。自 2004 年始，四位一体的社会管理格局逐渐成为我国社会管理格局的基本形态和目标模式。

2011 年 5 月 30 日，胡锦涛总书记主持中共中央政治局会议，专题研究加强和创新社会管理问题。在这次会议上，胡总书记指出“我国建立了社会管理工作领导体系，构建了社会管理组织网络，制定了社会管理基本法律法规，初步形成党委领导、政府负责、社会协同、公众参与的社会管理格局，社会管理与我国国情和社会主义制度总体上是适应的”。但是随着实际情况的变化，“我国社会管理理念思路、体制机制、法律政策、方法手段等方面还存在很多不适应的地方，解决社会管理领域存在的问题既十分紧迫又需要长期努力”，这一方面肯定了我国多年来社会管理取得的成就，定位了我国社会管理格局发展的初步阶段，同时肯定了四位一体社会管理格局在我国社会管理实践中的适应性，另一方面也表明我国社会管理格局依然存在很多问题，从而深刻阐明了加强和创新社会管理的紧迫性和必要性，以及不断推动四位一体社会管理格局构建的自觉性和主动性。

## 本章小结 »

本章对新中国成立以来社会管理的历史变迁进行了梳理，着重分析了新中国成立以来到改革开放之前的党政一元主导的社会管理格局及其特征，以及改革开放以后到党的十六大之前形成的过渡时期的社会管理格局。在此基础上，进一步分析了当前我国社会管理格局面临的新背景、新趋势和新选择，即从一元主导转向多元协作，“党委领导、政府负责、社会协同、公众参与”的四位一体社会管理格局成为我国社会管理格局的目标与方向。

## 关键术语 »

社会管理格局　　党政合一　　党政分开　　计划经济　　市场经济　　户籍制度
单位体制　　人民公社　　社区制度　　基层自治

## 复习参考题 »

1. 党政一元主导的社会管理格局的表现及其特征是什么？
2. 如何评价党政一元主导的社会管理格局？
3. 如何评价单位制？
4. 如何评价二元分割的户籍制度？
5. 传统社会管理格局的过渡时期有哪些表现？具有怎样的特征？
6. 当前，我国社会管理格局面临的新背景是什么？
7. 当前，我国社会管理格局面临的新趋势什么？
8. 当前，我国社会管理格局面临的新选择是什么？

## 案例分析

### 街道办事处的存与废

1954 年，由第一届全国人大常委会第四次会议通过并颁布的《城市街道办事处组织条例》规定，街道办事处的性质是市辖区、不设区的市的人民委员会的派出机关。此后几十年，尽管我国城市社区有了很大的发展，国家法律对于街道办事处的性质规定并没有改变。现行的《地方各级人民代表大会和地方各级人民政府组织法》重申，“市辖区、不设区的市的人民政府，经上一级人民政府批准，可以设立若干街道办事处，作为它的派出机关”。就是说，街道办事处的性质依然是城市基层政府的派出机关，而不是一级政府。

作为城市基层政府的派出机构和城市基层社区管理机构的街道办事处，其工作任务经历了一个发展演变的过程。

1954 年颁布的《城市街道办事处组织条例》规定，街道办事处有三项任务：一是办理市或市辖区政府有关居民工作的交办事项；二是指导居民委员会的工作；三是反映居民的意见和要求。但是，改革开放以来，伴随着城市社区的发展，城市街道办事处的工作任务早已超出了 1954 年条例的规定。根据部分城市的调查结果，80 年代中期以来，天津市各街道办事处的工作任务已经拓展到了 30 多个方面、100 余项之多，北京市部分街道办事处的工作任务有 120～140 项，杭州、西安各街道办事处的任务有 70～80 项。

鉴于以上现实，80 年代中期以来，一些大中城市的政府根据有关法律、政策，尤其是根据新时期街道工作的实际，先后制定、出台了有关街道办事处工作任务的规定。

综合这些规定和街道工作的实践，可以概括地说，现阶段的街道工作至少担负着十个方面的任务：一是发展、管理街道经济的任务；二是城市管理的任务，包括辖区的市容管理、环境卫生管理、市政设施和园林绿化管理、环境保护等；三是做好民政工作，包括兴办社会公共福利事业，做好优抚救济、拥军优属、婚姻登记；四是发展社区服务，包括开展老年人服务、残疾人服务、精神卫生服务、便民利民服务、民俗改革服务等等社区服务活动；五是人口管理的任务，包括辖区内居民的计划生育管理、劳动人口就业管理、暂住人口管理；六是社会治安综合治理的任务，包括做好普法宣传、人民调解、治安保卫、维持社会秩序等；七是开展社会主义精神文明建设的任务，包括发展社区文化、社区教育、社区科技、社区体育卫生保健，以及培养“四有”新人的工作；八是行政管理的任务和办理区政府交办的有关事项；九是指导居民委员会工作，反映居民的意见和要求；十是加强街道党的建设等。

**思考题：**

1. 如何看待街道办事处的性质和功能？
2. 针对街道办事处存与废的争论，你有什么意见和看法？

### 北京市朝阳区“一网两库三关”科学维稳体系

北京市朝阳区是首都对外开放的“窗口”地区，城市化、现代化和国际化建设同步推进，面临着高发展、高风险的复杂形势。从 2008 年起，为了顺应区域发展需要，巩固提升维稳成果，朝阳区以高校专家提供理论指导、参与重点难点问题研究，地方政府提供实证支持与具体操作的方式，着手建设以专群结合为基础，以科技手段为保证，以“一网、两库、三关”为核心内容的社会维稳风险治理与科学管理体系（简称“一网两库三关”工作体系），在优化基层维稳运行机制、深化社会服务管理创新方面进行了积极探索。

“一网两库三关”工作体系主要包括：一网——信息网，提高早期发现预警水平；两库——基本情况库、应急决策支持库，提高科学决策能力；三关——研判预警关、科学决策关、督察考核关，强化对维稳工作的科学管理。通过工作实践，“一网两库三关”的体系在维护安全稳定工作中发挥了突出作用，提高了维稳工作规范化水平、预警发现能力和科学决策水平，实现了工作重心由事后处置向事前防范转变、工作体制由战时体制向长效机制转变、工作方法由被动应战向主动出击转变。

构建“一网两库三关”工作体系的主要做法有以下三点：一是坚持科技引路，建设区、街乡两级软件平台。区级平台重在管理，设有信息采集、风险研判、监测预警、辅助决策、指挥调度、监督考核六个子系统。街乡平台注重操作，设有基层信息员采集、报送现场信息移动终端和在线研判与基础资料数据管理系统。平台应用地理信息系统和3G技术，构建了维稳风险地图，实现了各类风险的直观反映；利用搜索引擎技术，实现了信息的收集。二是坚持整合各方资源，实现统筹共享。一方面整合全区各职能部门、街乡的资源，形成了全区统筹调度、部门归口报送、一源多路、信息共享的信息工作体系。另一方面整合现有的技术手段，将区视频监控系统、视频会议系统与43个街乡监控中心进行有效连通，实现了资源共享，降低了建设成本。三是健全完善机制，确保体系规范运行。完善监测预警等工作机制，加强信息搜集的广度和深度；规范资料、案例的收集对象、种类、程序等工作内容；完善案例库和基础台账，确保对基础资料的完全掌控；创建研判预警、应急处突、排查稳控、督察考核四项工作制度，形成了工作例会、信息直报、情况通报、协调处置、严格责任、安全检查等一整套工作模式。

（注：根据相关新闻报道和资料整理）

**思考题：**

1. 朝阳区“一网两库三关”科技维稳体系体现了社会管理的哪些新特征？
2. 谈谈你对信息化背景下社会管理创新的认识和思考。

# 第4章 社会管理的四位一体格局

“党委领导、政府负责、社会协同、公众参与”的四位一体社会管理格局体现了社会管理的核心要素，即社会管理主体在社会管理中的角色功能、相互关系及其作用机制，它打破了传统的一元主导的社会管理格局，建构起多元主体协同治理的现代化社会管理格局，深刻体现了我们党和政府对社会发展和社会建设规律、社会管理价值理念和思路视野的新认识。可以说，四位一体社会管理格局勾勒出了新时期我国社会管理的基本架构和发展图景，提供了我国新时期社会管理变革创新的指导原则和基本思路。

党委、政府、社会、公众作为四位一体社会管理格局的主体要素，构成了社会管理的格局系统，一方面，四者可以从独立的视野来把握其治理内涵、治理原则、治理领域与治理对策的内在规律性和独特性；另一方面，四者是有机统一的体系，必须从宏观、整合、系统的视野来把握多元主体的相互关系，避免割裂的、孤立的发展模式，促进社会管理格局的协调、有序发展。

## 4.1 党委领导

中国共产党作为执政党，是中国工人阶级的先锋队，同时是中国人民和中华民族的先锋队，是中国特色社会主义事业的领导核心，代表中国先进生产力的发展要求、中国先进文化的前进方向、中国最广大人民的根本利益，党的性质从根本上决定了党在国家政治生活中处于领导核心地位。加强和创新社会管理，同样必须坚持党的领导，这事关党的执政地位的巩固，事关国家长治久安，事关人民安居乐业，因此坚持和维护党委领导在社会管理中的基础和核心地位，既是我国推进社会管理的必要前提，又是我国推动社会管理创新的重要保障。

### 4.1.1 党委领导的内涵

党委领导，就是要坚持党委的领导核心作用，总揽全局、把握方向、整合力量、统筹各方，提高引领社会、组织社会、管理社会、服务社会的能力。中国共产党是中国特色社会主义事业的领导核心，进行社会建设和管理一定离不开党的领导。坚持党的领导核心地位，保证了我国社会管理和社会建设的社会主义方向，有利于团结全国各族人民，齐心协力，共同奋斗，有利于整合多元利益，缓和社会矛盾，促进社会和谐，推动社会发展。

党的十六大报告对党的领导方式与执政方式及党政关系作了新的概括："党的领导主要是政治、思想和组织领导，通过制定大政方针，提出立法建议，推荐重要干部，进行思想宣传，发挥党组织和党员的作用，坚持依法执政，实施党对国家和社会的领导。党委在同级各种组织中发挥领导核心作用，集中精力抓好大事，支持各方独立负责、步调一致地开展工作。进一步改革和完善党的工作机构和工作机制。按照党总揽全局、协调各方的原则，规范党委与人大、政府、政协以及人民团体的关系，支持人大依法履行国家权力机关的职能，经过法定程序，使党的主张成为国家意志，使党组织推荐的人选成为国家政权机关的领导人员，并对他们进行监督；支持政府履行法定职能，依法行政；支持政协围绕团结和民主两大主题履行职能。加强对工会、共青团和妇联等人民团体的领导，支持他们依照法律和各自章程开展工作，更好地成为党联系广大人民群众的桥梁和纽带。"

党在社会管理格局中处于领导核心地位，坚持党委领导就是充分发挥党委"总揽全局、协调各方"的作用：(1) 总揽全局就是要求各级党委把主要精力集中在全局性、战略性、根本性、关键性的问题上，从全局的高度思考和谋划社会管理，把握好政治方向、推荐重要干部、决策重大事项、提出立法建议、进行思想宣传等，从政治上、思想上、组织上加强党的领导，为社会管理的顺利开展提供组织、制度、法律和人才保障；(2) 协调各方就是要求各级党委从整体推进社会管理的大局出发，统筹协调好党委、人大、政府、政协的关系，统筹安排好纪检、组织、宣传、统战、政法等方面的工作，支持和保证社会组织依法开展活动，发挥各级党组织的领导核心作用与党员的先锋模范作用。总之，要充分调动各方面的积极性，使其各司其职、各负其责、相互配合，形成社会管理的合力。党总揽但不包揽，协调但不取代。

党委领导作用的发挥以基层党组织为载体，"党的基层组织是党全部工作和战斗力的基础，是落实党的路线方针政策和各项工作任务的战斗堡垒"，基层党组织在基层社会管理中担负着领导责任，基层党组织作为政党的根，是中国共产党构建有序稳定、充满活力的社会管理网络体系的关键力量，因此坚持党对社会管理的领导核心地位，必须正视和重视基层党组织，充分发挥基层党组织在宣传贯彻党的路线方针政策、联系群众凝聚人心、推动发展促进和谐的作用。

### 4.1.2 党委领导的原则

随着经济的发展和社会的进步，整个社会的组织体系、功能结构和运行机制都发生了深刻的变化，传统一元化、包办式、广干预、全代替的领导模式已经不适应现代社会的需要。在新的社会背景下，构建四位一体的现代化社会管理格局，优化党委的领导功能，就必须改变传统的领导模式，重塑党政关系、党社关系，坚持党管干部，推进依法执政。

1. 党政分开

党政关系是我们政治体系改革的重要内容，党政分开也是我们党一贯坚持的原则。坚持党政分开是加强和完善党委领导的第一原则，具有重要的意义：首先，坚持党政分开，有利于集中党的力量，提高党的执政能力，真正提高并加强党的领导；其次，坚持党政分开，有利于集中力量加强党的建设，真正做到“党要管党”；再次，坚持党政分开，使党处在超脱的、驾驭矛盾、总揽全局的地位，从而充分发挥党的整合协调功能；最后，坚持党政分开，避免党委困于具体事务的执行，而是充分发挥监督职能。坚持党政分开，正确处理党委和政府的关系，关键在于明确党委和政府的职能分工，明确党委领导是政治、思想和组织上的领导，同时不断优化党委领导政府的有效方式，避免直接干预。

2. 党社分开

在过去，党对社会高度渗透和控制，社会对党的依赖性过高，这使得社会缺乏自我发展的空间，也使党的政治权威面临严峻挑战。坚持党社分开，重构党与社会的关系，重塑党的政治权威就必须扭转党在民间社会的渗透力及作用力，努力形成党与社会密切互动又有效平衡的局面：第一，政党必须尊重社会独立性，给予社会自治的空间，在此基础上推动政党与社会的互动协作；第二，党的领导核心又要求党在把握社会组织和社会运动内在规律的基础上主导和引导社会，从而达到领导社会、实现党的意志的目的；第三，在对社会的领导和管理方式上逐步减少依靠公共权力的强制型管制，而更多地通过政党对社会中的组织和成员进行引导型管理与服务，增强对社会的回应性，重构党与社会关系，重塑党的政治权威。

3. 党管干部

党管干部原则是我们党长期坚持的一项重要原则，主要是指各级党委坚持贯彻执行党的干部路线、方针和政策，严格按照党的原则选拔录用干部，并对各级、各类干部进行有效管理和监督。在社会管理中推动“党委领导”就必须坚持党管干部原则，充分发挥党对干部工作的领导作用，包括制定干部工作方针政策、推荐和管理重要干部、指导干部人事制度改革、加强干部人事工作的管理和监督等。当前，各级领导干部是社会管理具体政策的制定者和执行者，领导干部的知识、阅历、思想道德水平的高低直接决定着社会管理的政策制定与具体执行。只有坚持党管干部原则，加强领导干部的考核、评估和监督，才能正确选任出德才兼备的社会管理领导人才，为提高社会管理水平提供扎实的人才基础和保障。

4. 依法执政

依法治国是我国的基本方略，《中国共产党章程》明确规定：“党必须在宪法和法律的范围内活动。”中国共产党作为执政党，依法执政是新的历史条件下党执政的一个基本方式。加强和完善社会管理的党委领导，同样必须坚持依法执政的基本原则，这有利于提高全社会对于社会管理的认识，同时通过法制化和制度化使社会管理的各项政策措施得以规范化和常态化的推进，避免社会管理的随意性。党委依法领导和治理具体表现在以下三个方面：(1) 加强党对立法工作的领导，从而使党关于社会管理的理念、政策、制度等通过法定程序成为国家意志，从法律上保证党的路线方针政策的贯彻实施；(2) 提高全党的法制观念，坚持在宪法和法律范围内活动，带头维护宪法和法律的权威；(3) 党坚持依法执政，还必须督促、支持和保证国家机关依法行使职权，在法治轨道上推动各项工作的开展，保障公民和法人的合法权益。

### 4.1.3　党委领导的作用机制

1. 把握发展方向

方向问题关系到国家兴衰、民族存亡，关系到社会管理的全局。党领导社会建设和管理最重要、最关键的职责就是把握社会发展的大方向，保证社会建设和管理始终沿着中国特色社会主义道路前进。遵循人类社会发展规律和社会主义建设规律，充分借鉴国际经验，并立足于我国国情，用党的方针政策总揽社会各方面事务，协调处理社会各方面关系；始终把握和坚持正确的理论和思想路线，坚持正确的实践道路，并在此基础上与时俱进，推动理论创新和实践创新。同时，加强对社会发展全局的宏观调控，有效防止社会的失衡。在这方面，要坚持以下三条原则：一是尊重和保障人权，依法保障各类社会主体的各种合法权益；二是维护社会公平正义，逐步缩小城乡之间、区域之间、个体之间的贫富差距，维护社会和谐稳定；三是落实科学发展观，全面统筹经济与社会、资源与环境，走可持续发展之路。

2. 制定发展战略

发展战略提供了社会管理发展的规划蓝图，具有全局性、方向性、预见性和谋略性。制定社会发展战略是党领导社会建设和管理的重要职责，这要求党必须进行战略环境分析，综合把握国内外社会管理的新背景、新趋势和新挑战，从社会管理的发展阶段、规律和属性出发，制定我国社会管理的宏观战略目标和阶段性任务，同时社会管理发展战略的制定还要特别关注社会管理的重点领域和核心问题，制定专项战略实施治理，如流动人口管理战略、虚拟社会发展战略等。此外，社会管理的发展战略还要关注社会管理的文化建设、人才培育、公民塑造、价值体系构建等支撑性内容，从而为社会管理的长远发展提供动力和保障。

3. 制定社会政策

社会政策是社会管理的主要工具，党对于方向的把握、全局的谋划、战略的确定最终都体现在社会政策的制定上。党关于社会建设和社会发展的总体目标、主要任务和基本战略的实现或贯彻都是依靠一系列正确的政策方针来保障的，同时，党的政策直面人民群众，好的社会政策只有体现人民群众意志、维护人民群众利益才能真正得到人民群众的拥护和支持。当前，党制定社会政策，重点是制定促进社会发展、社会进步的总政策，解决关系全局的重大问题的大政策，以及针对专门问题和领域的专项政策；而对属于政府职能范围的工作和对社会生活中一般性问题的解决，党主要是提出政策建议，由政府部门负责具体政策的制定和实施。

4. 提供人才保障

提供人才保障就是要充分发挥党管干部的制度优势，为社会管理提供优秀的领导干部群体。党的人才保障具体体现在以下三个方面：第一，党组织通过选拔、任用机制为社会管理推荐领导干部，真正提拔那些善于做群众工作、甘为群众服务、政绩突出的干部到社会管理的领导岗位上。第二，党组织通过绩效评估引导干部开展社会管理。重视领导干部对经济、社会事务的综合管理能力，注重在社会管理的具体实践中提高干部的本领，检验干部的德才。第三，党组织通过培训，加强领导干部的能力建设，根据社会管理的需要，完善干部教育培训内容，创新培训方式方法，不断提高干部综合素质，使各级领导干部成为社会管理的坚强领导集体。

5. 推进基层党建

基层党组织建设是充分发挥党的领导作用、加强基层社会管理的重要保障。推进社会管理创新，在基层党建方面应当着重做好以下四个方面的工作：一是扩大基层党组织的覆盖面，特别是加强“两新”组织党建工作，实现党组织在社会管理领域的广覆盖，充分发挥党组织的带动作用、引领作用和保障作用；二是推进基层党组织的工作创新，调整组织设置方式，改进工作方式方法，创新活动内容，加强党同人民群众的联系，提高人民群众的满意度；三是增强基层党员队伍的生机活力，充分发挥党员的模范带头作用，增强党员队伍的凝聚力；四是构建城乡统筹、区域统筹、不同类型组织的基层党建一体化和区域化建设，实现资源整合，推动社会管理协同发展。

▶阅读材料

### 朝阳区楼宇党支部建设

朝阳区统筹推进社会领域党建工作，在全区 367 座商务楼宇全部实现“三位一体”和“五站合一”规范化建设，建立商务楼宇联合党支部；同时进一步做实 20 类 98 项楼宇服务项目，引入专业化和社会化的运营团队，采取项目化运作的方式，努力打造一批商务楼宇的服务品牌项目。采取社会招聘和街道、社区选派以及专兼职结合等方式，配齐配强商务楼宇工作者队伍。鼓励志愿者参与商务楼宇服务管理，形成“站、片、楼、企”四级信息员网络，实现“楼宇—街（乡）—区”的信息互通，通过服务提升楼宇党组织的影响力，逐步建立以党建为统领，社会管理、公共服务和党建工作整体联动的楼宇党建格局。

朝阳区为加快实现社会组织党组织和党的工作全覆盖，积极探索区域型党组织、协调型党组织、团体型党组织和枢纽型党组织的设置方式，巩固和发展党建成果，推动党建工作创新。加大区级“枢纽型”社会组织中建立党建工作委员会、联合党委及工作职能部门的工作力度，探索“六小门店”自律协会等各类社会组织党组织的组建模式和党员的教育管理模式，建立社会组织党建工作联席会议机制和工作运行机制。年底前，对于符合建立党组织条件的“六小门店”协会，全部建立党组织，逐步实现党建工作在“六小门店”的全覆盖。

资料来源：《年底前商务楼宇全部建立楼宇党支部》，见 http://www.bjchy.gov.cn/dynamic/news/8a24fe83302019b10131640bf17a113b.html。

6. 实现整合协调

中国共产党在社会整合协调中发挥着独特的作用。在社会转型期，伴随着利益多元化和社会矛盾的日益突出，推进社会整合协调成为维护社会稳定、消解社会矛盾、构建社会主义和谐社会的重要内容。党的整合协调功能体现在以下三个方面：(1) 加强公共服务、社会福利和社会保障体系建设，为社会全体特别是社会弱势群体的生存发展提供良好的基础和环境；(2) 继续做好群众工作，把握新形势下群众工作的特质，准确把握党与群众的关系，坚定群众立场，坚持群众路线，不断创新群众工作方式方法，全心全意为人民群众服务；(3) 正确处理社会矛盾，保障群众合法权益，不断完善矛盾调解机制，创新矛盾调解思路，充分发挥工会、共青团、妇联的作用，积极化解社会矛盾，建立健全利益协调机制、诉求表达机制、利益分配调处机制，保障群众合法权益。

7. 引导意识形态

随着社会的多元化发展，社会价值失范，充分发挥党在意识形态引领方面的积极作用，不仅是确保社会管理方向和大局的重要保障，也是提高社会凝聚力、提升公民道德素养的重要内容。党的意识形态引领，一方面要坚持意识形态的广泛包容性，坚持开放民主的视野，一切有利于社会建设、有利于人民群众的先进思想都应当被尊重、被鼓励；另一方面必须坚持社会主义本质，用社会主义核心价值体系引领和整合社会思潮，在尊重差异的基础上扩大社会认同，构建全国各族人民共同的价值信仰，培育民族精神，为我国的社会主义现代化建设提供强大的精神动力。

▶阅读材料

### 社会主义核心价值体系

建设社会主义核心价值体系，形成全民族奋发向上的精神力量和团结和睦的精神纽带。马克思主义指导思想，中国特色社会主义共同理想，以爱国主义为核心的民族精神和以改革创新为核心的时代精神，社会主义荣辱观，构成社会主义核心价值体系的基本内容。坚持把社会主义核心价值体系融入国民教育和精神文明建设全过程、贯穿现代化建设各方面。坚持用马克思主义中国化的最新成果武装全党、教育人民，用民族精神和时代精神凝聚力量、激发活力，倡导爱国主义、集体主义、社会主义思想，加强理想信念教育，加强国情和形势政策教育，不断增强对中国共产党领导、社会主义制度、改革开放事业、全面建设小康社会目标的信念和信心。加强马克思主义理论研究和建设，增强党的思想理论工作的创造力、说服力、感召力。坚持以社会主义核心价值体系引领社会思潮，尊重差异，包容多样，最大限度地形成社会思想共识。

资料来源：《中共中央关于构建社会主义和谐社会若干重大问题的决定》。

## 4.2 政府负责

政府是社会管理的重要主体，一方面，政府同其他社会组织一样，参与特定社会领域的社会事务和社会问题的管理与治理；另一方面，政府与其他社会组织又存在显著不同，政府是社会管理最重要的主体，不仅要承担大部分的社会管理职能，更扮演着社会管理的“元治理”角色，即政府需要进行制度设计，为社会管理提供制度框架和政策环境。同时，作为社会管理的主导者，政府还是社会管理的监督主体和责任主体。

### 4.2.1 政府负责的内涵

政府负责，就是要发挥政府的主导作用，强化社会管理和公共服务职能，建设服务型政府，提高服务型管理能力。在多元化的社会管理中，政府是最重要的社会管理主体，特别是在我国目前其他社会管理主体还不很成熟的情况下，政府社会管理的主体责任更加重要。政府负责的社会管理体现在以下五个方面：

1. 政府是社会管理制度的设计者

作为实践的社会管理发生在特定政治行政体制和管理运行机制之下，作为先行的制度环境，规范着治理主体的行为，也影响着治理的绩效，因此社会管理的一系列初始的制度设计显得特别重要，政府负责即首先体现为政府承担的这一“元治理”角色。一个好的社会管理制度必须适应国情，适应我国的经济、政治、历史和文化传统，并随着社会环境的演变而不断调整。当前，政府要深入研究社会管理的规律，整合社会资源，加强社会管理制度的建设和创新，推动社会管理体制机制改革，完善社会管理模式和政策法规，依法管理和规范社会组织、社会事务、公共服务等，推动社会管理的科学化、规范化。

2. 政府是社会管理政策的制定者

社会政策是社会管理的重要工具，是政府机关按照特定的程序而制定的具有强制力的一系列规章制度的集合，其表达形式包括法律法规、行政规定或命令、领导人口头或书面指示以及政府规划等。社会政策的制定往往是出于公共利益的考量，针对全部或者部分社会群体，用以解决特定社会问题，因此社会政策的本质是社会利益的权威性分配，这使得社会政策在社会管理中发挥着重要作用，社会管理政策是否科学、公正直接影响着社会管理的实施效果，政府作为社会政策的制定主体，对于社会政策的质量起着决定性作用。同时，政府还必须适时调整变革原有的社会政策，及时制定与社会主义市场经济发展相适应的新的社会政策体系。

3. 政府是社会管理实践的推动者

与政策制定同样重要的是政策的实施，政策实施的质量和效益直接体现了政策目标的达成。政府要按照党关于社会发展的方针、政策和重大战略，以社会发展为己任，总揽社会发展大局，确定社会发展具体目标，主持社会公平正义，满足社会公众基本需求，组织应对各类突发事件，维护社会秩序和社会稳定，引导规范全社会按照党确定的社会发展方向和发展战略不断前进。当前，政府的社会管理实践内容主要包括公共秩序的维护、公共安全的保障、公共服务的提供与和谐社会的建设等。

4. 政府是社会管理过程的监管者

在社会管理中，政府还扮演着重要的监管角色，通过监管及时发现社会管理中存在的问题，确保社会管理的正确方向。这具体包括以下两个方面：一是为维护良好的市场秩序，以工商行政管理部门为主开展市场监管，规范市场准入，加强跟踪监管，严厉打击扰乱市场经济秩序的行为；二是加强安全监管，当前公共安全问题频发，加强食品药品监管、企业生产安全监管是维护人民群众生命财产安全的重要内容。随着社会管理的不断发展，要充分发挥社会组织和公民的监督作用。但是相比于社会监管，监管的专业性、强制性决定了政府监管依然要发挥主导作用。

5. 政府是公民社会的培育者

社会管理涉及教育、文化、就业、社会福利等多个领域，又关系到不同阶层、不同人群错综复杂的利益，单靠政府的力量很难管好日益复杂多变的社会公共事务。因此，政府要着力完善社会自我管理、自我服务、自我监督机制，提高社会的自治能力。要大力支持社会公众、社会组织、基层群众性自治组织等社会力量广泛参与到社会管理中来，充分发挥社会公众和各种社会组织的积极性，建立政府和社会管理力量的合作伙伴关系，实现政府与社会的良性互动。面对当前我国的社会组织数量少、力量弱，社会公众参与意识不强的现实情况，政府更应加大对各种社会组织的培育扶持力度，调动公众的参与热情，尽快形成多元主体合作互补、良性互动和协作治理的格局。

### 4.2.2 政府负责的基本原则

1. 政府主导原则

政府主导原则凸显了政府作为最重要的治理主体在社会管理中的核心作用，这是确保社会管理正确方向的重要保障。一方面，政府主导要求政府必须承担充分履行社会管理和公共服务的职能，这是政府的根基和合法性所在，也是决定社会管理水平的重要因素；另一方面，政府主导意味着在多元主体的协作治理中，政府某些职能发生转移，但这并不意味着政府责任的转移，政府对社会管理的绩效全面负责。在具体的社会管理实践中，应当完善奖惩机制，明确社会管理责任归属。坚持政府主导原则，就要不断推动政府改革，优化政府职能，完善机构设置，推动政策创新，充分发挥政府在社会管理中的积极作用。

2. 开放协作原则

对于社会管理来说，坚持政府主导的同时，还必须坚持开放协作的原则。开放即政府应当积极吸纳社会组织和公民参与到社会管理之中，打破传统封闭式的政府一元管理；协作即充分发挥社会组织的优势和作用，整合资源，实现优势互补，推动政府、企事业单位、非政府组织和公民社会的协同共治。开放协作的社会管理要求政府必须改革社会组织的管理机制，为社会组织和公民参与社会管理提供良好的政策环境以及通畅的渠道和平台。

3. 服务为先原则

服务为先原则是指政府在社会管理中，必须以服务为导向，寓管理于服务，推动管理与服务相融合。这一方面要求政府进一步优化服务供给，更好地为人民群众提供多样化的公共服务，满足人民群众的服务需求；另一方面，要求政府在以强硬管制为手段的社会管理中，创新管理的方式方法，将管理融合到服务之中，在服务中实施管理。对于政府来说，在社会管理中坚持服务为先原则，就是要从管制型政府向服务型政府转变，更好地维护社会秩序和公共安全，不断满足人民群众日益增长的公共服务需求。

4. 公平正义原则

公平正义是政府社会管理的重要原则，每个社会成员都有平等地享有社会福利和公共服务的权利，坚持公平正义的原则要做到以下三点：第一，坚持法律面前，人人平等，任何人违背法律都必须接受法律的处罚，无一例外；第二，进一步缩小城乡差距、区域差距和个体差距，推进基本公共服务均等化，使每个社会主体平等地享有公共服务和自由发展的权利；第三，必须特别关注社会弱势群体，重视残疾人、老年人、妇女儿童的利益保障。对于政府来说，坚持公平正义原则有利于修正市场分配的结果，调节收入差距，改善民生，提高社会整体福利水平，从而消解社会的不和谐因素，增强社会的凝聚力。

5. 持续调整原则

社会管理的环境不断发展变化，这要求政府的社会管理也必须坚持持续调整和更新的原则，这体现了政府对于社会管理的适应性和创新性。对于政府来说，持续调整原则具体体现在以下两个方面：一是政府组织形式、功能机构以及运作机制的调整、优化和改进，当前，政府组织的扁平化、弹性化和整合化趋势不断加强；二是政府社会管理的技术、手段应当不断进行创新，充分利用现代信息技术，不断提高社会管理的效率和质量。持续调整原则要求政府的社会管理体制、机制和方法应当具有较强的适应性、灵活性和弹性，根据社会管理环境的变化持续调整。

6. 适当所为原则

适当所为原则是指政府在社会管理中应当“有所为，有所不为”，避免政府职能越位、缺位和不到位。在过去，政府一方面包办太多不属于政府管理的事项，对于社会事务干预过多，这不仅增加了政府管理的负担，也影响了治理的效率和效果；另一方面政府对于自身的职能和职责履行不到位，给社会发展带来一系列的问题，造成社会发展的失衡。实际上，随着社会领域的分化，政府应当从社会的某些领域退出，将其交由市场或者社会组织，政府则为社会组织和公民参与社会管理创造良好的政策环境和财税支持；同时，政府应该加强社会管理和公共服务职能，完善社会管理的政策工具和技术手段，提高治理绩效。

### 4.2.3 政府负责的内容与方式

1. 转变政府职能

政府职能的行使是政府负责的基本形式，进一步转变政府职能成为政府推进社会管理创新的重要基础。在社会管理中，转变政府职能就是要避免政府越位、缺位、错位和不到位，社会管理中政府职能转变的关键在于处理好如下三种关系：（1）政府和市场的关系。政府是掌舵者而不是划桨者，传统的政府管理对市场干预过多。社会管理就是要给予市场更多的空间，政府的职能则集中于市场环境的塑造、市场行为的监管，着力于形成统一、开放、公平、竞争、有序的现代市场体系。（2）政府与社会的关系。一方面，政府要更多地关注社会领域，通过政策支持、财政倾斜，推动社会保障和公共福利建设；另一方面，政府要从某些社会领域退出，给予社会更多的自治空间，促进非政府组织发展，鼓励公民广泛参与，不断推动社会自治。（3）政府与社会组织的关系。随着社会组织的发展壮大，社会组织在社会管理中将发挥更加重要的作用，这要求政府必须改变传统的领导者和管理者思维，将社会组织视为政府社会管理的重要协作伙伴，充分发挥社会组织在民意汇集、行业管理、公益慈善等方面的积极作用。

2. 深化机构改革

深化机构改革为社会管理创新提供了组织基础和领导保障。结合我国的社会管理体制机制和组织架构，我国政府深化社会管理组织机构改革主要包括以下方面：（1）领导体制改革。当前实践中关于社会管理的领导体制改革思路主要有三种：一是以重庆和信阳为代表的“党委主导的大推动体制”；二是以北京、广东为代表的“党政一体的大协调体制”；三是以上海、深圳为代表的“依托民政的大社会体制”。这三种体制各有侧重和特色，但都是合乎当地经济社会发展实际的实践模式。① 地方政府应当根据当地的经济发展水平、社会管理状况确定符合地方实际的社会管理领导体制。（2）组织机构改革。按照大部门体制的原则，推动社会管理职能整合，精简机构，提高效能，着力解决社会管理职能交叉问题，将管理职能类似、管辖范围相近、业务性质相似的政府部门进行整合，并不断优化社会管理流程，加强社会管理的协同。（3）基层组织机构改革。政府的基层组织是社会管理的直接平台。当前我国基层社会管理的重要思路是推动街道社区管理体制改革，整合街道管理职能，推进社区综合服务中心建设。

3. 优化社会管理机制

优化社会管理机制是政府加强社会管理的重要内容。一个负责的政府应当建立科学、民主、公平的决策机制，整合、公开的信息机制和开放、问责的监督机制：（1）科学、民主、公平的决策机制。决策往往是社会管理的起点，通过社会政策直接作用于社会管理的实践。坚持科学决策就是要遵循社会管理的规律，科学地界定社会管理面临的环境和问题；民主决策保障公民的知情权、参与权、表达权和监督权，将人民群众纳入到决策的制定过程之中；公平决策就是保证人民群众对于决策的决定权，充分考虑社会弱势群体，维护社会正义。（2）整合、公开的信息机制。所谓信息机制就是要充分发挥信息化的作用，整合信息资源，推动数字化管理和服务。整合信息为社会管理提供平台和依据，公开信息保障了人民群众的知情权。（3）开放、问责的监督机制。一方面，政府要主动履行监管职责，同时不断拓展监督主体，构建政府、社会组织、公民共同参与的全方位监督模式；另一方面，对于监督过程中出现的问题，政府要积极问责并及时修正弥补损失。

4. 完善公共服务供给

完善公共服务供给是政府社会管理的本质性内容。由于社会管理和公共服务更具有属地

---

① 参见王名：《社会管理创新的地方实践及其启示》，见 http://www.bjshjs.gov.cn/1/2011/10/20/69@7093.htm。

化的特征，地方政府应承担主要的责任，并按照受益区域的大小和服务层次的高低，确定地方政府提供的级次，同时应予以相应的财权或财力。中央政府应关注重大方针政策，实施宏观调控，并按照基本公共服务均等化的目标，辅助困难地区提供基本公共服务，推动均衡发展。要创新政府公共服务的提供方式，在保证公共目标的前提下，以效率和效益最优为标准，可通过采取直接生产、购买服务、民间采购和市场监管等多种不同的方式提供公共服务，鼓励和吸引民间资本或其他社会力量举办公共服务。即使必须直接由政府承担的公共服务和产品的生产，也要引入市场竞争机制进行内部管理，建设一个高效率、低成本管理社会的政府。要推动政府社会管理的科学化，实行政务公开，广泛听取相关利益群体的意见，加强社会协商，增强社会成员对社会管理的知情权和选择权，建设一个开放的政府。①

5. 创新社会组织管理

社会组织是社会管理的重要主体，社会组织的发育和成长与政府有着密切的关系。在一定意义上，政府不仅决定着社会组织能否合法存在，而且决定着社会组织在社会管理中作用的发挥。政府对社会组织的培育主要体现在两个方面②：一是改善社会组织的制度环境，使反映社会发展要求的社会组织能够合法存在。二是鼓励、支持社会组织参与提供社会服务。凡是社会组织能够提供的社会服务，政府可以通过合同、协议等方式委托社会组织来提供。政府可以按服务项目面向社会公开招标，让有资质提供社会服务的各公益性社会组织为获得政府委托展开公平竞争，并将政府购买服务的行之有效的办法制度化、规范化。总之，政府对其他社会管理主体的培育和管理，是它作为社会管理主体履行职能的重要表现，而其他社会管理主体的发育和成长又反过来增加了政府的协同力量，因此又有助于政府社会管理职能的充分发挥。

6. 提高公务员素质

提高公务员素质是政府实施高质量的社会管理的重要保障。在社会管理中，应当着重提高公务员在以下方面的素质和能力：一是思想道德素质，不断提高公务员的公共意识和公共精神，真正做到全心全意为人民服务；二是业务能力素质，通过培训等方式提高公务员的业务能力，提高工作的质量和效率，在日常工作中为人民群众提供更优质的服务；三是沟通协调能力，在社会管理中，往往需要与人民群众面对面交流，良好的沟通协调能力有助于更好地了解群众诉求，调节社会矛盾，维护社会秩序。公务员是政府社会管理的具体实施主体，公务员各方面素质的提高将有效提升社会管理的效率和质量，提高人民群众的满意度，因此应当加大对公务员的培训工作，在政府部门构建学习型组织，持续不断地提升公务员在现代社会管理中所需要的各方面的能力和素质。

## 4.3 社会协同

社会协同强调在社会分工基础上，通过社会组织的共同工作，实现社会系统的有序和

① 参见温传富：《论政府转型与社会管理体制创新》，载《理论学刊》，2005（9）。
② 参见王勇：《试论中国社会管理的主体构成》，载《社科纵横》，2011（5）。

持续发展。在社会管理中，社会协同构成了社会管理格局的依托，是推动社会管理创新的重要内容。

### 4.3.1 社会协同的内涵

社会协同就是要发挥人民团体、基层自治组织、各类社会组织和企事业单位的协同作用，推进社会管理的规范化、专业化、社会化和法制化。20 世纪 80 年代以来，随着改革开放和社会主义市场经济的发展，我国的社会生活发生了许多深刻的变化，涌现出了众多的社会组织。这些社会组织与政府组织有着明显区别，虽然不具备政府的职能，但由于其具有民间性、非营利性、志愿性、公益性等特点与功能，可以起到政府起不到的作用，可以与政府之间形成一种优势互补、良性互动的关系。

社会协同实际上提供了“利益相关者与政府共同参与的决策框架”，通过政府以外的多元治理主体直接地、积极地参与社会公共事务的治理，构建政府、社会组织、私营企业以及公民等各类主体之间的多元共治和协商合作关系。社会协同的意义和价值表现在以下四个方面：一是促进多元主体资源与力量的整合，包括党、政府、企事业单位、各种社会组织等，实现了社会治理主体之间的资源共享与优势互补；二是推动了社会利益与价值的整合，广泛的社会协同有利于消解社会矛盾，促进社会价值和社会道德的整合，从而维护社会和谐稳定；三是有利于政府决策的科学化和民主化，利益主体和多元治理主体的参与有利于听取民意，集中民智，广泛协商和科学决策；四是回应了社会组织和公民社会日益增长的参与诉求，有助于促进国家与社会的良性互动，推动我国公民社会的建设与发展。

社会组织是社会协同最重要的参与力量。种类繁多、层次多样、覆盖广泛的社会组织在社会管理中发挥着日益重要的作用，这具体表现在以下四个方面：(1) 反映民意诉求。当前，多种多样的社会组织如行业协会、商会和中介组织广泛成立，作为不同群体的利益代表，在收集和表达民意、获取信息方面具有天然的优势。(2) 承接政府职能。随着政府逐渐淡出某些领域，这些领域公共事务的管理逐渐归还社会，社会组织成为政府职能转移的重要载体。(3) 缓和社会矛盾。社会组织作为国家与广大的个体公民之间的一个中介力量，对于调解社会矛盾，化解社会冲突起着十分有效的缓冲作用。(4) 提供公共服务。社会组织有效弥补了政府服务同质化的不足，依靠社会力量，采取多元化的公共服务供给机制，有利于不断满足人民群众多元化和差异化的服务诉求。总之，社会组织的本质是组织化的志愿精神，并且具有根植于民间的优势，这使得社会组织成为政府社会管理有效的协同力量。

### 4.3.2 社会协同的主体策略

社会协同的主体具有广泛性，涵盖了政府之外的所有社会力量，包括人民团体、基层自治组织、社会组织和企事业单位等，其中人民团体作为准行政组织，在社会协同中具有重要的引导和示范作用；基层自治组织包括居委会、村委会，在社会协同中具有重要的基础性作用；社会组织作为民间的非营利组织，是社会协同的核心力量；企事业单位作为我国社会中最常见的组织形式，也是社会协同不可忽视的重要力量。

1. 充分发挥人民团体在社会协同中的引导作用

人民团体作为“准行政机构”，是中国共产党领导的群众组织，包括各级工、青、妇、科协、侨联、台联、青联、工商联等，这些社团组织具有联系群众的传统组织优势，形成了自上而下的、完备的组织机构，善于开展群众工作和思想政治工作，因此这些社会团体在密切联系群众、反映群众诉求、化解社会矛盾、提供咨询、参与社会管理等方面具有重要的作用。要充分发挥人民团体在社会协同中的优先和引导作用，从人民团体中选取并通过改造、提升和新建等多种方式打造一批枢纽型的社会组织，充分发挥枢纽型社会组织的管理、指导、联系和协调作用，推动分类管理的社会组织工作平台的形成。总之，要充分发挥人民团体在社会组织管理、发展、服务中的重要作用，不断构建和强化中国特色社会协同的引导性力量。

2. 加强村民自治组织建设

当前，我国广大农村已经普遍建立了以村民委员会、村民会议或村民代表会议为主要载体的基层社会管理体制。实行村民自治，坚持村级民主选举、民主决策、民主管理和民主监督，既有利于充分发挥农民群众推动经济社会全面发展的积极性，又有利于在农村基层建立有效的利益协调机制、矛盾调解机制和社会管理机制，引导农民群众规范有序地参与村务的决策和管理，以理性合法的形式表达自己的利益诉求，解决利益矛盾，从而促进农村各项事业的发展与和谐稳定。① 进一步完善村民自治制度，应当以制度建设和完善为重点，以健全机制为主线，以发展基层民主为目标，推动村民自治向着自治组织更加健全、自治活动更加规范、自治制度更加完善、自治观念更加健康、自治成效更加显著的方向前进，这具体表现在：(1) 进一步健全组织体系，健全村民委员会、村民会议、村民代表会议、村务公开监督小组、村民理财小组等群众自治组织；(2) 进一步完善制度体系，建立健全村民委员会选举、管理和监督程序，通过完善制度，建立良好的机制，确保民主选举、民主决策、民主管理和民主监督的真正落实；(3) 推进村民自治制度化和规范化，确保村民自治组织按照政策法规进行，办理本村公共事务和公益事业，调解民间纠纷，协助维护社会治安；(4) 进一步规范村民自治活动，要尊重村民群众的主体地位，充分发挥群众自身的积极性，积极引导农民参与村务公开和民主管理的实践活动，发挥村民自主化解矛盾的功能。

3. 加强社区建设

社区已经成为我国城市居民居住的重要组织形式，社区居民自治已显现出强大的生命力和巨大的社会效益，成为社会主义市场经济条件下城市管理工作的重要基础和促进城市现代化建设的重要推动力。社区在密切党群关系、维护社会稳定、促进社会发展、改善居民生活环境、提高人民生活质量方面具有重要意义，特别是针对改革开放过程中出现的下岗失业问题、贫富分化问题、社会保障体制转型等造成的社会震荡和不稳定问题，社区发挥着日益重要的积极作用。加强社区建设，一方面要积极推进社区基层自治，我国城市地

① 参见龚维斌：《从单位管理走向社会建设》，载《国家行政学院学报》，2009 (4)。

区已经普遍建立了由社区居民通过间接或直接方式选举产生的社区委员会或社区居民委员会等群众性自治组织，同时还应不断完善城市社区的民主决策、民主管理、民主监督制度。另一方面应充分发挥社区服务功能，社区服务工作主要以社区自治组织为依托，通过市场服务主体、社区志愿者队伍和政府扶助等形式，广泛开展面向社区居民的便民利民服务和文化、体育、娱乐、卫生服务，面向离退休老年人、残疾人、优抚对象的社会福利服务，面向困难居民、困难职工的特殊服务和面向社会及企事业单位的社会事务服务等工作，不断增强社区意识和社区凝聚力。

4. 推动社会组织的发展

社会组织是社会协同的核心主体力量，其具有非营利性、民间性、公益性、自愿性与组织性等主要特征。在利益主体和社会结构多样化的现实情况下，社会组织在反映不同群体利益诉求、协调群体间利益矛盾冲突、提供公共服务等方面具有自身独特的优势。近年来，我国社会组织发展迅速，在社会管理中发挥着越来越重要的作用。但是整体来看，社会组织在社会管理中的作用尚未充分发挥，因此应当进一步推动社会组织发展，充分发挥社会组织在社会管理中的协同作用：一是进一步改革我国的双重管理体制，降低等级门槛，尝试取消业务主管单位，探索建立新型的社会组织管理体制；二是政府加大对社会组织的培育和支持力度，从资金和政策等方面给予社会组织更多的支持；三是社会组织自身建设也要进一步加强，推动建立现代管理制度，注重人才建设，不断提高专业化水平。

5. 加强各类企事业单位的协同作用

企事业单位作为我国社会中的重要组织，具有约束组织成员，使之达到有序化、统一化、整体化的整合功能。强化各类企事业单位社会管理的责任是形成社会协同局面的重要推动力。应当鼓励和支持各类所有制企业承担社会责任，合理处理企业内部的劳资关系，改善工作环境，保持职工队伍的稳定，重视组织文化，加强人文关系；积极发挥好各种所有制企业单位在社区建设、环境保护、安全生产、劳资关系、慈善事业等方面的作用。事业单位作为“国家为了社会公益目的，由国家机关举办或者其他组织利用国有资产举办的，从事教育、科技、文化、卫生等活动的社会服务组织”，其公益性本质使其成为社会协同当仁不让的合作力量，必须深入推进事业单位改革，充分发挥事业单位在社会管理中的积极作用。

### 4.3.3　优化社会协同的对策建议

1. 积累信任资本

信任作为一种重要的社会资本，是实现社会协同的重要基础。当前，我国信任资本被过度消耗，社会信任程度不高，具体表现为政府与公民之间的不信任、公民与公民之间的不信任，这是我国促进社会协同面临的重要障碍。社会协同的本质在于党、政府、人民团体、社会组织以及企事业单位的协同发展与合作治理，因此必须不断促进信任资本的积累，加强社会诚信建设，重建全社会的信任体系，为社会协同的实现创造良好的社会环境。在具体的社会协同治理中，政府应当主动推动协作关系的建构，通过委托、外包等多种方式，积极建构同社会组织的良好关系，实现政府与社会组织的伙伴协作关系，从而在不断的协作实践中促进信任资本的积累。

2. 促进功能整合

社会协同的核心在于实现整合式发展，在社会管理中优化社会协同必须不断促进功能整合：一是权力整合，当前政府应当进一步向市场放权，向社会放权，构建权力共享机制，促进社会的广泛合作；二是利益整合，现代社会利益分化严重，政府在尊重公民个体合法利益的同时，还必须从国家大局和整体的角度保障和增加社会共同利益；三是资源整合，现代社会是一个资源稀缺和资源互赖的社会，实现资源的整合，有利于促进优势互补，提高资源的使用效益；四是价值的整合，现代社会矛盾激化，社会价值失范，进一步推动价值整合，有利于构建社会共同的信仰机制，共同致力于社会建设与发展。功能整合是社会协同的重要内容和目标，也是推动社会管理的重要措施和手段。

3. 完善信息机制

社会协同要求社会管理主体间的信息沟通充分、便捷和及时。在现代社会，推动多元治理主体的协同式发展，必须加强治理主体之间的相互联系与沟通，因此信息机制的建立将是促进社会协同的有效工具。当前，信息机制的建立主要包括以下两个方面的内容：一是信息整合机制，加强社会管理主体之间的信息数据沟通、共享，实现信息的及时共享和协调合作；二是信息支撑机制，通过数据信息收集、统计和分析工作，建立社会管理数据信息系统，从而为协同治理提供信息和数据支持。总之，信息机制在社会协同中发挥着重要的基础性作用，良好的社会协同有赖于顺畅、高效的信息机制的建立健全。

## 4.4 公众参与

社会建设和社会管理的开展，最终要落实到具体的人，即社会公众。公众是社会管理的主体，更是社会管理的目标，没有社会公众的广泛参与和积极支持，就没有真正的社会管理。坚持发展依靠人民，发展为了人民，发展成果由人民共享，就必须尊重人民群众的历史主体地位。社会管理应当以公众为中心，鼓励公众参与。公众参与不仅是公众的权利，也是公众的责任，更是社会管理的核心理念和价值所在。

### 4.4.1 公众参与的内涵

公众参与，就是要“广泛动员和组织群众依法有序参与社会管理，培养公众意识，履行公众义务，实现自我管理、自我服务、自我发展”。公众参与是我国社会管理创新的重要基础和途径。公众参与权是公众的一项基本权力，为国家宪法所规定，有其深刻的法理基础。我国《宪法》第二条明确规定：“中华人民共和国的一切权力属于人民。人民依照法律规定，通过各种途径和形式，管理国家事务，管理经济和文化事业，管理社会事务。”这种人民主权理论为公众参与社会管理及其创新提供了根本性的依据。

公众参与社会管理具有重要的意义和价值，这主要表现在以下三个方面：第一，公众参与有利于集中民众智慧。社会管理的领域涉及许多层面，从宏观上说，就包括社会公共安全管理、社会秩序管理、就业管理、食品药品管理、人口管理、公共服务、社会保障、社会组织的管理等方方面面。面对愈来愈纷繁复杂的社会事务，政府如果再陷入过于琐碎具体的管理事务而不能自拔，必定导致低效能运作。而公众参与是民主政治的基石，也是社会活力和创造力的源泉；公众参与可以充分发挥人民群众的优势，集中民众智慧，吸收不同领域的知识，并为政府管理者提供及时有效的信息，从而提升政府管理的创新能力。第二，公众参与有利于维护群众利益。公众参与到政府管理过程中，会对政府行为形成一种制约，促使政府更好地做到执政为民。公众参与社会管理有利于普通民众充分表达自己的社会诉求，公众通过自身或社会组织合法地参与社会管理过程，使自己的主张和利益诉求在政府对社会公共事务领域的立法和政策过程中得以体现，同时在公共政策实施中，公众参与实现了对政策过程和政府行为的监督，避免了损害群众利益的事情发生。第三，公众参与有利于推进民主化建设。公众参与到社会管理之中，对于我国民主化进程也具有积极的推进意义，主要表现在以下三个方面：一是公众参与打破国家权力的政府垄断，实现了多元主体之间的权力共享；二是公众参与促进政府行政的公开化、透明化、回应性和责任意识；三是公众参与实践有效提高了公众的权利意识、责任意识以及参与社会管理的能力。

当前，公众参与社会管理的形式包括直接参与和间接参与。具体而言，社会管理中的公众参与主要包括以下三个方面：一是社会管理政策的制定，公众可以通过多种渠道发表意见，影响政策的设计；二是公众作为社会管理的客体，在社会管理过程中实现对自身合法利益的追求和保护；三是作为社会管理的主体，通过一定的社会组织，实现组织内的自我治理。

### 4.4.2　公众参与的现状与原则

公众参与社会管理是未来趋势，当前，我国社会管理中已经有公众参与，但是由于我国社会管理起步较晚，制度设计不健全，公众参与社会管理还存在很多问题。

1. 公众参与社会管理的主动意识缺乏

公众参与社会管理需要有相应的知识和素养。长期以来，我国高度集权的政府管理体制，使得公众对政府存在畏惧心理，形成了深厚的“被管理者”意识，而自身的权利意识不足。近年来，随着经济的发展和社会的进步，公众的国家主人翁意识和权利意识开始觉醒，但是这种觉醒还是小范围的，而且常常建立在维护自身利益的狭隘思想上，对于社会管理的参与价值认识不足。总体来看，我国公众的社会管理意识还十分缺乏，参与社会管理的意愿不足。

2. 公众参与社会管理的能力有限

长期以来，由于公众参与社会管理的经验不足，公众参与社会管理的能力有限。公众参与社会管理必须了解我国的法律法规和规章制度，同时，还必须掌握一定的管理知识和管理技巧。对于我国公众来说，这种社会管理的能力和素养还十分缺乏，这就直接影响着社会管理的质量和效率，这也说明我国社会管理中的公众参与必然是渐进的而不能一蹴而就。

3. 公众参与社会管理的渠道不畅

我国传统的社会管理，以党政为唯一主体，这是一种封闭的、自上而下的控制型管理模式，这使得我国社会管理中公众参与的渠道十分不畅：一是公众参与社会管理的平台、机制十分不健全，这使得公众参与社会管理的成本较高；二是社会管理制度执行较差，尽管我国有比较完善的信访制度、信息公开制度，但是制度的执行力不够；三是公众社会十分薄弱，弱小的公众社会使得公众参与社会治理的范围和领域都十分狭窄。

针对当前我国公众参与社会管理中存在的诸多问题和缺陷，未来，我国必须进一步推动公众参与的社会管理，应当坚持如下四个方面的原则：

一是积极参与原则。

公众参与不仅是公众的权利，更是公众的义务，因此社会管理必须不断提高公众的参与意识和参与热情，提高公众的参与素养。这需要政府进一步加强宣传，提高公众意识和责任，这根本上则有赖于我国公众社会的不断推进。

二是有序参与原则。

有序的公众参与不仅是参与得以实现的基础，也是提高参与效率、保证参与质量的重要前提。有序参与要求不断提高公众素养，完善公众参与的程序与机制，加强公众参与的有效引导和管理，确保参与秩序。

三是组织化参与原则。

组织化参与即鼓励公众参加多种多样的社会组织，通过组织参与社会管理的各项活动，组织化参与有利于避免参与资源的浪费，有效提升公众参与的效率和效益。因此必须进一步促进社会组织的发展，规范社会组织的管理，为社会组织参与社会管理创造良好条件。

四是规范化参与原则。

公众参与应当加强法律化和制度化建设，不断完善参与的程序，推进参与的规范化。规范化参与是促进公众参与可持续发展的必要条件，也是提高参与质量和效果的必然要求。当前，有关我国公众参与的一系列法律法规需要进一步建立健全，并不断具体化、可操作化。

### 4.4.3 推进公众参与的策略与路径

1. 提高公众参与素养

进一步提高公众参与素养，对于实现公众有序、高效地参与社会管理，具有重要的促进作用。一是提高公众参与意愿。对于很多社会问题，仍有不少公众抱着“事不关己，高高挂起”的态度，认为参与社会管理费时费事，这需要进一步加强宣传，不断提高公众的主人翁意识。二是提高公众的责任意识。公众的社会管理参与是一项严肃的事情，必须谨慎对待。提高公众参与的责任意识，将有效地提高公众参与质量。三是提高公众的参与能力，重视参与技能和技巧的培训，不断提升参与主体的沟通、谈判、协商能力，提高公众参与的质量和效率。

2. 丰富公众参与平台

当前，我国已经出现了一些公众参与的平台，如听证会、恳谈会，但是整体来看，我国公众参与的平台依然较少，参与渠道不畅，参与的制度设计不规范，使得参与往往沦为“形式”。当前，丰富公众参与平台主要包括如下措施：(1) 进一步拓展多样化的公众参与形式和参与平台，并通过法律法规进行规范化建设，让公众参与成为常态化和必经程序；(2) 完善公众参与平台的运行机制，将平台运行的程序制度化，避免参与的随意化；(3) 除官方的正式参与平台外，应当鼓励广播、电视、网络等新闻媒体打造多样化的非正式的参与平台，在社会管理的各个领域全方位吸纳公众参与。

3. 创新公众参与机制

创新公众参与机制，则要为公众参与社会治理提供便捷的通道和途径。当前，公众参与机制主要包括：(1) 利益诉求与表达机制。随着利益诉求多元化，利益冲突增多，要求建立畅通的利益诉求与表达机制，随时和及时地掌握群众的声音，促进社会问题的有效解决。(2) 信息机制。公众能够获取便捷、充分和真实的政务信息，从而为作出理性决策提供依据。(3) 决策机制。公众参与社会管理，必须创新决策机制，决策应当公开透明，确保利益相关人的参与。(4) 公开和回应机制。政府不断公开社会管理的信息，提高行政透明度，积极地、定期主动地向公众征询意见，解释政策和回应质疑。

4. 完善公众参与制度

实际上，改革开放以来，我国已经基本形成了公众参与的制度框架，如政治协商制度、监督制度、民意表达制度等。但是这些制度或仅仅停留于宪法原则，或缺少现实操作手段，或在社会管理中没有被很好地遵守和执行。当前我国亟待完善的公众参与制度包括：(1) 信息公开制度。进一步完善《信息公开条例》，公众能够及时、充分和便捷地获取行政信息。(2) 听证制度。不断完善听证的程序、内容，推动听证的规范化和法制化水平。(3) 专家咨询制度。政府决策前应当广泛调研和咨询，特别是专家学者的建议，从而提高决策的科学化水平。(4) 问责制度。即对于政府治理中的失误应当追究和问责，从而进行补救。

## 本章小结

本章对我国“党委领导、政府负责、社会协同、公众参与”的四位一体格局进行了深入探讨，研究了党委领导的内涵、原则与作用机制；研究了政府负责的内涵、基本原则、内容以及方式；研究了社会协同的内涵、主体策略以及优化建议；研究了公众参与的内涵、现状、原则以及策略与路径等。尽管本章以较为独立的视角理解社会管理各个主体，但是仍然需要从宏观上把握社会管理四位一体格局的多元主体及其相互关系，坚持整体和系统的观点。

## 关键术语

党委领导　　政府负责　　社会协同　　公众参与

## 复习参考题

1. 如何把握四位一体的社会管理格局及其相互关系?
2. 如何理解党委领导的内涵?
3. 如何进一步推进党委领导?
4. 如何理解政府负责的内涵?
5. 如何进一步推动政府负责?
6. 如何理解社会协同的内涵?
7. 如何进一步促进社会协同?
8. 如何理解公众参与的内涵?
9. 如何进一步促进公众参与?

## 案例分析

### 深圳桃源居社区治理模式

桃源居社区位于深圳宝安西郊，总建筑面积180万平方米，是深圳最大的地产项目。从1992年开始发展建设至今，历经十多年的探索与创新，桃源居社区从公共服务供给严重不足，发展至今，社区居民在娱乐健身、卫生保健、教育、养老等方面的公共需求得到较好满足，社区成为居民包括非户籍居民幸福生活的乐园，创造了社区建设的“桃源居模式”。桃源居先后荣获联合国“全球理想人居社区”、“国际花园社区”、“全球商业示范社区奖”等荣誉，并被中央12部委授予平安家庭、健康社区、绿色社区、学习型社区及中国人居社区范例奖，被广东省委省政府授予“平安和谐红旗社区”称号，这些荣誉的背后，是桃源居社区社区管理和服务模式的创新和发展。

“桃源居模式”主要是通过创建社区资本，支持社区公益组织，培育社区公益资产和社区福利，使政府的公共服务、企业的市场服务与社会组织的公益服务融为一体，从而形成了“社区党委、社区工作站、社区居委会、社区公益中心、业主委员会、物业公司——六位一体”共建共享的和谐社区模式。桃源居社区以公建设施为基础、以商业为龙头、以文化为内涵、以教育为特色、以环境为依托，构建了社区组织与管理体系、社区福利体系、社区文化体系、社区教育体系、社区公共服务体系，形成了“党的领导、政府管理、企业投资、居民共建”的桃源居和谐社区治理模式，为中国城市社区建设与管理进行了大胆探索和有益尝试。“桃源居模式”也因此得到了各方的高度认可，在社区基层党的建设、社区建设领域、社会治理领域、社会管理创新领域、社会组织创新领域，这一模式都具有重要的制度意义。这些成绩的取得，在于桃源居社区不断创新社区基层党的建设和社会管理的理念、方法和体制，是对“党委领导、政府负责、社会协同、公众参与”的社会管理新格局的生动诠释。

资料来源：《中央党校召开桃源居社区党建和管理创新调研结题会》，见 http://www.cq.xinhuanet.com/2012-04/01/c_111728886.htm。

**思考题：**

1. 你如何理解桃源居社区的“六位一体”社区治理模式？
2. 桃源居社区的社会管理创新，对当前我国社区基层社会管理创新有什么借鉴意义？

## 食品安全管理的多元治理模式

在食品安全管理中，多主体参与的管理与单一政府管理相比较，其突出优势在于实现各主体之间强势与弱势的有效互补。具体而言，食品安全多元治理模式的主要相关主体及其特质体现在以下几个方面：

**（一）政府：管制的强势与专业的弱势**

政府作为公共权力的行使者，是实施管制的合法主体。食品安全管制是指为了保护消费者，并确保所有食品在生产、处理、储藏、加工和销售过程中均能保持安全、卫生及适于人类消费，确保其符合安全和质量要求，确保货真无假并按法律规定准确标识，由国家或地方主管部门实施的强制性法律行动。政府实施食品安全管制的要素有：法律法规、管制机构、管制制度、行政执行等。强有力的政府管制能够有效规范食品安全市场秩序，约束不法行为，保障食品安全。但是，政府在食品安全管理领域也存在管制失灵（failure of regulation）的现象，主要体现在：一是食品政策制定方面，包括管制政策被利益集团俘虏、错误诊断、管制规则落后、管制规则过于繁琐、管制规则冲突；二是管制政策执行方面，包括管制执行腐败、管制保障不力、管制过度、管制结果得不偿失等。政府管制失灵的原因除了政府本身能力不足，还在于政府本身存在专业的弱势。由于食品安全管理相关政策、规则、标准的科学化是以专业知识为基础的，食品安全管理的相关技术和方式具有特殊的专业特性，政府专业的弱势导致了食品安全管理的政策不适当、标准不科学、执行效率低、行政成本高等问题，影响了食品安全管理的有效性。

**（二）行业协会：专业的强势与管理的弱势**

现代行业协会是并列于市场、企业、国家、非正式网络（informal network）的第五种经济治理机制。行业协会作为治理机制的一种，可以基于协会成员的自愿行为或在长期交往博弈中形成的自我约束机制，产生并维持一种有组织的“私序”（private order）。在食品安全管理领域，这种“私序”是对政府实施食品安全管制而形成的公序（public order）的必要补充。鉴于食品是一种特殊的商品，其安全引起的恐慌和连带负效应具有放大作用，同行业内发生一起安全事件，可能造成整个业界的安全危机。由此，食品安全的行业管理有利于事前预防与监控，以严格行业内部管理而优化食品行业协会会员的整体利益。综观各国食品行业协会的行为方式，主要有四种：一是组织和实施食品企业成员间的合作行为；二是与其他行业协会组织订立集体合约；三是变通或影响食品管制的公共政策，以保持和增加其本身和其成员的利益；四是提供能够影响交易行为和效果的各类信息。对食品行业而言，行业协会具有专业的优势，行业协会的自治与自律能最大程度迎合该食品行业发展的需求，实现良性竞争，保护食品行业的整体利益；行业协会同时也具有管理的弱势，可能由于缺乏法律的保护、行政的授权、社会的认可而导致管理合法性的不足、管理权威性的缺乏以及管理公信力的匮乏，进而陷入管理的困境。

**（三）媒体：信息的强势与专业的弱势**

由于媒体所特有的开放性与广泛性，能够有效弥补食品安全的“管理缝隙”，在及时发现风险源、遏制不法产品等方面发挥了积极作用；媒体强大的信息优势有助于减轻食品安全领域中的信息不对称现象，为其他主体的有效管理提供必要的基础条件；基于媒体的舆论监督的宽广性也是其他管理方式无法替代的。舆论监督的优势在于通过信息的沟通、交换、共享，实现对其他主体的监督和引导：(1) 对政府的舆论监督。对有关食品安全政策的讨论；对食品安全领域行政人员行为的监督。(2) 对食品业的舆论监督。对不卫生、不安全的食品生产经营企业予以公布；对食品安全的不法事件予以曝光。(3) 对行业协会的舆论监督。可以起到对行业协会中某些不利于食品安全的自利行为的纠偏作用。(4) 对消费者的舆论引导。加强宣传食品安全的法律法规和政策条例，以培养消费者对食品安全的强偏好；宣传食品安全的相关技术、知识与经验，以提高消费者在食品消费中的有限理性；及时发布食品安全监管的信息，以缓解食品消费中的信息不对称现象。媒体的弱势在于专业性的不足而导致的信息失真，这会对社会造成负面影响。此外，舆论的力量缺乏制约或运用不当，也容易为不法分子所利用，引发政治矛盾和社会动荡。

**（四）消费者：消费敏感与消费麻木**

现实中，消费者非理性消费的现象普遍存在，原因在于：首先，由于食品市场中交易信息的不完全性和不对称性，且消费者处于食品交易的信息弱势地位，消费者缺乏理性选择的基础条件；其次，消费者由于技术、知识、经验所限，容易出现非理性的判断。在消费者有限理性的前提下，可能出现“消费麻木”和“消费敏感”两类情境：(1) 消费麻木。即消费者在购买不安全食品后，采取沉默的态度和忍耐的处理方式。引发消费者麻木的因素可能包括消费者受认知水平和收入水平制约，尚未形成对食品安全的强偏好；对不安全食品的索赔程序复杂、费时费力等。(2) 消费敏感。即消费者在购买不安全食品或得知某些食品存在安全隐患的信息后，采取迅速从市场退出或向有关部门呼吁、投诉的处理方式。因此，理性消费并不意味着完全理性的消费选择，而是基于有限理性的高度敏感。消费者的理性消费在食品安全监管中的优势在于：作为食品安全的直接受益者，消费者的理性消费行为具有显著的外部性，有益于其他民众的福祉，显著减少不安全食品带来的经济损失和社会影响；作为“食品链”的最后一环，消费者的理性消费行为能起到最后的“安全网”作用，弥补食品安全监管其他环节中的漏洞，避免引发大规模的食品安全危机；消费者的理性消费也会对食品安全生产起正面激励作用。消费理性的培育，关键在于引导和教育，这有赖于政府和媒体的力量。

**（五）食品企业：诚信的愿望与牟利的动机**

包括食品生产者和经营者在内的食品企业具有数量众多、规模迥异的特点，从业者的文化素质、道德水平和管理水平也相差很大。一般而言，企业出于长远发展和长期利益的考虑，会选择基于诚信经营的品牌发展战略，具有诚信经营的愿望，其自我监管具有经济性、严密性和预防性的特点。对此，联合国粮农组织和世界卫生组织认为，“将食品的安全及质量的主要责任赋予食品的生产者和经营者是更加经济和有效的战略”。但是，在牟利动机的驱使下，在法律和制度约束不力的情况下，在消费者麻木和非理性消费的逆向激励下，食品生产企业可能以次充好，冒风险以不法行为追逐高额利润；食品经营企业可能以假充真，冒风险以非法手段牟取暴利。食品企业诚信的愿望与牟利的动机之间实质上并无矛盾，关键在于：政府对食品企业一致的严格制度约束，媒体对食品企业的舆论监督，行业协会对食品企业的行业监管，理性消费对食品企业的正向激励。以上行为极大提高了食品企业不法行为的机会成本，降低了不法行为的可能收益，促使食品企业诚信生产和经营。

综上所述，在食品安全多元管理模式中，食品安全管理各主体的强势与弱势可以有效互补，通过自我治理、相互制衡与相互补充，形成食品安全管理中优势互补的多元治理格局。

**思考题：**

1. 谈谈你对食品安全管理多元主体的功能和角色的理解。
2. 你认为我国食品安全多元管理模式有哪些优势和问题？如何进一步改进？

# 第 3 篇

# 社会管理的体系

社会管理体系是社会管理的客体，体现着社会管理的内容。社会管理体系的健全和发展彰显着社会管理的目标与价值。构建中国特色的社会主义社会管理体系是我国加强和创新社会管理的重要目标。本篇将社会管理体系分为四个方面：公共安全体系、社会秩序体系、公共服务体系、和谐保障体系。其中，公共安全体系是我国社会管理的保障，直面当前我国公共安全的形势和挑战，推动危机状态的应急管理系统和正常状态的风险管理系统建设；社会秩序体系是我国社会管理的基础，治安秩序、经济秩序、文化秩序、虚拟社会的秩序构成了当前我国重建社会秩序的重要内容；公共服务体系是我国社会管理的目标，不断完善公共教育、公共卫生、劳动就业、公共文化和社会保障建设，构建服务型政府；和谐保障体系是我国社会管理的支撑系统，加强弱势群体保障、维权制度保障，同时不断推动社会主义核心价值体系的构建，加强社会主义精神文明建设。

# 第5章

# 公共安全体系

## 5.1 公共安全体系的界定

公共安全系统的建设和完善是为公众的生活和发展提供保障，是社会管理体系的重要组成部分。

简单地说，公共安全就是社会公众所享有的生命安全和财产安全，是社会公众从事正常的生活、学习、生产所必需的安全环境。公共安全体系就是政府依据相关法律法规建立的，意在为社会公众提供安全的生存与发展环境，确保社会公众生命和财产安全的一整套体制机制。

公共安全体系用于保卫全社会人民群众生活生产时所必需的安全。公共安全体系从广义上包括了政治、外交、经济、文化、生产、生活、生态等几乎各领域的安全，如政治安全主要包括意识形态安全、政治需求、政治活动等，经济安全主要包括资源安全、金融安全、产业安全等，文化安全主要包括语言和信息传播安全、宗教文化安全、文化遗产安全、知识产权安全等，生产安全主要包括人身安全、设备安全、产品安全、交通运输安全等，生活安全主要包括交通安全、居家安全、饮食安全、旅游安全等，生态安全主要包括生态破坏、环境污染等。公共安全体系从狭义上分为危机状态的应急管理系统和正常状态的风险管理系统。本章主要从社会管理的两种状态对公共安全体系进行讨论，即危机状态下的应急管理系统和正常状态下的风险管理系统。

### 5.1.1 公共安全体系的特征

公共安全体系主要具有以下三项特征：宏观性、系统性、时代性。

1. 宏观性

安全是个人和社会最基本的需求。从宏观来看，公共安全是经济发展、社会进步的重要前提，公共安全为社会发展提供基本保障，社会发展进一步推动和促进公共安全体系的进步和完善。公共安全体系维护公共秩序、社会稳定，目的是社会的稳步、健康发展，归宿是人民的安居乐业。公共安全与社会发展共同进步，相辅相成。

公共安全体系的基本任务是保障国家、组织、个人等在政治、经济、文化、生态、生活等各个领域的安全和稳定，其功能和作用并非局限于特定领域、特定对象，而是对整个国家和社会的宏观的管理。传统公共安全体系的主要任务是确保安全和稳定的社会秩序。随着社会的进步和转型，以及社会结构的打破和重组，公共安全体系的防控工作常态化，附加了部分公共服务的功能，这也是公共安全体系面对的挑战。因此，公共安全体系的全面和完善，需要各个领域自上而下的共同努力。

以党委、政府为主导，公民参与协同，全员参与公共安全体系的建设是公共安全体系宏观性的重要体现。党的十六大以来，在中国特色社会主义事业经济建设、政治建设、文化建设、社会建设的统筹下，“党委领导、政府负责、社会协同、公众参与”四位一体格局的应急管理和风险防范工作得以全面推进。

2. 系统性

整个社会的各个领域、各个组织相互联系构成了复杂的社会系统，而其中许多因素影响着公共安全体系。公共安全体系涉及范围广，囊括了社会管理的各个方面，社会维稳、社会心态、社会价值等，都是公共安全体系相关联的因素。社会中某一个因素所产生的变化不会孤立存在，往往会产生一系列的联动效应。因此，公共安全体系也具有系统性，在应对和处理某一个问题时，能够对其他相关问题进行有效防控。

我国在公共安全管理领域虽然已经建立了一套比较有特色的管理体制，但是这种体制是以分领域、分部门的分散管理为特点的，沿用“条块”方式将公共安全管理交由相应的职能部门承担。如根据《食品安全法》，农业部负责食用农产品生产环节，卫生部门负责综合协调、标准制定，质检总局监督生产环节，工商部门负责食品的流通环节，食品药品监管局负责餐饮部分，同时国务院又组建食品安全委员会，统筹指导食品安全工作。可见，需要各个政府部门的联动和合作，才能实现公共安全体系的功能。

3. 时代性

公共安全体系的建设只有坚持与时俱进，才能适应社会发展所引起的整体环境的变化，才能应对新的矛盾和问题，才能面对新的形势和挑战。社会发展的不同阶段所存在的问题是不同的，从传统的国家安全到世界性的反恐怖主义，从基本的公共治安到信息时代的网络安全等，公共安全体系唯有与时俱进，才能充分发挥其作用和功能，维护社会稳定，保障公共安全。公共安全体系在一定程度上需要做到关口前移，才能对影响公共安全的事件和问题进行有效防控。一方面，公共安全体系的建设和完善要把握公共安全面临的挑战和公共安全事件的发展趋势，不仅包括防洪、消防、人防、抗震、反恐等内容，还包括未来有可能威胁到社会安全的其他灾害和事件；另一方面，公共安全体系的建设既有统一性，也有特殊性，各地应结合自身的特点和发展趋势、规划，有针对性、有重点地完善公共安全体系。

### 5.1.2　公共安全体系的形势

随着经济的发展与社会的进步，公共安全存在的问题日渐交错和复杂化，从安全问题的源起到事件的善后工作，整个过程所涉及的因素众多，使得公共安全体系面临着新的形势和挑战。

1. 突发事件频发，公共安全形势严峻

四类突发事件是公共安全体系所要应对的最突出的危机，包括自然灾害、事故灾害、公共卫生事件、社会安全事件，突发事件的频发导致损失严重，公共安全形势依旧严峻。《中华人民共和国突发事件应对法》界定的四大类突发公共事件，发生时会产生人员伤亡、经济损失、环境破坏等，一定程度上，所造成的伤害具有不可避免性。

自然灾害主要包括水旱灾害、气象灾害、地震灾害、地质灾害、海洋灾害、生物灾害和森林草原火灾等。我国每年都会发生旱灾、洪涝、风暴、台风、地震、沙尘暴、雪灾和低温冷冻等自然灾害，给我国国民经济和百姓生活造成了严重损失。

事故灾害主要包括工矿商贸等企业的各类安全事故、交通运输事故、公共设施和设备事故，环境污染和生态破坏事件等。随着经济发展和公共基础设施的建设，事故灾害频发，对公共安全产生着重要影响。

公共卫生事件主要包括传染病疫情、群体性不明原因疾病、食品安全和职业危害、动物疫情，以及其他严重影响公众健康和生命安全的事件等。近年来，公共卫生问题较为突出，尤其是食品安全问题层出不穷，引起社会的强烈关注。

社会安全事件主要包括恐怖袭击事件、经济安全事件和涉外突发事件等社会安全事件。以近来破获的重大案件为例，多次出现了“综合性的报复社会的杀人动机”。杀人犯认为周围的人都过得比自己好，社会对他不公平，杀人动机就是为了报复社会。还有连环杀人案件，不仅带来了公民的伤亡，更导致当地群众的惶恐不安。这需要公共部门稳定公众的恐慌情绪，维持正常的生产生活。

2. 风险要素多元，安全问题错综复杂

公共安全问题涉及范围广，风险要素多，在处理公共安全问题时所需要考虑的因素较多，如公众心理、媒体舆论、善后的有效程度等。

公共安全体系在危机状态下的服务对象是广大人民群众（包括涉灾群众、围观群众、相关群众等），灾后易受从众心理、集群效应、谣言甚至蝴蝶效应的影响，灾民的心理焦虑在特定环境下易变异为大规模群众面对谣言的集体失范，甚至是整个社会的恐慌。这不仅给应急处置增加了困难，还会导致更多深层次的社会危机。

媒体对公共安全问题报道的内容、角度等，会直接影响事件所造成的社会负面影响的程度。媒体舆论的宣传报道可能存在放大和变异，其产生的恶性影响却往往会对公共安全和整个社会造成巨大的损失。媒体舆论的根在社会心态，虚拟信息空间的序列规律和传播机制实质上是现实社会中社会心态的映像。因此媒体舆论工作，关键在于社会心态的正确引领。

善后是应急管理的重要环节，也是公共安全体系中不可或缺的部分，善后有效程度越高，公众满意度就越高，社会管理的目标才能得以实现。但目前公共安全问题的善后存在一些因素，导致公众满意度难以提高。如极少数受灾群众要求的多元化，甚至无限性；危机导致了极少数灾民的“受害者心态”和“受害者状态”，倾向于把生活中的所有问题都归因于某次危机事件；补偿、抚恤等善后标准欠规范或者不一致，加上“小闹小赔偿、大闹大赔偿”的特例，刚性赔偿金额呈不断增加的趋势，产生了部分群众借机敛财行为。事实上，在善后的过程中，不仅要通过物质对群众进行补偿和帮助，而且要注重精神慰藉，双管齐下。

此外，流动人口、匿名环境等社会危机隐患仍有空间。政府的管制，由于在一定程度上存在权限不足、手段柔弱、方式滞后等问题，导致仍然存有薄弱环节，甚至管制盲区。因此，公共安全体系如何全面应对好错综复杂的社会危机，尤其是无缝隙、全流程地推进应急和相关工作，是事关可持续发展的重要问题。

3. 体系全面进步，公共安全趋势良好

近年来，我国公共安全体系不断进步，应急管理科学化、标准化的同时，风险管理的意识和实际操作都不断得到发展。

我国应急管理的“一案三制”进步明显、成果显著：“纵向到底、横向到边”的应急预案网络；“统一领导，综合协调，分类管理，分级负责，属地管理为主”的体制；“运转高效、配合协调、口径一致、保障有力”的机制；“有法可依、有法必依”的法制。同时，公共安全体系引入风险管理，围绕安全、稳定的目标，通过在管理的各主要环节执行风险管理的基本流程，培育良好的风险管理文化，建立健全全面风险管理体系，包括风险管理策略、风险管理的组织职能体系、风险管理信息系统和内部控制系统，从而将“灭火式”应急管理结合“防火型”风险管理，将传统应急管理的体制机制优势与新型风险管理的前瞻性、规范化、精细化优势紧密结合，相得益彰。

## 5.2 危机状态的应急管理系统

危机状态的应急管理系统，用于保卫突发事件时的社会公共安全，为社会公众提供安全的生存与发展环境，确保社会公众生命和财产安全。我国应急管理系统的重要组成是“一案三制”，通过预案、体制、机制、法制的建立健全来构建应对公共危机的科学系统，支撑起危机状态时的公共安全体系。危机状态下的公共安全体系，就是坚持预防与应急并重、常态与非常态结合的原则，建立健全统一指挥、结构合理、反应灵敏、保障有力、运转高效的国家突发事件应急体系，提高应急管理能力。

### 5.2.1 应急预案

预案是公共安全应急管理的标准化。预案是指根据评估、分析或经验总结，对潜在的、可能发生的突发事件的类别和影响程度，事先制定的应急处置方案，通过预案来达到标准化的目标。

1. 预案内容兼具全面化和前瞻性

我国应急预案的修订和完善工作不断加强，应急预案工作与时俱进，使预案在内容上更全面化、更具前瞻性。针对不同类型的危机和灾害，由各主要负责机构颁布应急预案，有效做好危机的应对和防范（见表5—1）。以《北京市突发事件总体应急预案》（2010年）为例，总体应急预案在原有事件分类的基础上增加了公共电汽车运营突发事件、重污染天气、群体性不明原因疾病、生活必需品供给事件、粮食供给事件、能源资源供给事件、新闻舆论事件、旅游突发事件等共17种突发事件类型，同时分析了北京地区突发事件的特点及发展趋势，使应急预案覆盖的范围更全面，预案编制更具前瞻性。

**表5—1　我国应急管理相关预案**

| 针对性 | 序号 | 颁布机构 | 预案名称 |
|---|---|---|---|
| 自然灾害 | 1 | 国务院 | 国家自然灾害救助应急预案 |
| | 2 | 国务院 | 国家突发地质灾害应急预案 |
| | 3 | 国务院 | 国家防汛抗旱应急预案 |
| | 4 | 国务院 | 国家地震应急预案 |
| | 5 | 国务院 | 国家处置重、特大森林火灾应急预案 |
| | 6 | 国务院 | 国家突发公共事件总体应急预案 |
| | 7 | 国家海洋局 | 风暴潮、海浪、海啸和海冰灾害应急预案 |
| 事故灾难 | 1 | 国务院 | 国家突发环境事件应急预案 |
| | 2 | 国务院 | 国家核应急预案 |
| | 3 | 国务院 | 国家通信保障应急预案 |
| | 4 | 国务院 | 国家处置电网大面积停电事件应急预案 |
| | 5 | 国务院 | 国家处置城市地铁事故灾难应急预案 |
| | 6 | 国务院 | 国家海上搜救应急预案 |
| | 7 | 国务院 | 国家处置民用航空器飞行事故应急预案 |
| | 8 | 国务院 | 国家处置铁路行车事故应急预案 |
| | 9 | 国务院 | 国家安全生产事故灾难应急预案 |
| | 10 | 国务院 | 国家突发公共事件总体应急预案 |
| | 11 | 交通运输部 | 公路交通突发事件应急预案 |
| | 12 | 铁道部 | 铁路防洪应急预案 |
| | 13 | 国家安全生产监督管理总局 | 尾矿库事故灾难应急预案 |
| | 14 | 国家安全生产监督管理总局 | 海洋石油天然气作业事故灾难应急预案 |
| | 15 | 国家安全生产监督管理总局 | 陆上石油天然气储运事故灾难应急预案 |
| | 16 | 国家安全生产监督管理总局 | 陆上石油天然气开采事故灾难应急预案 |
| | 17 | 国家安全生产监督管理总局 | 冶金事故灾难应急预案 |
| | 18 | 国家安全生产监督管理总局 | 矿山事故灾难应急预案 |
| | 19 | 国家安全生产监督管理总局 | 危险化学品事故灾难应急预案 |
| | 20 | 农业部 | 渔业船舶水上安全突发事件应急预案 |

续前表

| 针对性 | 序号 | 颁布机构 | 预案名称 |
|---|---|---|---|
| 公共卫生事件 | 1 | 国务院 | 国家重大食品安全事故应急预案 |
| | 2 | 国务院 | 国家突发重大动物疫情应急预案 |
| | 3 | 国务院 | 国家突发公共卫生事件应急预案 |
| | 4 | 国务院 | 国家突发公共事件医疗卫生救援应急预案 |
| | 5 | 国务院 | 国家突发公共事件总体应急预案 |
| | 6 | 卫生部 | 人感染高致病性禽流感应急预案 |
| 社会安全事件 | 1 | 国务院 | 国家突发公共事件总体应急预案 |
| | 2 | 国家工商行政管理总局 | 工商行政管理系统市场监管应急预案 |

注：根据救援救助法律法规整理（不完全统计）。

### 2. 预案要求突出精细化和规范化

应急预案在应急管理的实践中突出精细化和规范化。应急预案的精细化，体现在事件分类的精细化、专项预案的精细化和分级负责的精细化。《北京市突发事件总体应急预案》(2010 年) 中将主要突发事件划分为自然灾害、事故灾难、公共卫生事件和社会安全事件 4 大类、23 分类、51 种，类别细致全面、分类科学合理，并针对重点频发事件制定了相应的专项预案（见表 5—2)。应急预案的规范化，体现在应对流程中预测和预警、应急处置与救援、恢复与重建、信息发布等行动的规范化操作。

应急预案通过强化实际操作的标准、规范体制的运行，具有较强的实用性。例如在“4·14”玉树地震中，民政部启动 4 级应急预案，救灾司赶赴青海开展救援。[①] 应急预案工作兼具全面性和前瞻性，实用性增强，使得突发事件应对标准化，在流程、操作等多方面达到了步调统一。

**表 5—2　　　　四大类突发事件应对的标准化流程**

| 针对性 | 标准阶段 | 具体措施 |
|---|---|---|
| 自然灾害 | 应急准备 | 资金准备；物资准备；通信和信息准备；救灾装备准备；人力资源准备；社会动员准备；宣传、培训和演习等。 |
| | 预警预报与信息管理 | 灾害预警预报；灾害信息共享；灾情信息管理等。 |
| | 应急响应 | 分级响应；信息发布等。 |
| | 灾后救助与恢复重建 | 灾后救助；恢复重建；奖励与责任等。 |
| 事故灾难 | 监测与预警 | 监控与信息报告；预警行动等。 |
| | 应急保障 | 通信与信息保障；应急支援与保障；技术储备与保障；宣传、培训和演练；监督检查等。 |
| | 应急处置 | 分级响应；指挥和协调；现场处置；医疗卫生救助；应急人员的安全防护；群众的安全防护；社会力量的动员与参与；现场检测与评估；信息发布等。 |
| | 恢复与重建 | 善后处置；保险；总结改进等。 |

① 参见《民政部启动 4 级应急预案　救灾司赶赴青海》，见 http://china.cnr.cn/gdgg/201004/t20100414_506281536.html。

续前表

| 针对性 | 标准阶段 | 具体措施 |
|---|---|---|
| 公共卫生事件 | 监测、预警与报告 | 监测；预警；报告。 |
| | 应急反应和终止 | 各主体作出相应应急措施；分级反应等。 |
| | 善后处理 | 后期评估；奖励；责任查处；抚恤和补助；征用物资、劳务的补偿等。 |
| 社会安全事件 | 预防与应急准备 | 社会安全事件应急预案体系；开展救援专项训练；保障系统等。 |
| | 监测与预警 | 社会安全事件信息系统；搜集和报送信息；信息研判；社会安全事件监测制度等。 |
| | 应急处置与救援 | 国务院采取应急处置措施；各级人民政府采取应急处置措施；公安机关采取应急处置措施；社会力量给予支持。 |
| | 恢复与重建 | 损失评估；事后恢复；经验总结；追究法律责任等。 |

注：根据相关资料整理（为不完全概括，存在一定的误差）。

### 5.2.2 应急管理的体制、机制与法制

应急管理的体制、机制与法制是公共安全危机状态下应急管理的科学化的保证。

1. 应急管理的体制

目前我国“统一领导，综合协调，分类管理，分级负责，属地管理为主”的中国特色的应急管理体制，在突发事件应对方面发挥出了显著的优势。

(1) 统一领导，综合协调。

党委领导下的首长负责制要求我国应急管理体制要在各级党委的统一领导下，实行行政领导负责制。国务院是全国应急管理的最高行政领导机构，统一领导各种突发事件的预防、应对和处置工作。2006年4月，国务院应急管理办公室成立，承担国务院应急管理的日常工作，履行值守应急、信息汇总和综合协调职能，发挥运转枢纽作用。统一领导、综合协调的原则，一是实现突发事件应对的科学决策，保障了决策的有力执行；二是实现应急管理的全面整合，通过组织整合、资源整合、信息整合和行动整合，使决策落实高效化；三是从战略高度推动应急管理体制的完善，提高政策制定的科学化水平。

中国特色的应急管理体制在巨灾应对中充分发挥了体制的优势，如“非典”期间成立的国务院防治非典型肺炎指挥部、汶川地震期间成立的国务院抗震救灾总指挥部、2008年雨雪冰冻灾害期间成立的国务院煤电油运和抢险抗灾应急指挥中心等，成效显著。

同时，突发事件的应对要求在国家层面实现良好的机构设置，使应急管理体制发挥应有的作用。国务院是突发公共事件应急管理工作的最高行政领导机构，在总理领导下，通过国务院常务会议和国家相关突发公共事件应急指挥机构，负责突发公共事件的应急管理工作；国务院办公厅设国务院应急管理办公室作为办事机构，履行值守应急、信息汇总和综合协调职责，发挥运转枢纽作用。在食品安全领域更加典型，2010年设国务院食品安

全委员会（时任副总理李克强担任主任），下设国务院食品安全办公室（时任国务院副秘书长张勇担任办公室主任），全面强化了食品安全工作。国家层面的机构创新，是中国特色应急管理体制得以发挥作用的组织保证。

（2）属地管理。

属地管理是我国公共事务管理的一个基本原则。属地管理，是指危机管理工作由事发地地方人民政府负主责，按行政区划划分各级党政机关的应急管理责任和权限，确立应急管理的机构，实行谁主管谁负责的原则，本辖区、本单位、本部门的主要负责人是突发事件应对的第一责任人。属地管理的原则确立了应急管理的责任、权限和各级管理范围，明确了突发事件应对的责任主体。

例如，《北京市突发事件总体应急预案》（2010 年）规定了坚持属地为主的原则，实行属地管理，专业处置。在党委的统一领导下，由地方政府统一指挥协调所辖地区的中央在京单位、企事业单位。建立市、区县两级突发事件应急指挥机构，形成市、区县两级管理，分级负责、分类指挥、综合协调、逐级提升的突发事件应对体系。在应急处置与救援过程中，较大、重大和特别重大突发事件发生后，市相关专项指挥部办公室、相关部门、有关单位和属地区县应急委、重点地区管委会要立即报告市应急办，并同时通报市委宣传部、相关部门，详细信息最迟不得晚于事件发生后两小时报送。再如，在物资保障方面，突发事件发生后，由属地公安部门和基层政府负责治安保障，立即在突发事件处置现场周围设立警戒区和警戒哨，做好现场控制、交通管制、疏散救助群众、维护公共秩序等工作。

（3）分类管理，分级负责。

分类管理是指按突发事件的类型确立不同的主管部门负责应对和处置工作。我国将突发事件分为自然灾害、事故灾难、公共卫生事件、社会安全事件四类。不同类别的突发事件具有不同的特征，基于不同的特征，应急管理的应对和处置有所区别（见表 5—3）。

**表 5—3　四类突发事件的特征**

| 序号 | 突发事件类型 | 特征 |
|---|---|---|
| 1 | 自然灾害 | 种类繁多；不可抗力；<br>破坏程度大；恢复难度大等。 |
| 2 | 事故灾难 | 事故灾难的环境较复杂；<br>事故灾难的救助难度较大；<br>事故灾难的救助专业性要求高等。 |
| 3 | 公共卫生事件 | 爆发性强，控制难度大；<br>影响面广，应对周期长；<br>诱因复杂，不确定性强等。 |
| 4 | 社会安全事件 | 人为谋划，影响恶劣；<br>缓慢积聚，急剧爆发；<br>带有复杂的社会矛盾因素；<br>处置不当极易导致恶性衍生灾害等。 |

在分类管理的基础上，将突发事件按照性质、严重程度、可控性和影响范围等因素分为Ⅰ级（特别重大）、Ⅱ级（重大）、Ⅲ级（较大）和Ⅳ级（一般）四级，分别明确每级事件的应急响应主体的级别，实行分级负责。在自然灾害救助的应急响应中，Ⅰ级（特别重大）响应由国家减灾委主任统一组织、领导；Ⅱ级（重大）响应由国家减灾委副主任（民政部部长）组织协调；Ⅲ级（较大）响应由国家减灾委秘书长组织协调；Ⅳ级（一般）响应由国家减灾委办公室组织协调。分类管理有助于把握突发事件的共性，掌握应急管理的规律和应对的重点，实现主管部门的专业应对；分级负责符合我国行政管理的特点，便于行政资源的灵活配置和有效利用。

2. 应急管理的机制

（1）运转高效，配合协调。

运转高效、配合协调一方面要求单个部门的突发事件应对快速、全面、准确地掌握信息，快速响应，科学决策；另一方面要求跨部门的突发事件应对在应急指挥机构的统一领导下，强化信息、资源的整合，加强部门联动配合，实现应急行动的协调一致。以国家安监总局的安全生产管理为例，安监总局将安全生产事故在当日以事故快报的形式公告，对特大事故公布调查处理结果；每周进行安全分析，总结安全生产的简要情况和主要特点。

（2）口径一致，规范对外宣传。

口径一致要求突发事件应对中的信息发布准确、客观、全面，实现对外宣传的规范化。我国突发事件的信息发布形式主要包括授权发布、散发新闻稿、组织报道、接受记者采访、举行新闻发布会等。随着突发事件新闻发言人制度的不断完善，新闻发言人将成为突发事件应对的重要成员参与到事件的一线处置应对中。[①] 规范化的突发事件信息发布，对应对社会恐慌、规范社会秩序、做好各项工作起到了积极的作用。

（3）保障有力，人财物多方保障。

保障有力强调突发事件的应急保障在人员、财力、物资、基本生活、医疗卫生、交通运输、治安维护、通信、科技等方面的有力支持。以人力保障为例，第一，重视应急救援的专业队伍的建设，充分发挥解放军和武警部队作为处置突发公共事件的骨干和突击力量的作用；第二，动员社会团体、企事业单位以及志愿者等各种社会力量参与应急救援工作；第三，增进国际间的交流与合作，一方面善于借助国外救援队伍的力量，另一方面我国的国际救援队伍积极投身开展国际救援活动。

应急管理机制不断优化，能够承担应急重任，使得突发事件应对专业化。在处置行动、对外宣传、应急保障等多方面趋于国际水准的专业化。

（4）管理流程标准化，规范管理措施。

标准化的突发事件应对不仅需要预案作为依据和支持，还需要标准化的流程。根据《中华人民共和国突发事件应对法》，我国突发事件应对的标准化流程主要分为预防与应急准备、监测与预警、应急处置与救援、事后恢复与重建四个主要阶段（见图5—1），在各类事件中，具体操作有所差异。

① 参见《发言人一定要实事求是》，见 http://theory.people.com.cn/GB/16916941.html。

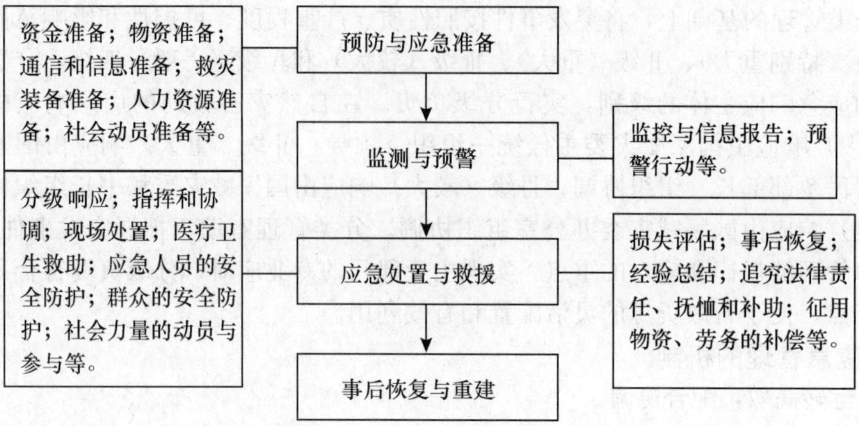


**图 5—1　应急管理流程**

3. 应急管理的法制

为了预防和减少突发事件的发生，控制、减轻和消除突发事件引起的严重社会危害，规范突发事件应对活动，保护人民生命财产安全，维护国家安全、公共安全、环境安全和社会秩序，需加强应急管理的法制建设，依法开展应急管理工作，全面推动突发事件应对向规范化、制度化和法制化发展。

（1）有法可依。

突发事件应对相关法律的制定，一方面规范了突发事件应对主体的权利义务关系，明确了法律责任，另一方面指导了突发事件应对部门的预防与应急准备、监测与预警、应急处置与救援、事后恢复与重建等活动。我国目前已经制定涉及突发事件应对的法律 35 件、行政法规 37 件、部门规章 55 件、有关文件 111 件①，突发事件应对法律体系基本形成。2007 年颁布实施的《中华人民共和国突发事件应对法》，是我国突发事件应对的基本法。各地根据《突发事件应对法》制定了地方性的实施办法，为突发事件应对具体工作的开展提供了更具操作性的规范和指导。

（2）有法必依。

在完善应急管理法律体系的基础上，应急管理法制工作强调法律的严格执行和落实。法律的规定是突发事件应对工作的硬性约束，对于违反法律规定、不履行法定职责的，实行行政问责制。党内条例、国务院部门规章等的实施，进一步保障了问责制的落实。《中国共产党纪律处分条例》规定了对“在灾害、事故面前未采取必要和可能的措施，贻误时机，使本可以避免或者减少的损失未能避免或者减少的”、“对突发事件、重大事故和其他重要情况瞒报、谎报、缓报、漏报的”相关责任者给予党内纪律处分。还配套了行之有效的严格监督考核，例如煤矿领导带班下井制度（国家安监总局 2010 年第 33 号令《煤矿领导带班下井及安全监督检查规定》）等制度都起到了积极的作用。

应急管理的法制工作逐步强化，使得突发事件的应对进一步制度化。

① 参见《国务院法制办负责人就突发事件应对法答记者问》，见 http://news.xinhuanet.com/legal/2007-10/30/content_6975959.htm。

### 5.2.3　重点领域的应急管理

“十二五”规划中指出，食品安全、药品安全和生产安全是公共安全体系建设的重点领域，应急管理在安全生产中的应用十分突出。

安全生产是政府和企业的头等大事，是实现人权的有力体现，安全生产事故是常见的事故灾难之一。安全生产事故是指生产经营单位在生产经营活动（包括与生产经营有关的活动）中突然发生的，伤害人身安全和健康，或者损坏设备设施，或者造成经济损失的，导致原生产经营活动（包括与生产经营活动有关的活动）暂时中止或永远终止的意外事件，如危险化学品事故、矿山事故等。为了避免或减少事故和灾害的损失，应付紧急情况，应居安思危，在紧急关头迅速作出反应。

1. 明确事故应对机构

全国安全生产事故应急救援组织体系由国务院安全生产委员会、国务院有关部门、地方各级人民政府安全生产事故灾难应急领导机构、综合协调指挥机构、专业协调指挥机构、应急支持保障部门、应急救援队伍和生产经营单位组成。

国家安全生产事故灾难应急领导机构为国务院安全生产委员会，综合协调指挥机构为国务院安全生产委员会办公室，国家安全生产应急救援指挥中心具体承担安全生产事故灾难应急管理工作，专业协调指挥机构为国务院有关部门管理的专业领域应急救援指挥机构。国务院安全生产委员会各成员单位按照职责履行本部门的安全生产事故灾难应急救援和保障方面的职责，负责制定、管理并实施有关应急预案。

地方各级人民政府的安全生产事故灾难应急机构由地方政府确定。

应急救援队伍主要包括消防部队、专业应急救援队伍、生产经营单位的应急救援队伍、社会力量、志愿者队伍及有关国际救援力量等。

现场应急救援指挥以属地为主，始发地省（区、市）人民政府成立现场应急救援指挥部。现场应急救援指挥部负责指挥所有参与应急救援的队伍和人员，及时向国务院报告事故灾难事态发展及救援情况，同时抄送国务院安全生产委员会办公室。涉及多个领域、跨省级行政区或影响特别重大的事故灾难，根据需要由国务院安全生产委员会或者国务院有关部门成立现场应急救援指挥部，负责应急救援协调指挥工作。

2. 制定事故应急预案

在国家统一的应急管理相关法律、法规、预案等的基础上，生产经营单位要对已初步认定的危险场所和部位进行重大事故危险源的评估，对所有被认定的重大危险源，要事前进行重大事故后果定量预测，对重大事故发生后的状态、人员伤亡情况、房屋及设备破坏和损失程度，以及由于物料的泄漏可能引起的爆炸、火灾、有害有毒物质扩散对生产经营单位及周边地区可能造成的危害程度进行预测，并依据预测制定预案。

制定应急预案，组织、培训抢险队伍和配备救助器材，以便在重大事故发生后，能及时按照预定方案进行救援，使应急救援行动做到迅速、准确、有效。要求建立快速的应急响应机制，能迅速准确地传递事故信息，迅速地召集所需要的应急力量和设备、物资等资源；迅速建立统一指挥与协调系统，开展救援活动。要求有相应的应急决策机制，能基于事故的规模、性质、特点、现场环境等信息，正确地预测事故的发展趋势，准确地对应急救援行动和战术进行决策。要求应急救援行动具有有效性，这很大程度上取决于应急准备的充分性与否，包括应急队伍的建设与训练，应急设备、物资的配备与维护，预案的制定与落实以及有效的外部增援机制等。

### 3. 安全生产应急管理标准流程与基本任务

安全生产应急管理的标准流程包括监测与预警、应急保障、应急处置、恢复与重建（见表 5—4）。

**表 5—4　　安全生产应急管理标准流程**

| 阶段 | 措施 | 具体任务概要 |
| --- | --- | --- |
| 监测与预警 | 监控与信息报告 | 对重大危险源监控，及时上报等 |
| | 预警行动 | 确定应对方案，预防事故发生等 |
| 应急保障 | 通信与信息保障 | 综合信息网络系统，信息报告系统等 |
| | 应急志愿与保障 | 救援装备、应急队伍、交通运输、医疗卫生、物资、资金、社会动员、应急避难场所等 |
| | 技术储备与保障 | 专家和机构，技术和装备等 |
| | 宣传、培训、演练 | 有效宣传、业务培训、联合演练 |
| | 监督检查 | 对全过程进行监督检查 |
| 应急处置 | 分级响应 | 分为特别重大、重大、较大、一般事故 |
| | 指挥和协调 | 全力调动相关资源，有效开展救援 |
| | 现场处置 | 现场紧急处置措施 |
| | 医疗卫生救助 | 紧急医疗救护和现场卫生处置 |
| | 应急人员安全防护 | 专业防护装备，安全防护措施 |
| | 群众安全防护 | 疏散、转移、安置，应急避难等 |
| | 社会力量动员 | 调动社会力量参与应急救援等 |
| | 现场检测与评估 | 查找事故原因，评估发展趋势等 |
| | 信息发布 | 事故灾难信息发布 |
| | 应急结束 | 应急救援队伍撤离 |
| 恢复与重建 | 善后处置 | 尽快恢复正常秩序 |
| | 保险 | 保险受理和保险赔偿 |
| | 总结改进 | 总结经验教训，完成总结报告 |

安全生产事故应急救援的基本任务主要包括四个方面：一是立即组织营救受害人员，组织撤离或者采取其他措施保护危害区域内的其他人员。抢救受害人员是应急救援的首要任务，在应急救援行动中，快速、有序、有效地实施现场急救与安全转送伤员是降低伤亡率、减少事故损失的关键。由于重大事故发生突然、扩散迅速、涉及范围广、危害大，应及时迅速撤离危险区或可能受到危害的区域。在撤离过程中，应积极组织群众开展自救和互救工作。二是迅速控制事态，并对事故造成的危害进行检测、监测，测定事故的危害区域、危害性质及危害程度。及时控制住造成事故的危险源是应急救援工作的重要任务，只有及时控制住危险源，防止事故的继续扩展，才能及时有效进行救援。特别对发生在城市或人口稠密地区的化学事故，应尽快组织工程抢险队与事故单位技术人员一起及时控制事故继续扩展。三是消除危害后果，做好现场恢复。针对事故对人体、动植物、土壤、空气等造成的现实危害和可能的危害，迅速采取封闭、隔离、洗消、监测等措施，防止对人的

继续危害和对环境的污染，及时清理废墟和恢复基本设施，将事故现场恢复至相对稳定的基本状态。四是查清事故原因，评估危害程度。事故发生后应及时调查事故发生的原因、事故性质以及责任，评估出事故的危害范围和危险程度，查明人员伤亡情况，做好事故调查。

## 5.3　正常状态的风险管理系统

公共安全体系不仅仅局限于危机状态下的应急管理，还需要对其他影响公共安全和社会秩序的因素进行防控，需要常态化的风险管理。正常状态的风险管理系统有其必然性，全球化、风险社会和非传统安全产生了很多公共危机，中国的社会转型既受全球化影响，又内生很多危机，内外因素叠加。正常状态的风险管理系统用于全面保障社会在正常运转时的公共安全，主要应用风险管理的理念和手段开展公共事务活动中的风险预防和安全保障，支撑常态时的公共安全体系。应对社会风险、保持社会稳定是社会管理的基本任务，风险管理系统是其有力的手段和支撑。

### 5.3.1　风险管理的特征

受主客观因素的影响，公共安全仅仅依靠危机状态下的应急管理系统是难以长期有效地保障社会安全和稳定的，需要常态的风险管理系统作为补充和支持。风险管理不同于单向性、技术性、客观性的应急管理，它具有以下四大特征：一是多元参与。将社会多元主体，尤其是不同利益相关者、不同的立场和观点纳入到风险治理的过程中来，统筹兼顾，才能获取公众认可，提高执行效果。二是开放透明。开放的风险治理与开放的政府和社会是一致的，保持高度的公开性和透明度能够稳定情绪、消除恐慌、赢得信任、达成共识，最大限度降低风险。三是责任明确。责任问题始终与风险相伴随。风险社会的运行越来越基于各方自身造成的风险的责任。风险治理要求尽可能清晰地明确风险责任，尽可能精细地划分风险责任，尽可能如实地追究风险责任。四是广泛合作。风险并非某个区域所独有的，而是全人类共同面对的。

1. 事后处置艰难，要求前馈的风险防控

在危机状态下，应对主体所获得的信息往往不全面、不精确，不足以支撑决策。主体的信息不对称问题可能直接导致决策的变动、口径的前后矛盾等一系列问题。因此，信息不对称确实在很大程度上客观影响着科学决策的水平。而与此同时，越是在紧急状态下，危机越是复杂，社会各界对于应急主体全面解决危机的需求和预期越高：一是对速度的要求，二是对效果的要求，并通过各种渠道向负责部门施压，这就容易产生危机“并发症”和“社会倒逼”的情况，媒体过于急切的关注和逼问打破了传统上“政府主导型”应急管理的习惯程序，也打乱了原先的节奏和部署。因此，“政府主导型”应急亟待强化。一方面要求运转高效，配合协调，口径一致；另一方面，还要求各部门熟悉社会各界的新要求，适应“社会倒逼”的压力。既要求严格按照预案有条不紊地应急，又需要部门和个体的本能反应全面科学化。

同时，在三重危机源的客观背景下，政府独揽式的危机管理，需要在政府主导下有效联合行业协会、媒体、舆论、专家、公众等多方主体，充分应用社会资源，优势互补，才能有效地应对“复合式危机”。

2. 风险成因交织，风险危害扩大化

社会管理相关的风险因素多种多样，其关联情况错综复杂。社会管理的风险成因，从风险所有权的视角可划分为三类：一是自然类风险，包括突发的、无法防治的自然灾害导致危机的风险，如地震、火山等；还包括了可防治的自然灾害导致危机的风险，主要由于人为不当因素引发，如规划或防御不当导致的损失。二是社会类风险，包括了社会客观因素导致危机的风险，主要由社会发展、结构转型等因素导致；还包括了社会主观因素导致危机的风险，主要由社会群体或个体的不当行为所致。三是政府类风险，包括了政府行为不当引发危机的风险，主要是由于处置不当、应对不力等“硬伤”导致危机的风险；还包括了政府相关因素的问题引发危机的风险，主要由官员的不当言行等“软伤”导致的形象危机。社会管理的主要风险在所有权方面不仅相互交织，还互为连带；既相互转换，也互为因果。

现代化、城市化、信息化的发展，致使社会的总体损失处于不断增大的趋势。从风险兑现和危机爆发的规律来看，危机的发生必然带来客观的破坏。突发事件等危机的爆发，必然带来不可抗的人员伤亡、财产损失、基础设施的破坏等客观破坏，甚至也必然包括了涉灾群众的心理负面影响。而近年来国际和国内的危机管理实践表明：经济和社会发展程度越低，则财产损失越低，但是人员损失却越大；经济和社会发展程度越高，则人员损失越小，但是财产损失却越大。总体上呈现出社会“损失守恒”的状况和人民群众“损失增大化”的趋势。这一方面给社会管理带来了严峻的挑战，危机管理任务重、难度大、时间紧；另一方面，也必然导致群众在突发状况下对社会状况的不满情绪，导致对政府产生不良印象。这两方面就表明人民群众对社会管理的满意度受着多方面不可抗的影响。

3. 风险运营复杂，风险管理需全面综合

社会管理的风险因素，其运营机理极为复杂。无论是风险兑现的机理，还是风险转移、风险共担的机理，都存在着运营复杂的特征。

政府风险运营的干扰项极多。政府的风险诱因可细分为五类：(1) 安全风险，包括了所有可能导致生命或财产损失的因素，既包括直接导致人员伤亡或财物损失的突发公共事件，还包括涉及安全问题的应急管理和紧急救援等。(2) 管理风险，是由政府的社会管理职能引发的、可能影响政府形象的因素总和，既包括政府在社会管理过程中的失误和问题，还包括社会对政府的失望、误解、质疑。(3) 服务风险，政府在提供公共服务过程中，由于供给不力、传递不畅、分配不均的现象导致的负面形象。(4) 官员风险，是指政府各部门、各级公务员在工作和生活中有悖公务员身份，有损政府名誉的风险。(5) 媒体风险，是指政府及其官员在日常行政或突发事件中的所言所行，经由媒体呈现出来，从而在公众印象中形成的政府形象，是政府、媒体、公众三者互动的结果。

社会风险运营的关联项极多：(1) 社会风险本身存在着长期积累、瞬间爆发、连锁反应的属性。社会维稳风险往往存在着长期积压和持续积聚的状况，但是一旦有导火索则容易瞬间引爆，而次生灾害源的广泛存在，又极易引发一系列的连锁反应，呈现出次生式、周期式、综合式的危机状况。(2) 在风险环境中，社会转型又带来了客观的社会管理问题，社会诱因也必然激发不稳定因素的活跃。(3) 风险传播时新型媒体的传播效应由于噪声大、渠道多、匿名性强，易导致群众行为的异常。(4) 社会面存在着导致"窗口效应"的风险。社会各界关注或进入公共政策流程的"社会面"，往往是社会舆情存在导向性倾斜的领域，存在着以偏概全的"窗口效应"。公众出于对弱势群体的关心和对自身连带风险的顾虑，很可能出现倾向性的意见，在一定程度上会对社会管理甚至司法领域施加不当的影响。

### 5.3.2　风险管理系统的科学规划

风险管理系统的科学规划要做到内外结合，对内做好内部控制，对外做好风险沟通。

1. 重视内部控制，加强系统风险防范

风险管理系统的系统风险主要指由系统各部门内部的失误、失效所导致的风险。防范系统风险，是风险管理系统科学、有效的重要保证和支持。

在构建风险管理系统之前，公共部门须先了解本身的优势、劣势与所具备的能力，以及执行风险管理的目标与策略。公共部门要在更广泛的机关目标与策略下执行风险管理，而无法达成的、特定活动或计划的目标应被视为风险的一种，且应加以管理，同时，政策与目标有助于关键因素的确定，这些因素可决定风险的程度是否可被接受，并列出风险对策的选择。

(1) 风险管理内部控制的主要任务。

构建风险管理系统，应该建立管理的目标、策略、范围和关键因素等。公共部门应该在详细考虑所有安全需求与所需的资源后，再执行相应的管理，以达到成本、利益与机会三者的平衡。

进行风险管理内部控制的过程主要包括以下六项任务：定义任务或计划，并制定其目标；界定任务和风险的时间范围及空间范围；开展任何必要的分析，明晰其范围、目标与所需的资源；明确所执行的风险管理活动的范围及内容；在执行风险管理时，明确各个部门所扮演的角色及所负的责任；明确风险管理任务与其他计划或系统内其他部门之间的关系。

(2) 风险管理内部控制的实现框架。

风险管理系统需设计一般意义上的路径设计、方法选择与效果评价为主要模块的内部控制实现框架，主要包括：以风险识别、风险分析、风险应对为核心环节，梳理影响因素，区别风险类型并划分风险级别、风险控制点，设计以风险控制点为基本单元的风险识别、分析、应对的实现路径；考量实现方法与实现路径的配置，梳理整合风险识别判断方法、风险程度测定方法、风险策略选择方法，构建风险控制方法体系；以风险控制有效性评价为目标，建立以控制目标评价、实现路径评价、应对效果评价为主线，以评价证据的收集、评价标准的测定为重点的风险实现效果评价框架。

2. 加强风险沟通，增强理性抉择能力

在风险社会，风险沟通是形成公众理性以应对风险恐惧感的重要渠道，是改变风险轨迹、防范风险兑现（危机爆发）的有效手段，也是实施风险治理的前提条件和基础环节。

风险沟通的基本目标，从本质上而言都是针对风险演变为危机的可能性和危害性来开展的，具体包括：疏导风险和改变风险的进程，观念调整和行为改变；危机预警和阻止风险的发生，通过发布风险警告，告知公众风险的情况，引导公众开展应对风险的行为，全面阻止风险兑现；危机防范和降低风险的危害，通过对风险的识别、分类、转移等工作，有效传递风险信息，达到提前防范危机的不良后果、全面降低风险危害的目的。

风险沟通以设定合理的目标、完善必要的基础、实施有效的治理策略为要务。风险沟通的有效治理，以设定战略目标为发展方向。风险沟通有效治理在当前以三项战略目标为重：

第一，从风险沟通的技巧完善，转变为提升应对风险的信心。传统的风险沟通往往把重点放在如何去改变公众对风险的看法上，侧重于心理维度的接受性和技术维度的有效性。但社会发展至今，信任在风险沟通中的作用越来越显著，风险沟通的目标也在随之升级，变得更强调重建公众对于风险管理的信心，突出全面提升个体和社会应对风险的信心。为此，管理方面的风险沟通，不仅需要完善沟通技巧，以帮助公众克服恐惧感，更要努力通过增加风险沟通的透明度，完善风险沟通制度，鼓励公众的参与等多方面工作，来增进信任和提高公信力，提升个体和社会应对风险的信心。

第二，从风险沟通自上而下的社会动员，转变为通过规范流程提供风险沟通平台。传统的风险沟通假设公众将会被动地对风险信息作出反应，并且没有积极性投入到风险沟通中去，因而设计自上而下的社会动员式风险沟通。此模式在当前需要逐步引入多元化的开放沟通模式，才能适应当今时代的风险现状。因此，需要通过不断调整沟通导向、规范沟通流程，来提供更加多元和开放的风险沟通平台。在有效管理的前提下，设定风险沟通的公众导向，全面提升沟通效果，达到风险沟通的目的。

第三，从风险识别与信息传递的过程导向，转变为提高公众监督的结果导向。风险沟通的治理成效可以通过两种导向来衡量：一种是风险识别、风险信息传递的过程导向，关注风险沟通的心理和技术维度；另一种是风险沟通实际效果的结果导向，关注风险沟通在应对风险方面的实际效果。传统上，各方面往往关注过程导向，强调通过完善风险沟通的过程来提升成效。随着社会的发展，当过程导向单纯地追求心理学实验和信息传递技术时，管理视角的结果导向越来越受到各界的关注。个体和社会方面提高风险沟通效果的重要因素，正是不断提高公众监督风险沟通实际效果的程度。当公众监督沟通效果的程度不断提升时，一方面将全面推动过程导向的整改和实际效果，另一方面也将全面提升个体和社会方面的公信力，这样既在风险沟通的工作方面提高了沟通的实际效果，又在风险沟通的基础建设方面巩固了沟通的信任前提。

综上，风险沟通的有效治理需在个体、社会、管理多方面共同努力下，各负其责，通过心理、技术、管理多维度的综合作用，形成有效风险沟通的环境和机制，在社会发展的环境中坚定信心，共克时艰，与时俱进。

## 5.3.3　风险管理系统的有效执行

风险管理系统的有效执行指的是在科学规划的基础上，主要依赖于风险管理的方法、技术和机制。

1. 风险管理的主要环节与方法

风险管理是一种综合处置风险的方法，它是对各种控制风险的措施与手段加以综合利用的科学管理方法。

(1) 风险识别。

风险识别是风险管理过程中最基础的环节，其他环节都必须以风险识别的结果为基础。所谓风险识别，是指通过风险调查和分析，查找出风险管理对象的风险源，并且找出风险因素向风险事故转化的条件。

风险识别方法包括核对风险清单、利用SWOT方法、运用经验及纪录来判断、流程表、脑力激荡、系统分析、顺序分析，以及系统工程技术。

风险识别的方法不外乎是经验导向式的小组研讨、应用结构化的议题或模式来引导分析及两者的结合。经验导向式的做法应用较多，适用于有顾问协助引导评估与分析的计划。核对风险清单或使用查核表逐项讨论，虽然议题容易聚焦，分析过程简单，无须太多经验，但分析质量完全取决于所使用的查核表，易挂一漏万，所以一般也仅作为参考工具。结合结构化的议题或模式理论上可避免查核表的挂一漏万和分析上的局限，也可避免单纯的脑力激荡法的不易聚焦和缺乏效率。

SWOT（强项、弱项、机会、威胁）分析，风险来自于内在的弱项与外在的威胁，及新机会可能带来的新风险。

流程表、系统分析系针对工作程序中的每一步骤或系统中的每一单元的所有可能错误、异常或故障进行分析，较适用于业务执行单位使用，而政务或政策执行单位不适用。

(2) 风险评估。

风险评估包括风险估计和风险评价。

风险估计是在识别风险的基础上对风险进行定性、定量分析和描述，是对风险认识的深化，为风险管理决策和实施各项风险管理技术奠定基础。

风险评价是对系统存在的危险性进行定性和定量分析，得出系统发生危险的可能性及其风险程度，以寻求最低的事故率、最小的损失和最优的效益。

定性分析是使用文字的形式或是叙述性的分类等级来描述可能产生影响的程度以及影响发生的概率。可以适当地调整分类等级来配合周围的环境，不同的风险也可使用不同的叙述文字（见表5—5、表5—6）。

**表5—5　　定性影响的叙述分类表**

| 程度 | 形象 | 人员 | 民众抗争 | 目标达成 |
|---|---|---|---|---|
| 非常严重 | 国际新闻媒体报道负面新闻 | 人员死亡 | 大规模游行抗争 | 经费/时间大量增加 |
| 严重 | 北京新闻媒体报道负面新闻 | 人员重伤 | 至中央机关抗争 | 经费/时间中度增加 |
| 轻微 | 区域新闻媒体报道负面新闻 | 人员轻伤 | 多位民众电话抱怨 | 经费/时间轻微增加 |

表 5—6 定性概率的叙述分类表

| 可能性分类 | 详细的描述 |
|---|---|
| 几乎确定 | 在大部分情况下会发生 |
| 可能 | 在有些情况下会发生 |
| 几乎不可能 | 只会在特殊的情况下发生 |

风险评估定量分析常用方法主要包括层次分析法、模糊综合评价法、人工神经网络、因子分析法等。层次分析法，又称 AHP 法，是把复杂问题分解为若干层次，在最低层次通过两两对比得出各因素的权重，通过由低到高的层层分析计算，最后计算出各方案对总目标的权数，为决策者提供决策依据。层次分析法的基本步骤包括根据评价目标和评价准则，建立递阶层次结构模型；构造比较判断矩阵；确定风险要素的相对重要度，并进行一致性检验；计算风险的综合重要程度；根据评价准则和综合重要度进行决策等。

（3）风险处理。

风险处理指的是找出处理风险的可能方法，评估这些方法，准备风险对策计划，以及执行这些风险对策。

一般而言，常用的对策如下：

1）避免风险。

采取不涉入可能产生风险的活动（在可行的情况下）。因为多数人都会有躲避风险的倾向（通常是受组织内部文化的影响），所以有时候风险规避的采用不一定是适当的：风险规避会造成不愿面对风险或淡化处理风险所需要的成本；无法成功地处理风险；依赖其他团体来做重要的决定；延后组织必须要做的决定或在不考虑利益的情况下，选择这个处理方法。

2）减小发生的概率。

具体方式包括稽查及遵守计划；正式检讨必要条件、明细事项、设计、工程和操作；检查和过程控制；投资和有价证券的管理；计划管理；预防管理；质量保证、管理和标准化；研究和开发、技术开发；规划良好的训练及其他计划；监督；测试；机关的配置；技术控制等。

3）减少影响与冲击。

具体方式包括处理偶发事故的计划；合约的要求；业务持续计划；工程和结构的强化；控制贪污计划；减少暴露于风险来源的机会；有价证券的计划；价格政策及控制；活动和资源的分离或重置；公众关系；基于道义责任所付的款项等。

4）风险转嫁。

风险转嫁指的是由其他的团体来承担或分担部分的风险，其方法包括契约的签订、参加保险和调整机关的结构（如合伙经营和共同投资）。将风险转嫁给其他团体，或将风险转移至其他地方，可以降低风险对机关的影响，但无法减少风险对整个社会所产生的所有影响。当风险全部或部分被转移时，将风险转嫁给其他团体的机关会遭遇新的风险，因为接受风险的团体可能无法有效地处理该风险。

5）保有风险。

在组织降低及转嫁部分风险后，会保有剩余的风险。机关应该制定计划来管理这些风险发生时的影响，包括处理风险时所需的经费来源与支应方式。当机关无法适时地发现并转嫁风险，或应用其他的风险对策时，机关会因此而必须保有风险。

风险管理主体必须根据风险的降低程度以及所创造的额外利益及机会来评估风险对策。可以同时考虑数个风险对策，可个别应用之或将它们组合起来。在选择最适当的对策时，应考虑执行对策所需的成本以及从中可获得的利益两者之间的平衡。一般来说，管理风险所需的成本要等于从中可获得的利益。

(4) 风险监控。

风险监控是对风险规划、识别、评估、处理等全过程的监视和控制，以保证风险管理达到预期的目标。其目的是考察各种风险控制行动产生的实际效果，确定风险减少的程度，监视残留风险的变化情况，进而考虑是否需要调整风险管理计划以及是否启动相应的应急措施。

风险管理在实施过程中会遇到难以预料的情况，风险识别、风险评估即使非常仔细、全面，也不能把所有的风险都认识清楚，因此必须反复多次进行检测，并监控实际情况的变化，随时制定和实施防范措施。

风险监控的具体内容包括：风险应对措施是否按计划在实施；风险应对措施是否如预期的那样有效，收到显著的效果，或者是否需要制定新的应对方案；对组织未来所处的环境的预期分析，以及对组织整体目标实现可能性的预期分析是否仍然成立；风险的发生情况与预期的状态相比是否发生了变化，并对风险的发展变化作出分析判断；识别到的风险哪些已经发生，哪些正在发生，哪些有可能在之后发生；是否出现了新的风险因素和新的风险事件，其发展变化趋势如何等。①

### 2. 风险管理系统的机制建设

风险管埋系统机制的建立健全，至少包括风险评价机制、风险预警机制、风险决策机制、风险补偿机制等一系列重大相关体制与机制的建设。

(1) 风险评价机制。

风险评价是对系统存在的危险性进行定性和定量分析，得出系统发生危险的可能性及其风险程度的评价，以寻求最低的事故率、最小的损失和最优的效益。建立风险评价机制，认真识别风险，衡量风险程度，采取有效的风险控制措施是风险管理决策的前提条件。风险评价是否全面、深刻，会直接影响风险管理的决策质量，进而影响整个风险管理的最终结果。

风险评价是一个主观的过程，但由于风险存在的普遍性，风险评价又必须遵循一个客观的原则。风险评价的重要作用就是针对社会中广泛存在的各种风险给予一个客观的风险等级评价，并将评价的信息反馈给预警和决策机制，为风险的预防及决策提供正确的信息。

风险评价是一项系统性、连续性、制度性的工作。风险识别的过程不能局限于某个部门、某个环节、某个具体风险，而要分析风险主体作为完整系统所具有的全部风险；任何一项风险总是处在不断变化发展之中，风险的质和量、表现形式以及引致条件都在改变，

① 参见范道津、陈伟珂：《风险管理理论与工具》，143页，天津，天津大学出版社，2010。

新的风险还会不断出现，因此风险评价必须保持一定的连续性，否则就很难发现风险主体所面临的潜在风险；风险管理作为一项科学的管理活动要形成一定的组织、建立一定的制度。

（2）风险预警机制。

在风险的预防管理中，对风险可能发生的环境进行分析和预先判断非常重要，尽可能把风险消灭、化解在萌芽状态。因此，必须建立风险预警系统，对风险潜伏期的信息、情报及时处理，作出科学的预测和判断，分析风险发生的概率以及风险发生后可能造成的负面影响，防患于未然。

风险预警系统通常是由一组或几组社会风险指标所组成的指标体系，先设定不同指标在预警系统中所占的份额比重，并按照一定的计算方法，把测量出的各个指标值加以计算，设定一个预警线，当超过警戒线时预警系统就会发出警报，提示社会采取措施预防风险的发生。

社会管理的信息获取和传递是信息管理的基础，也是预警的基础，要科学处理好信息的收集、筛选、加工、传递、存储、应用等各环节的工作。

1）建立一体化的情报信息网络，即全面整合情报信息资源，实现情报信息网多层级、无缝衔接。通过建立“纵向到底、横向到边”的多级情报信息网络，有效避免情报信息收集主体因条块分割造成各自为政的局面，实现情报信息的无缝衔接，形成全区统筹调度、部门归口报送、资源共享利用的一体化情报信息体系。

2）建立高效率的动态运行机制，即全面加强机制建设，实现情报信息传递的动态运行。情报信息在各级层面的及时传递是实现情报信息价值的必然要求。按照这一要求，情报信息网络通过建立培训机制全面提升情报人员素质；通过设置考核奖惩、责任追究等机制，全面落实各项工作责任制；通过完善报送机制，明确情报信息的收集类别、保密级别、传递时限、报送方式等内容。通过完善工作机制实现情报信息传递工作的规范化、制度化，为情报信息高效、动态运行提供坚实保障。

其中，社会管理公共安全的风险分级与科学研判又是信息应用和准确预警的关键。可以以目前国际上通用的风险等级评定标准为基础，全面结合实际情况，对以往事件的情报预警进行规律性研究，建立一套符合地区特点的情报信息风险指标评定标准。该标准通过设定发生可能性程度、境内外舆论关注程度、人员规模程度、发生地点敏感程度、引发关联性程度、动因影响程度、防控难度等一系列量化指标，将风险程度定为三个级别，即：第一级为“不能容忍应立即处置的风险”、第二级为“可容忍需重视的风险”、第三级为“应关注需跟踪的风险”。

（3）风险决策机制。

风险决策是治理的核心，任何一项管理活动都离不开决策，决策的科学性和合理性将直接影响风险管理活动的效果。风险管理决策的内容丰富，并且贯穿于风险管理活动的始终。政府是风险决策的主体，在风险决策过程中发挥着不可替代的主导作用。

首先，优化风险决策组织机构。风险决策组织机构的优化，主要包括如下几个方面的内容：建设危机决策制定、协调的核心机制，风险决策权应适度集中于综合性的核心协调机构，以提高决策系统的整合能力，同时，还要注意提高决策系统的协调和沟通能力。针对风险决策中的协调机制问题，为地方政府的行为选择创造一定的参与约束和激励相容约束机制，即提供相应的正向激励。

其次，提高政府风险决策的科学化和民主化。风险发生时，信息往往是滞后的，甚至是虚假的和混乱的，政府必须充分利用各种渠道，尽可能在第一时间收集到所需的信息，并对收集到的信息进行系统的分析，保证决策信息的真实性和广泛性，为合理决策做准备。政府的风险决策系统必须要有多方面的专家参与，综合利用多方面的知识。风险与公众的利益直接相关，因此在政府的决策过程中也必须将公众的意见及时吸纳进来，在政府、专家和公众之间展开积极的对话和交流，充分利用一切积极因素为政府的风险决策作贡献。

最后，优化决策环境，提高决策系统的创新能力。信息技术发展冲击着政府固有的运作方式、组织架构和办事流程，风险决策者须对这一挑战和机遇作出积极的回应。决策者应充分利用各级学校、培训机构、研究实验室、电信网络、图书馆、数据库等设施系统，完善决策研究的科学方法，将危机决策引入专门化、规模化的轨道。可建设风险事件“案例库”，举一反三，吸取教训，最大限度地杜绝和减少类似风险的发生，并结合实际，为风险决策和管理提供新的方法。

（4）风险补偿机制。

风险补偿机制在风险管理体系中的作用主要是为遭受风险冲击的个人或群体提供一定的帮助，使其能够重新恢复正常的社会生活，是风险之后的社会重建与社会整合。

风险补偿机制主要由社会保障、商业保险、社会救助三部分构成，其中社会保障是政府主导的社会风险补偿机制，范围较广，主要是向社会成员提供医疗、养老、失业等基本保障，维持社会成员的基本社会生活，包括社会保险、社会福利、社会救济、社会优抚等。社会保障在协调各方面的利益关系，缩小社会成员收入分配的差别，调适人们的心理，避免社会震荡，保证各项改革事业深入发展，促进经济稳定、持续发展等方面，发挥了巨大的作用，是社会风险补偿系统中的主导力量。但是，我国目前的社会保障还存在资金不足、内容有限、覆盖面狭窄、服务保障薄弱等问题，这些问题在很大程度上限制了社会保障体系对社会风险的化解能力。作为补充，商业保险机制、社会救助机制有利于社会风险得到更有效、更全面的防范和化解。目前，我国在养老、医疗等社会保障领域已经引入了商业保险机制。

社会救助体系主要是为遭受突发风险的受害者提供物质上的帮助，如遭受自然灾害、战争等，帮助他们战胜困难。社会救助可分为政府救助和民间救助。政府救助实际上属于社会保障的内容，而民间救助不属于社会保障的内容。中华慈善总会、中国残疾人联合会、中国青少年基金会、中国红十字会等是我国影响最为广泛的民间救助组织。除了这些主要的民间救助组织外，一些家庭、社区、民间之间的友爱互助行为和组织也是民间救助的形式。目前我国的社会救助体系发展不充分，没能充分调动民间的社会力量，发挥社会救助对风险补偿机制的辅助作用。为了有效地应对风险社会的挑战，必须从战略高度上运用创新思维来构建社会风险管理体系，构建我国应对挑战的社会风险补偿新机制，即在强化现行社会保障体系的同时，拓展社会保障空间，强调构建政府的社会保障机制，市场的商业保险机制，社会的家庭、社区、民间救助机制三位一体的、系统的、动态调整和迅速反馈的社会风险补偿机制，研究相应的社会风险管理的政策思路，强调政府、企业、家庭、个人及社区组织的社会风险管理责任，提高风险防范和应对能力，维护社会稳定。

### 5.3.4 重点领域的风险管理

食品安全、药品安全问题备受社会关注，对此领域的管理也是公共安全体系建设的重要任务。风险管理在食品安全、药品安全领域的应用较为类似，在此以药品安全的风险管理为例论述。

1. 药品安全风险

药品具有两重性、专属性，其安全风险具有不可避免性和不可预料性。药品安全风险是指人们使用药品后发生任何机体损害的可能性与损害发生的严重程度的结合。

药品具有两重性，其本身具有治疗疾病的作用，同时也可能导致某些不良反应，如毒性反应、后遗反应、继发性反应、特异反应、耐受与成瘾性、致畸作用等。药品使用不当也会危害人体健康，可见，药品本身就存在不可避免的风险。

药品具有专属性，每种药品都有自己特定的功能主治和特定的使用对象，同类药品之间也不可以任意替代。同时，患者取得药品的途径，不论是处方药还是非处方药，都必须有医疗机构或零售药店的参与，滥用药物很可能造成中毒或导致药源性疾病。因此，国家对于药品包装、标签、使用说明书的要求都以法律形式作出明确规定，用于指导人们安全用药。

2. 药品安全风险产生原因

药品安全风险产生原因主要包括药品缺陷、药品不良反应、药品质量不合格、不合理用药、发展风险等。

药品缺陷是指药品存在危及人体健康和生命安全的不合理危险，并且不为消费者所知，包括设计缺陷、制造缺陷和说明缺陷等。

药品不良反应是指合格药品在正常用法用量下出现的与用药目的无关的或者意外的有害反应，可能是由于药品本身，也可能是因为机体方面的原因等。

药品质量不合格是指药品质量（包括内在质量、外观质量和包装标志）不符合《药品管理法》、《中华人民共和国药典》以及其他有关法律、法规规定，包括假药和劣药。

不合理用药主要是指用药失误和药品滥用等，往往发生在医师和患者之间。实际中相当部分的药品不良事件报告都是不合理用药导致的。

发展风险是指制造销售药品时的科学知识和技术水平尚不能预见也不能改善的不合理危险等。

3. 药品安全风险管理

药品安全风险问题备受社会关注，药品监督管理部门必须做好药品安全的相关工作，有效制定政策和实施管理。

(1) 建立安全监督管理网络。

建立药品风险安全监督管理网络是有效防控药品安全风险的重要手段，而依法治药是建立安全监督管理网络的基本前提。

药品监督管理部门可充分利用各种宣传工具，加强药品相关法律法规知识、用药知识以及整顿药品市场信息的动态宣传，促进药品监督法律法规的深入贯彻实施，使从业人员和广大群众知法、守法，增强维权意识和法律意识，进一步推动药品监督管理各种工作措施的开展。

药品监督管理部门可加强药品生产企业的日常监管，完善监管责任制，切实保证药品生产质量。对重点监管品种和部分高风险产品生产企业的质量体系进行全面检查。执法人员应经常深入企业进行跟踪检查，进行现场监督，增加监督频次，检查相关生产记录、流程等。加强药品流通环节的监督管理，严厉打击假冒伪劣药品，取缔非法药品集贸市场，依法查处和取缔各种形式的无证经营、挂靠经营等，彻底解决超范围经营的问题，同时对辖区内的药品生产、经营企业所生产和经营的品种实行网络管理、动态管理。加强药品使用环节监督管理，将药品的使用风险降低到最低程度，尤其对于潜在风险大而临床又需要的药品，政府部门不能采取回避的态度，而是要在能掌控的范围内，尽其所能为患者提供急需的药品。针对不同级别医疗机构要进行分级管理，不断提高医疗机构人员素质，严格制度，规范行为。

（2）规范药品使用说明。

药品使用说明有误、不详尽等问题都有可能造成药品安全问题，因此，药品使用说明的规范和完善至关重要。

药品说明应该充分、详尽，对安全风险的存在及程度进行说明。在使用中要能被消费者合理预期并为理性谨慎者所注意，在内容上可为平均使用者所理解。对药品的警告强度必须能引起注意，尤其是对国家管制的药品，如麻醉药品、精神药品、戒毒药品以及可能导致严重不良反应的药品。同时，国家药品监督管理部门应加大对药品包装的检验力度，严格包装的质量管理，使生产企业不仅重视药品内在质量，而且也重视药品包装使用的材料、容器，以及包装和标签的规范使用，以确保临床用药安全。①

（3）完善新药审批制度。

新品上市前的新药审批十分重要，是防控药品安全风险的重要环节。

新药的审批阶段主要考察要上市的药品在临床试验阶段已经定量化的风险，评价药品生产企业对药品潜在风险的识别、判断的程度，然后综合考虑各种因素，衡量药品利益与风险，最后决定是否允许药品上市。药品监督管理部门的关键职责是要对药品生产企业报送的材料进行彻底的审查，一是要检验企业在临床试验阶段后所提供的关于药品疗效的数据是否是真实可靠的，避免夸大其词和缺少调查根据的内容；二是检验药品按照提议的说明书使用时是否安全，即利益要大于风险；三是要确保药品生产企业在药品研发阶段能够识别药品潜在风险，并且在药品说明书中予以充分记录。

（4）建立预警与应急处理机制。

药品安全建立事前预警机制的目的是指导同类药物的合理使用，最大程度降低风险。

建立药品安全风险事故预警，一要确保安全，强化责任，包括监管部门对质量安全

① 参见王明珠：《我国药品安全风险管理研究》，沈阳药科大学博士学位论文，2008。

的职能责任以及涉药行业对质量安全的主体责任；二要科学预测，完善应急处置方案；三要密切关注境外国家药品安全监管信息，可以引为参考，采取一定措施对相应药物以及类似药物加以密切监控。

药品安全的应急处理要规范药品监督管理部门、监测机构和报告单位的应对措施，科学开展对事故的报告、评价和控制工作，及时有效地控制风险事故的蔓延，保障公众健康，避免不必要的恐慌，维护社会稳定，同时也维护企业和医疗机构的合法权益。

## 本章小结

本章对公共安全体系进行了界定，分析了公共安全体系的三大特征：宏观性、系统性和时代性，以及我国公共安全体系面临的形势，并进一步分析了危机状态的应急管理系统和正常状态的风险管理系统，其中危机状态的应急管理应完善“一案三制”体系，正常状态的风险管理系统则需要把握风险管理的特征，加强科学规划，确保有效执行。本章还对生产安全的危机管理、药品安全的风险管理进行了细致和系统的研究。

## 关键术语

公共安全体系　危机状态　应急管理　正常状态　风险管理　安全生产　药品安全

## 复习参考题

1. 公共安全体系的内涵与特征是什么？
2. 我国公共安全面临的形势是怎样的？
3. 如何进一步完善危机状态的应急管理？
4. 如何加强安全生产？
5. 如何进一步完善正常状态的风险管理？
6. 如何加强和维护药品安全？

## 案例分析

### 公共场所安全问题及其应对

当前公共场所的安全问题备受关注，如街头的人质挟持案、路面坍塌事故、公交车爆炸等突发公共事件频繁发生，公众的人身和财产安全受到威胁。当前，公共场所的安全保卫和应急处置在某些方面、在一定程度上不断暴露出反应滞后、力量不足等问题。公共场所危机自身具有的特征，要求提高相应的应急处置能力，同时，需要常态的风险管理作为有力支持。

## (一) 突发性与现场处置

公共场所安全问题的突发性特征，要求开展强有力的现场快速处置。

突发性是指危机事件突然爆发、猝不及防，在较短时间内对社会公众的人身和财产造成损害。例如，2011 年 4 月湖南长沙一名男子驾驶水泥罐车连撞 13 辆汽车致 5 死 6 伤①；5 月黑龙江哈尔滨市公交车站爆炸造成多辆公交车被引燃②等。为最大限度地减少危机造成的损害，现场必须在有限的时间内快速反应、及时处置。

强有力的现场快速处置能力提出了三方面的要求：第一，有效的处置力量。应对常见的公共场所公共安全事件要求具备涵盖武装力量、消防力量、搜救力量等多方面专业化队伍以及技能完备的常备力量。第二，反应迅速。在危机爆发的第一时间能快速出击，有效阻止危害的扩散，减少危机影响的范围。第三，训练有素。通过定期的实战演练，夯实处置力量的实战技能，在危机状态下实现预案的有效应用，同时最大限度地发挥处置流程的标准化操作等制度保障的作用。

## (二) 连锁反应与科学决策

公共场所安全问题的连锁反应特征，要求科学决策。

连锁反应，是指危机具有蔓延效应，即单一危机的爆发往往引发连带性危机、次生和复合性危机。如自然灾害、安全事故等单一或局部的突发事件因处置不当或不及时，可能造成城市中交通、通信、供电、供水等城市生命线的瘫痪，导致危机的蔓延和危害的扩大。减少危机的损害，须迅速切断连锁反应，其根本途径在于提高应急处置决策的科学性。

应急处置的科学决策提出了三方面的要求：第一，及时、有效地控制事态的发展，防止危机蔓延和事态的扩大，主动减少危害带来的损害。第二，全面、妥善地处置危机和善后事宜，一方面需要持续关注危机现场当事人以及相关利益群体的行为和心理，避免人为次生危机的发生；另一方面需要预防危机的发展可能对城市生命线带来的损害，提前做好防范措施。第三，主动规避引发连锁反应的风险，应急处置时需特别注意避免因处置不当导致危机的蔓延和多中心型危机的爆发，实现“零再次伤害”。

## (三) 复杂性与统筹协调

公共场所安全问题的综合复杂性特征，要求统筹协调。

由于危机事件的偶然性、变异性以及公共场所的环境、人员不确定性因素，公共场所危机具有综合复杂性特征。这意味着危机的应对难以由单一部门完全实现，需要多个职能部门联动应对，因此危机应对时统筹协调的能力至关重要。

统筹协调能力提出了三方面的要求：第一，有效的指挥体系。迅速确定总指挥和各组指挥人员，组成应急指挥机构，通过有力的指挥指导各处置主体间的协作。第二，良好的联动机制。各部门、各组之间的有效协作，要求各处置主体实现运转高效、配合协调、口径一致、保障有力。第三，必要的自由裁量权和因地制宜的权限。应急状态下，指挥机构

① 参见《长沙男子驾水泥罐车撞 13 车致 5 死》，见 http://www.hn.xinhuanet.com/photo/2011-04/26/content_22616577.htm。

② 参见《哈尔滨公交车站爆炸》，见 http://news.xinhuanet.com/video/2011-05/26/c_121462260.htm。

可通过授权的方式赋予下级部门采取保障、控制等必要应急措施的权限，从而保证处置效果的及时和高效。

**（四）群死群伤与保护弱势群体**

公共场所安全问题易导致群死群伤的特征，要求保护弱势群体。

公共场所具有人口高度密集、人员流动量大等特征，公共场所危机一旦爆发，容易造成群死群伤的后果。此外，老弱病残等弱势群体由于自身生理条件、自救意识和能力、社会经验等方面的客观不足更易成为受害者，同时也是社会舆论关注的焦点。例如，2011年3月湖北省武汉市某幼儿园的一辆校车事故造成4死3伤①；2011年4月甘肃平凉食用散装牛奶中毒造成3名婴幼儿死亡②等。

公共场所处置危机时，为保护弱势群体提出了三方面的要求：第一，制度规范，在法律法规、政策、社会规则等方面突出对弱势群体的保护，规范全社会的行为。第二，技术和物资的保障，公共场所需要配置必要的辅助设施和设备，如指示牌、盲道、盲人红绿灯、轮椅等。第三，必要的人员保障，公共场所内需要安排必要的人员为残疾人、病人、孕妇等群体提供咨询、指引、辅助和救助等服务。

**（五）规律性与危机预警**

公共场所安全问题的规律性特征，要求危机预警。

公共场所安全问题具有类似性，因而具有一定程度上的规律性。通过对国外事例、历年危机事例、同季节多发危机、同领域和行业共性危机等研究，归纳出公共场所危机的相应规律，进而总结经验教训，发布风险指南，提前排查风险源等，这是危机预警工作的主要内容。

危机预警的能力提出了三方面的要求：第一，总结规律。一方面针对本行业、本区域的公共安全高危频发事件，总结出危机爆发的规律性特征；另一方面，根据危机的规律提前做好相应的准备工作，强调事前防范。第二，定期排查。对公共场所范围内可能存在的潜在风险进行定期排查，通过应急工作的关口前移，有针对性地开展危机防范。第三，有效发布，精确预警。针对合适的群体，通过合适的途径，发布合适的、精确的预警信息，切实起到阻止危机发生、降低灾害损失、切断连锁反应的功效。

**（六）损失严重性与基础设置建设**

公共场所安全问题损失严重的特征，要求持续开展基础设置建设，并开展实战应用。

公共场所人员密集、人流量大，一旦危机爆发，极易造成严重的生命和财产损失。因此公共场所须具备必要的基础设施和设备，同时确保设施和设备的可用性和适用性。

公共场所处置危机时，对安全保卫的基础设置建设提出了三方面的要求：第一，配置应对常见危机的设施设备，人员密集的公共场所应配备灭火器、救生锤、防爆罐、防毒面具等专业防护设备，减少危机造成的损害。第二，避难场所规划应合理，指示牌设置应醒目，同时避难场所内还应配备急救包、应急照明灯等必要的应急物资。第三，实战应用，

① 参见《武汉一幼儿园校车发生车祸已造成4死3伤》，见 http://news.xinhuanet.com/edu/2011-03/17/c_121196577.htm。

② 参见《甘肃平凉发生疑似食物中毒已造成3名婴幼儿死亡》，见 http://news.xinhuanet.com/2011-04/08/c_121281234.htm。

一方面必要物资需要定期检查维修或更新，确保可用，另一方面公众应知晓基础设置的分布、掌握物资的使用方法，真正实现应急状态下有备无患。

**（七）窗口效应与形象塑造**

公共场所安全问题具有窗口效应特征，要求塑造良好形象。

医院、学校、道路交通等公共场所扮演着“窗口”的角色，与公众生活紧密相关，通常是公众关注的热点，因此相关部门在上述公共场所的危机处置时需要注意塑造和维护良好的形象。良好形象的塑造和维护既是危机应对的一部分，也是公众对危机处置成效的反馈。当前，现场直播、全民式记者等，对公共场所处置危机提出了极高的要求，稍有闪失，往往会导致轩然大波。

公共场所处置危机时，对维持良好形象提出了三方面的要求：第一，依法处置。一方面应急处置的行动应依据法律法规的规定和部门的职能权限，严格按照流程规范开展；另一方面，必要的补偿、理赔等应执行法律法规的相关规定，形成公开、统一、明确的标准。第二，服务意识。公共场所危机现场的大部分处置工作属于服务性质，在为危机受害者及相关利益群体提供服务时应按照服务的方式开展，避免引起处置主体与当事人的冲突。第三，国际准则。参考国际要求，处置时应全面做好保护隐私、维护遇难者尊严等多方面的细节工作，避免引起当事人和社会的反感。

**（八）开放性与自救互救**

公共场所安全问题的开放性特征，要求公众具备自救互救的能力。

公共场所安全问题的开放性突出表现为：危机发生地点往往是开放的空间，周边人流量和围观者往往聚集，在专业救助人员到达现场之前，公众的自救和互救，能够有效减少危机的损害。国内外许多灾难证明了第一反应人的自救互救对减轻突发事件造成的损害有重要作用。而我国目前的状况堪忧，某项调查显示，我国46%的民众对突发事件的应急措施了解十分有限，26.6%的人甚至根本不了解。①

公共场所处置危机时，对公众的自救互救能力提出了三方面的要求：第一，知识。公众应了解紧急避险、现场救护等常识，同时针对常见伤害懂得基本的自救互救知识。第二，技能。一方面，公众可通过学校教育、单位组织、自费培训等多种方式掌握基本的自救互救技能；另一方面，公众也可参照国家职业资格认证的要求，如民政部救灾司的灾害信息员资格认证、民政部紧急救援促进中心的紧急救助员资格认证、红十字会的救护员资格认证等，通过获得认证的方式检验技能的掌握程度。第三，理念和文化。一方面，传播和推广“奉献、友爱、互助、进步”的志愿服务精神；另一方面，互助要根据当前的法律环境和自身的救助能力，注意规避不必要的法律风险和安全风险；通过学校教育、行业引导、舆论提倡等多种途径，逐步塑造志愿服务的精神、营造自救互救的社会氛围。

综上，新形势下，公共场所安全凸显出一系列新问题和新特征，对公共场所安全保卫提出了新挑战。当前公共场所安全保卫工作需持续完善，危机的应急处置能力有待提升，风险管理体系有待完善。

（注：根据相关新闻报道和资料整理）

---

① 参见王卫东：《国外防灾教育“聚焦”普通民众》，载《城市与减灾》，2008（2）。

问题：

1. 公共场所安全问题具有哪些特征？应如何看待？

2. 公共场所和公共空间的安全管理应当注意哪些问题？

## 台湾外销日本芒果农药残留风险管理案例

日本为台湾农产品出口第一大国，1994 年出口值为 12.9 亿美元。出口品项以“水产品”为最大宗，金额为 9.68 亿美元，占总贸易值的 75%；其次为“农特产品”，出口值 1.82 亿美元，占 14%。日本于 1995 年 5 月 29 日实施农药残留检验新制，将所有农化药纳入管理，对台湾输日之农产品造成重大影响，若未能审慎因应，将影响形象，甚至对产业造成严重伤害。

日本农药残留检验新制对旧制作了许多调整，包括：

(1) 订有农药残留标准之种类大幅增加。由 283 种大幅增加至 799 种，另有不得检出残留者为 15 种。

(2) 未订农药标准者从严处理。旧制中对于未订残留基准之药物若经检出残留，因法令未规范，其产品仍可流通。新制则对 799 种以外之药物，残留统一基准定为 0.01ppm，且不合格品禁止流通。

(3) 检查方式。分监测检查与命令检查。监测检查中一般检查抽检比率为 3%～5%，可先行通关，费用由政府负责。一般检查发现农药残留未符规定时，即提高抽检比率至 50%。当监测检查发现二次违规时将执行命令检查，100%逐批检查，检验合格才可通关，且费用由业者自负。

1. 风险辨识与评估

(1) 一旦被列入命令检查，需检验合格后方可通关，需 10～14 天，这将对生鲜农产品造成极大影响，进而造成农民极大损失。

(2) 世界各国对食品安全卫生日益重视，输日农产品若遭检出农药残留不符规定，除影响台湾形象外，亦将对岛内农产品价格造成冲击，进而影响产业发展。

(3) 台湾小农体制尚未建构外销供应链，业者对新制度因应能力有限，极易触法。

经风险评估其发生之可能性为“中度”—“高度”，但发生后的影响程度为“非常严重”。

2. 风险处理与控制

为因应日本实施农药新制，“农委会”自 1995 年 3 月 17 日成立因应小组，在 5 月 29 日新制实施前，每两周召开一次会议，以检讨用药规范，建立芒果外销登录管理制度及分项分区办理农民及外销业者倡导讲习会。“农粮署”等机关及各区农业改良场等单位就病虫害防治、农药管理及安全用药等项目合计办理 114 场倡导讲习会。5 月 29 日新制实施后，每月召开一次会议，以掌握输日农产品通关情形，以检讨改进为主。

有关建立输日芒果安全与质量管理体系方面包括：

制定《芒果、木瓜、荔枝出口日本同意文件核发注意事项》，经“国贸局”于 1995 年 6 月 20 日公告，该等产品出口日本需检附同意文件才可输出。

加强产销作业安全用药管理之监测。

果品贴条形码以进行追踪。

用药记录查核与检验。

3. 危机处理

唯因本案系首次执行，于1995年6月20日至8月1日间仍有11家出口业者之15件输日芒果遭日本检出Cyfluthrin（赛扶宁）与Cypermethrin（赛灭宁）不符日本农药残留新制规定。于6月下旬获通告不合格案件后，“农委会”即通过驻日代表处与日本政府就台港输日芒果实行之管理制度充分沟通，争取以“厂商别”为命令检查之实施对象。对遭检出违反标准之出口业者，停止核发出口同意文件3个月，并依据条形码追溯逐一查访违规供果园，取消其输日芒果供果资格。另规定“赛扶宁”、“赛灭宁”两项药剂不得使用于输日芒果。

4. 检讨与改进建议

与日方积极洽商，争取解除命令检查。

派员赴日分别就农药管理、农药检验方法与技术进行交流研讨。

针对易被日方检出农药残留之蔬果产品，研订查核机制，加强抽验，提早控管。

加强倡导，提高产销班、集货团体、出口商之危机意识及风险管理认知。

辅导爱文芒果等高价农产品供果园推动生产履历制度。

（注：根据相关新闻报道和资料整理）

**问题：**

1. 台湾外销日本芒果农药残留风险管理过程是怎样的？
2. 台湾外销日本芒果农药残留风险管理对大陆食品安全管理有哪些启示？

# 第6章 社会秩序体系

社会管理工作的关键是社会秩序。没有一定的社会秩序作为管理的基础，任何管理效率和效益都不可能实现。所谓社会秩序是社会正常而有规律的活动状态，是保证社会生活正常进行的必要条件，是有序与无序的统一，是社会稳定或动态平衡的状态。其主要表现在三个方面：一是社会结构相对稳定，也就是说社会成员之间的社会关系基本确定，每个人都被纳入一定的体系之中，具有相对确定的社会地位；二是社会规范能够得到正常的遵守和维护；三是社会的冲突和无序能够被控制在一定范围之内。任何社会不可能对所有人的所有活动进行规范，否则就失去了社会的内在自发活力和动力。社会内部的矛盾、冲突和失序总是会存在或出现的，关键是能够对其进行有效控制。

社会秩序是动态调整的，该体系的建立健全实质上也是在适应变动社会的过程中建构与时俱进的现代社会管理模式。因此，要牢固树立社会管理工作中的社会秩序意识，同时要不断适应社会发展要求，构建新型社会秩序，保持社会改革的有序发展。

## 6.1 社会秩序的界定

### 6.1.1 社会秩序的含义

“秩序”一词在我国自古沿用至今[①]，主要包括两层意思：一是次序，指人或事物之

① 在古汉语中，“秩”表示“常规、次序”，最早出现在《诗经·小雅》“宾之初筵，左右秩秩”之中；“序”也表示“次序”，东汉经学家郑玄曾说，“序，第次其先后大小”。可见，“次序”是“秩序”一词最基本的含义。在现代汉语中，《现代新华词典》将其解释为“有条理，不混乱的情况”；《辞海》将其解释为人或事物所在的位置，含有整齐守规则之意，可见，秩序还有“规则”之意。

间的一种有条不紊的状态；二是规则，指一系列行为准则的集合。秩序按照其属性可划分为自然秩序和社会秩序。自然秩序由自然规律所支配，如宇宙规律、物理定律等；社会秩序由社会规则所构建和维系，是人们在长期社会交往过程中形成的相对稳定的关系模式、结构和状态，如经济秩序、文化秩序等。

社会秩序包括社会规则和社会状态两层含义。社会规则是人们在社会生活中必须遵守的宪法、法律等制度性行为规则与道德、习俗、惯例、宗教等非制度性行为规则的总和，是维系社会秩序的核心，也是社会秩序的基本内容。社会规则是与一定的社会生产力发展水平和社会生产方式相适应的。社会有序协调和动态平衡的状态是社会秩序所要达到的目标，社会主义和谐社会是社会秩序的理想状态。另外，社会主体是社会秩序的首要因素，通常包括个人、群体和组织，它们既是社会秩序建构和维护的主体，也是社会秩序的作用对象。值得注意的是，在当前的信息化社会，社会主体活动于现实社会和虚拟社会两个空间内，因此社会秩序的研究范畴除了现实社会秩序外，还应包括虚拟社会秩序。

社会秩序作为社会生活中常见的一种现象，是众多学科关注和研究的重要对象。但是，基于学科性质、研究目的、研究视角和侧重点不同，各学科对社会秩序的界定也不尽相同，其研究角度大体包括以下五种：要素角度、结构角度、结构功能角度、冲突角度和状态角度。

第一，要素角度。要素角度认为社会秩序是由许多要素组成的整体，其中各个要素都对社会秩序的维持和发展起着一定作用。与其他角度相比，要素角度更侧重从微观角度研究组成社会结构的具体要素的作用，认为个人或人的本性对维护社会秩序起着重要作用。其中，霍布斯强调人性与理智对于社会秩序的重要性，他认为人们为了维护自身利益而建立社会契约，形成社会秩序。库利从人的本性和社会总体两个方面考察社会秩序。他创造了“镜中我”概念，认为应该通过考虑个人如何存在于群体中以及群体如何存在于个人中，来强调个人与社会的有机联系。弗朗西斯·福山也强调人性对社会秩序的重要影响，但认为应该从宗教、文化、社会资本、价值观等方面来综合研究社会秩序，强调社会秩序的“大分裂”和“大重建”对资本主义社会发展的重要作用。

第二，结构角度。结构角度是研究社会秩序的一种最基本的角度，认为社会秩序是由社会结构内生的，社会结构对社会秩序具有决定意义。合理的社会结构是社会秩序存在的前提和基础，否则社会就会处于矛盾和冲突状态。因此结构角度的研究者往往试图从纷繁复杂的社会表面探寻深层次的社会结构。其中，柏拉图的理想国就是建立在社会平等基础上的、有秩序的理想社会。亚里士多德亲历了城邦的解体，他认为社会是一个有分化的结构整体，其最小单位是由分工所形成的行使不同社会职能的职业阶层所组成的“集团”，而不是个人，并强调这些集团在结合成社会整体的同时，仍不失其独立性。只要社会能维持这种稳定的结构，就能拥有秩序。孟德斯鸠在《论法的精神》一书中认为，社会秩序是社会结构的内生物，并将其视为法律制定的依据。

第三，结构功能角度。结构功能角度是研究社会秩序最常见的角度。结构功能角度是在结构角度基础上发展起来的，除了把社会看成是一个由多部分组成的有机整体，更强调各组成部分之间的相互协调和动态平衡，注重从“结构—功能”角度来展开对社会秩序的研究，并认为社会秩序是社会整体结构功能协调的结果。

第四，冲突角度。冲突角度主要是针对结构功能角度对社会现实的冲突性强调不足而提出的，其研究者认为社会秩序冲突角度的理论根源是冲突理论，因而冲突角度反对结构功能角度对社会系统均衡的假设和过分强调维持社会秩序的机制，认为社会本身具有冲突机制，社会冲突能改变原有社会系统的结构，引起社会系统的重建，形成新的社会秩序，如此循环往复。

第五，状态角度。状态角度认为社会秩序作为社会系统有序运行的一个基本范畴，是指事物的一种状态，一种各要素间相互联系的、有规则的状态。一些学者提出，社会秩序是一种平衡与和谐的状态，有狭义和广义之分。狭义的社会秩序是指具体的某种社会活动的有规则状态，广义的社会秩序是指社会共同体内部各个方面相对平衡、稳定与和谐的发展状况。①

综上所述，社会秩序理论基本上是遵循“要素—结构—状态”的框架构建起来的，其中结构功能角度和冲突角度也属于结构角度，它们都是从社会结构对社会秩序所起的作用角度来研究的，只是侧重点有所不同。结构功能角度侧重社会结构内部的一致性，而冲突角度侧重社会结构内部的冲突性。要素角度涉及社会秩序的主体，结构角度论述社会秩序的内容，状态角度反映社会秩序的目的。

在社会管理的研究视角下，本书采用广义的社会概念，包括政治、经济、文化、社会（狭义）等各个方面。因此，本书将社会秩序界定为：社会秩序是指在一定社会发展阶段内，个人、群体或组织在一系列制度化或非制度化的社会规则影响下相互联系、相互作用所形成的一种有序协调和动态平衡的社会状态。

### 6.1.2 社会秩序的特征

1. 社会秩序具有稳定性和变动性

一个国家的社会秩序在一定社会发展阶段内具有相对稳定性，但又处于不断的调整和变革中。规则、秩序是生产方式的固定形式，相对地摆脱单纯偶然性和任意性。② 社会秩序是由社会生产力发展水平决定的，在一定社会发展阶段内，生产力发展水平是稳定的，而在不同时间、不同地域内，生产力发展水平又存在差异，因此，社会秩序又是在不断变动的。

2. 社会秩序具有自发性和建构性

从社会行为主体在社会秩序中所起的作用角度来认识，社会秩序具有自发性和建构性两种属性。自发性社会秩序理论的主要代表人物哈耶克认为，社会秩序“既不是设计的结果，也不是发明的结果，而是产生于诸多并未明确意识到其所作所为会有如此结果的人的

① 参见孙尚扬：《宗教社会学》，119页，北京，北京大学出版社，2003。

② 参见《马克思恩格斯全集》，中文1版，第25卷，894页，北京，人民出版社，1974。

各自行动”[①]。这是一种介于本能和理性之间所形成的社会秩序。而主张建构性社会秩序的唯理主义认为任何社会秩序都是经过审慎思考而设计的产物，是一种理性秩序。弗兰西斯·福山则从实用主义立场出发，努力寻求自发性社会秩序和建构性社会秩序之间的功能耦合。从马克思主义辩证唯物主义角度分析，自发性和建构性只是社会秩序内在属性的两面，而不是非此即彼的对立关系。我们应尊重社会秩序自发生成的规律，也应发挥主观能动性对社会秩序进行理性的引导。

3. 社会秩序具有冲突性和一致性

社会秩序同时具有冲突性和一致性，是二者的统一。结构功能角度强调社会结构之间的一致性，认为社会结构间的关系会因为彼此的共同需要而加强，所以社会能够处于一种均衡状态中。而冲突角度强调社会结构之间的冲突性，认为社会结构是不平等的，社会结构间的冲突会导致现有秩序的变迁和重构，从而形成新的社会秩序。事实证明，一致和冲突是社会结构两种常见的现象，共存于一切社会秩序中。问题不在于作出取舍，而是要把二者统一起来看待。在整体结构一致的社会秩序中，要看到部分间的冲突，对其进行整合，避免冲突引发的无序和动荡；在整体结构不一致的社会秩序中，要重视部分间的一致性，促使其他部分向其靠拢，增强凝聚力，避免混乱。

### 6.1.3　社会秩序的类型

区分社会秩序的类型，有助于我们更好地理解社会秩序体系的构成。依据不同的分类标准，社会秩序的类型多种多样，社会秩序体系的内涵也很丰富。

根据地域范围，社会秩序可以分为区域秩序、国家秩序与世界秩序。区域秩序是指民族国家中某一区域范围内的秩序。国家秩序是指某一特定民族国家范围内的社会整体秩序，又称国内秩序。世界秩序是世界范围内的秩序，又称国际秩序、全球秩序。

根据社会发展阶段，社会秩序可以分为原始社会的社会秩序、奴隶社会的社会秩序、封建社会的社会秩序、资本主义社会的社会秩序和社会主义社会的社会秩序。原始社会里，社会秩序是通过自发形成的风俗习惯，被全体成员自愿维护的；在原始社会以后的阶级社会里，社会秩序则主要凭借国家权力，通过强制手段得以维护。而在一个社会内部，社会秩序又可以分为政治、经济、文化、教育、卫生、医疗、交通、就业、婚姻、宗教、环境等与社会生活密切相关的各个领域的秩序。

根据社会的表现形态，社会秩序可以分为现实社会的秩序和虚拟社会的秩序。现实社会的秩序包括政治、经济、科教文卫、交通、就业、婚姻、宗教、环境等方面的多种秩序。虚拟社会的秩序主要指网络秩序。随着通信传播技术的发展，互联网等虚拟平台成为人们活动的重要载体，虚拟社会的失序日益严重，并威胁到实体社会的稳定。

根据社会秩序的建构路径，社会秩序可以分为自发秩序与人为秩序。自发秩序的建构路径是自下而上的，即追求自身目的的个人以自发自愿的方式，服从共同承认的规范、规

① ［英］哈耶克：《自由秩序原理》，58～59 页，北京，三联书店，1997。

则，通过不断自我调适，形成秩序。[①] 人为秩序的建构路径是自上而下的，即社会权威主体通过命令—服从的等级关系，依靠强制力形成社会秩序。实际上，现实中的社会秩序不可能只是单一的形成路径，必然是两者交融的。

此外，还可以将社会秩序分为等级秩序与平等秩序、单极秩序与多极秩序等。

尽管本书对社会秩序做了以上几种类型的划分，但这仅仅是出于论述和理解的需要，并不表明各个类型之间真的存在着很明显的分界线。事实上，社会秩序作为一个完整而复杂的系统是多种因素共同复合作用而形成的，上述各类型秩序之间往往是一种你中有我、我中有你的错综复杂的网络状兼容关系。对社会秩序类型的划分，既要注意到它们之间的差异，更要特别关注它们之间的联系，注重整体和部分的关系，从而形成对社会秩序深刻而全面的认识。

### 6.1.4 社会秩序的作用

良好的社会秩序是和谐社会的基础。社会管理，实际上就是理顺人与人之间的关系，包括社区关系、社会组织的关系以及群体之间的关系。它是以维系社会秩序为核心，通过政府主导、多方参与，为人类社会生存和发展创造既有秩序又有活力的基础运行条件和社会环境，从而促进社会和谐的一种活动。从这个角度来看，社会管理首先要解决的是社会秩序问题。一个社会一定要有秩序，没有秩序人们就感觉不安全，生活质量就要打折扣。但一个社会如果只讲秩序不讲活力，就会失去发展动力，也就谈不上创新。所以，我们说的社会管理，就是一方面通过社会管理来实现社会秩序的维护，另一方面又要通过秩序和制度的完善，让社会充满活力，推动社会的发展。

维护社会秩序是社会管理的核心。社会管理是当前促进社会顺利转型、维持社会秩序稳定的重要手段和举措。“加强和创新社会管理，根本目的是维护社会秩序。”社会管理，是指以社会秩序为核心，通过政府主导、多方参与，规范社会行为、协调社会关系、促进社会认同、秉持社会公正、解决社会问题、化解社会矛盾、维护社会治安、应对社会风险，为人类社会生存和发展创造既有秩序又有活力的基础运行条件和社会环境，促进社会和谐的活动。[②] 很显然，维护社会秩序是社会管理的核心内涵，是人类从事一切活动的基础条件，对于转型阶段的中国社会来说，这一核心要义尤为重要和深刻。

社会秩序体系是社会良性运行的保障。一方面，社会整体与构成体系之间相互影响，维护社会秩序的作用与社会管理的作用是一致的，包括规范社会行为、调节社会矛盾、应对社会风险、保持社会稳定、促进社会公正等，从而促进社会和谐、保障人民安居乐业，为党和国家的事业发展营造良好环境。另一方面，社会构成体系之间彼此联系，维护社会秩序对于公共安全体系、和谐保障体系以及公共服务体系的建设具有巨大的推动作用，它们都具有整合、控制、分配和协调的一般性社会功能。

---

① 参见［德］柯武刚、史漫飞：《制度经济学》，197页，北京，商务印书馆，2000。

② 参见马凯：《努力加强和创新社会管理》，载《国家行政学院学报》，2010（5）。

▶阅读材料

## 我国传统社会秩序的形成与发展

社会秩序伴随着原始人类社会诞生之时便开始形成，表现为一种依血缘关系而形成的自然秩序。随着社会的进步、生产力的提升，社会秩序的发展逐渐与自然秩序相分离，形成了人类社会的独特现象，并深刻地融入到人们的日常生活中。

我国的社会秩序发展经历了奴隶礼制、封建礼制两个时期，最终形成了现在的社会秩序。奴隶社会的礼制是当时社会秩序的写照，这个时期的社会秩序由简单的血缘关系发展成风俗礼数，人与人之间的关系礼法被逐渐统一、固定，从而形成礼制，用以维护当时的社会秩序。奴隶社会伊始，夏礼、殷礼未形成完备的体系，奴隶社会中最庞大、最严整、最文明的礼制当数周礼。到了先秦时期，针对礼制的讨论又萌生了诸多思想，最具代表的应属道、法、儒三家。老子提出“无为而治”；孔子主张施行仁政，以德治国；韩非子提出“法、术、势”的统治方略。这三者都是对当时社会礼崩乐坏的混乱秩序所提出的救市之道，也是对奴隶社会礼制的反思和补充。

秦一统天下后，以三礼为基础的封建礼制逐步形成，发展到汉朝时期初步成型。汉初，叔孙通奉汉高祖之命，吸纳了秦礼及古时礼制的精髓，重新恢复了社会秩序的稳定。汉惠帝时，又订立宗庙仪法和宗庙乐，以及天子衣服之制等诸仪法，体现在《傍章》一书中。汉武帝“罢黜百家，独尊儒术”，改正朔，易服色，封泰山，祭百神，将《仪礼》列为五经之一，劝学兴礼，严格规定了宫殿省禁之礼和朝觐聘享之礼，确立了汉朝自己的礼乐制度。昭宣时期，礼乐活动也十分频繁，到了西汉后期，宗庙祭祀活动十分频繁。东汉章帝建初四年，提出了三纲六纪：“‘三纲’者何谓也？谓君臣、父子、夫妇也。‘六纪’者，谓诸父、兄弟、族人、诸舅、师长、朋友也。故君为臣纲、父为子纲、夫为妻纲。”将五常之道概括为：明三纲，正六纪，要做到“诸舅有义，族人有序，昆弟有亲，师长有尊，朋友有旧”。这便是此后各朝代处理人伦关系的“三纲五常”礼俗规范。

汉礼按照其规定的秩序内容可以分为君臣之礼、家庭之礼以及社交之礼。君臣之礼主要是指规定君主和官吏之间活动的规范。以朝仪为代表，统治者以至高无上的权力地位，规定了面圣时每个人的位次、举动、辞令，使得朝堂之上尊卑有序，秩序井然。家庭之礼主要是规定家庭成员之间的责任与义务，包括父子、兄弟、夫妻以及宗族，简单理解就是要求父慈子孝、兄友弟恭、夫义妻顺以及宗族之间和睦互助。社交之礼则涉及师生、官吏、老幼以及朋友之间的关系。以师生关系为例，汉礼制度要求老师关怀爱护学生，尊重学生的发展前途，而学生则须尊敬老师，体现在拜师、敬师、报师三方面。总体而言，汉代的礼制是将社会中各个角色的义务和责任通过王权、伦理的方式加以明确，让每个人能够在特定的环境下找到对应的身份，进而找到此刻此地的行为规范，避免社会秩序陷入混乱。

中国古代社会是一个治道循环的社会，治道思想随着统治者的变更而发生着变化，并形成某一个历史阶段内的主流社会规则。然而，在专制皇权对社会绝对控制的环境下，汉代形成的“三纲五常”始终是社会公认的规则，持续影响着后续封建王朝的礼仪制度。因此，我国古代社会秩序的维系，基本上建立在以“纲常”为核心的礼仪制度之上。

## 6.2 现实社会的秩序

本书从关注我国社会实践出发，根据人们所竞争的社会资源的不同类型，把现实社会的秩序分为政治秩序、经济秩序、文化秩序和治安秩序。

政治秩序是指行为主体在竞争权力资源的过程中形成的有序状态。政治秩序直接关系到国家的长治久安，政治体制改革也是当前社会管理创新的重点，所以政治秩序在社会秩序体系中具有举足轻重的地位。经济秩序是指行为主体在竞争经济资源的过程中形成的有序状态。文化秩序是指行为主体在竞争文化资源的过程中形成的有序状态。我国坚持物质文明和精神文明建设“两手抓，两手都要硬”的指导方针，所以经济秩序和文化秩序必然是社会秩序体系中的重要内容。治安秩序是指行为主体在竞争社会资源和地位的过程中形成的有序状态。医疗卫生、交通、就业、婚姻、宗教、环境等与个体生活紧密相关的秩序实际上属于治安秩序范畴。从《治安管理处罚法》中看出，“治安”其实就是对公共秩序的维护，基本上能够囊括除政治、经济、文化以外的其他秩序。

政治、经济、文化和治安秩序之间具有紧密的联系，共同构成一个统一的有机整体。经济秩序是基础，政治秩序是前提，文化秩序是纽带，治安秩序是屏障。政治秩序涉及国家制度和法律，具有稳定性，在和平时期一般不会出现严重的失序现象。在本章中着重介绍经济秩序、文化秩序和治安秩序。

### 6.2.1 经济秩序

经济活动是人类最基本的活动，它不仅是维持人类生存的生产方式，也是人类基本的活动方式和主要的生活方式。人只有在解决生存问题的基础上才能谋求发展，才能主动参与政治活动和文化活动。社会管理需要对维持人类基本生存状况的经济秩序进行调节，从而保证整个社会秩序的根基牢固稳定。

1. 经济秩序的界定

经济秩序是指通过法律、经济伦理和行政手段建立起来的经济发展的基本规则，主要包括市场经济秩序和金融秩序等。

首先，经济秩序是由相关法律制度规定和保护，并通过一定行政手段加以贯彻维护，最终由所有经济参与者共同认可并遵守而形成的一种社会秩序，因此它是法律、经济伦理以及行政手段共同限制参与者行为而形成的秩序。同时，经济秩序是为了发展经济而形成的秩序，在这种秩序之下，个人的经济行为都会受到社会的制约，从而形成公平合理、自由竞争的外部环境，使得公共利益达到最大化，经济发展达到最大化。最后，经济秩序的本质是一种社会成员公认的基本规则，在此规则下任何经济行为都会受到来自市场、政府及社会三方面的监督，从而将各种经济行为控制在一定范围之内，达到社会成员的协作与共赢，保证经济秩序的动态平衡。

要建立良好的经济秩序，还需要有必要的外部条件和经济环境，包括掌握资源对经济发展的约束程度，国家经济发展所处的国际环境及对外开放到何种程度最为有利。因此，作为经济核心的市场经济以及金融秩序成为构建良好经济秩序的核心。

市场经济秩序有广义与狭义之分。广义的市场经济秩序是指在国家宏观调控的基础上，由除政府、国有企业等公共部门之外的市场部门提供的商品和服务通过供需平衡关系达到资源最优配置的状态。狭义的市场经济秩序是指商品和服务通过公正合理、自由平等、合作共赢的经济关系体系的调节，从而规范商品交易主体之间的行为，降低市场总体交易费用，达到最佳利益组合的状态。

金融秩序是指在有关融资方面的法律调整、规范之下形成的法律秩序，既包括有形物质财富的安全稳定的运作以及合法有序的流动，又包含信用、信心、信誉、信任这些非物质要素，涵盖了股票发行交易秩序、债券发行交易秩序、基金发行交易秩序、保险管理秩序、信贷秩序、民间借贷秩序等，其主要对象是民间资本。现阶段，金融秩序的维护主要依靠政府部门的规制行为，即通过特定机构实施的金融监管。金融监管的内容包括对金融机构的经营范围的限制、金融参与者的交易行为的监督、金融市场的价格的稳定等。

2. 我国经济秩序的现状

当前，在我国建设社会主义市场经济的转型期，维护经济秩序的核心就是构建市场经济秩序。一方面，市场经济的核心是充分自由的商品交易，因此市场经济秩序的核心内容就是构建公正合理、自由平等、合作共赢的经济关系，并维持这样的经济状态。另一方面，市场经济秩序的最终目标是实现市场总体交易费用的降低以及最佳利益组合的形成，进而达到经济稳定有序发展，因此它是影响经济发展和社会稳定的重要因素，反映出一个国家国民经济运行质量、社会经济管理水平和法制建设的程度。

改革开放以来，在坚持社会主义基本制度的前提下，我国主动逐步调整和变革了一些阻碍生产力发展的管理体制，不仅在思想上突破了传统社会主义经济理论的局限，创建了中国特色社会主义市场经济理论，而且在实践中逐步建立起社会主义市场经济体制。打破了公有制一统天下的局面，逐步建立起公有制为主体、多种所有制共同发展的混合型所有制模式，全方位、多层次、多方面地解放和促进了生产力的发展；彻底改变了单纯依靠统一的指令性计划来配置资源和调节经济活动的方式，建立起以计划和市场两种手段来共同协调资源配置和调节经济活动的综合作用方式，把宏观的计划调节与微观的市场运行有机地结合起来，充分发挥了价值规律的作用；积极调整了优先发展重工业、忽视农业和第三产业的产业结构，初步实现了第一、二、三产业结构的协调发展，有力地促进了经济的增长和维护了社会的稳定。

当然，经济生活的市场化，并不意味着经济活动完全由市场来调节，国家则完全退居二线，仅仅充当市场“守夜人”的角色。事实上，当代中国经济生活的市场化，是以政府的宏观调控为基础的。在经济生活市场化的过程中，政府并没有彻底放弃对经济活动的调控作用，而是在注重充分发挥市场微观调节作用的前提下，积极采取法律、政策等多种宏观经济调控手段，以克服市场的自发性、盲目性、滞后性等缺点，保证经济活动的正常运行。在充分尊重价值规律和发挥市场作用的基础上，对经济活动进行强有力的宏观调控，这是当代中国能够有效应对历次经济（金融）危机冲击的重要手段，也是经济能够快速平稳发展的一条根本经验。

3. 维护经济秩序的路径

维护市场经济秩序的路径选择应进行多维度的考虑，既要在制度建设层面下工夫，加强非正式制度的建设，又要着眼于管理方式、管理主体、管理环节、管理手段等多方面管理层面的创新。

首先，加大非正式制度建设与创新。文化、习俗、意识形态的作用是根深蒂固的，它们虽不同于法律规章，但作为一种制度的存在，同样对整个市场经济秩序有着巨大的作用与影响。因此，研究社会管理中维护市场经济秩序的创新，应加大对非正式制度的重视程度，结合当前文化和政治倾向，不断推动非正式制度的建设与创新，从软的方面为维护市场经济秩序提供更为有效的途径。具体可从三个方面进行建设：一要树立观念。应在全社会中树立起市场机制运行所需要的契约、守信、守法等观念，从内部来规范人们日常的经济行为。二要强化道德约束。道德规范建设实际上是形成全社会共同遵守的道德观和价值观，对整顿和规范市场经济秩序起到根本的推动作用。三要构建新型文化。在非正式制度变迁中要推进市场经济文化的建设，打破与传统计划经济相适应的旧文化，扩大并加强市场经济的思想文化意识的教育与宣传。

其次，创新经济调节制度、机制。社会管理强调的是整个社会中的有效资源通过整合、优化、协作等方式以提高管理效率的过程。对于市场经济而言，其参与主体是多元化的，因此，维护市场经济秩序治理机制的创新，应基于管理方式、管理主体、管理环节及管理手段等不同视角：第一，创新管理方式。实施官办分开，加大民间组织建设，可以有效地提升市场经济秩序管理服务效率，有效地避免和杜绝官员寻租行为。第二，丰富管理主体，实现管理主体多元化。由于市场上存在多个利益主体，冲突和矛盾不可避免，传统上单一的政府机构监管已经无法适应当前市场发展的需要，必须构筑符合当前市场需要的监管组织体系和机制。第三，转变管理环节，由“事后补救”向“源头治理”转变。应努力把工作重心从治标转向治本、从事后救急转向关口前移。第四，改善管理手段，实施多重手段相结合的综合管理方法。应努力实现从重行政手段、轻法律道德向法律规范、经济调节、道德约束、心理疏导和舆论引导等多种手段综合运用转变。①

① 参见黄小军：《努力提高社会管理科学化水平》，载《社会主义论坛》，2011（6）。

阅读材料

## 市场经济秩序的践行——反垄断和 WTO

市场经济秩序是世界各国、各地区及组织共同关注的主要话题之一，各地也为维护市场经济秩序开展了一系列实践。

反垄断是指当一个公司的营销呈现垄断或有垄断趋势的时候，国家政府或国际组织根据相关法律规定采取的一种干预手段，是维护市场经济秩序的重要内容之一。在 19 世纪末期世界经济的发展进入了垄断资本主义时期，反垄断就成为了各国规制的对象，各国均采取严厉的立法来进行反垄断的法律规制。中国在改革开放后尤其是加入 WTO 之后的反垄断工作进步显著。1992 年，我国第一部涉及反垄断的法律《中华人民共和国反不正当竞争法》由第八届全国人民代表大会常务委员会第三次会议通过，成为我国规范社会主义市场经济秩序的标志，从此我国的反垄断工作变得有法可依。2007 年，第十届全国人民代表大会常务委员会第二十九次会议通过了《中华人民共和国反垄断法》，标志着我国反垄断工作进入了一个全新阶段，成为我国规范经济秩序的立法里程碑。2011 年 4 月，国家发改委根据发改委价格监督检查与反垄断局所接到的举报，对中国电信和中国联通两公司互联网专线接入价格情况进行了反垄断调查，并对上述两公司进行监督整改，成为我国反垄断实践中的一个成功案例，进一步推动了我国维护市场经济秩序的进展。

国内市场经济秩序受到各国广泛关注之余，国际上的市场经济秩序也受到各国关注，也包括诸多国际组织，其中 WTO 就是一个由各成员国参与并遵守公认协议而成立的国际经济组织。WTO 是一个独立于联合国的永久性国际组织，负责管理世界经济和贸易秩序，其基本原则是通过实施市场开放、非歧视和公平贸易等原则来实现世界贸易自由化的目标，在调解成员争端方面具有更高的权威性，并涵盖货物贸易、服务贸易以及知识产权贸易三个方面。其中，各成员国共同遵守的互惠原则、透明度原则、市场准入原则、促进公平竞争原则、经济发展原则以及非歧视性原则六项原则构建起了国际范围的市场经济秩序框架，促进着世界经济整体健康、稳定的发展。

### 6.2.2 文化秩序

文化，作为一种精神力量和软实力，不仅影响着个人的思维和行为，而且制约着社会的存在。它不仅是社会生活的意识反映，而且反过来直接指导着个人或组织的实际行动，从而会对社会秩序产生巨大的影响。现实中的许多社会秩序问题大多都可以找到其深厚的文化根源。因此，社会管理需要从文化秩序的根源层面，对人们的生活、行为进行调节。

1. 文化秩序的界定

所谓文化秩序是指将社会政治和经济的反映合理化的一种自发的规范，它既包括实体文化秩序，又涵盖精神文化秩序。

实体文化秩序是指能够按照工业标准，生产、再生产、储存以及分配的文化产业规则，它包括涉及图书出版、文化演出、文化旅游等方面的相关法律和道德规范。精神文化秩序是社会精神文明与思想道德层面的规范，既包括民俗形态的，即一定的社会心理（它直接与日常社会生活相联系，表现为自发的、不定型的、不成系统的感情、风俗、习惯、成见、自然的倾向与信念等），也包括观念形态的，即一定的社会意识形式（它是从社会生活中概括提炼出来的，对社会存在的比较系统的、自觉的、抽象的反映，表现为语言、艺术、道德、政治与法律思想、宗教、哲学与科学等）。

2. 我国文化秩序的现状

现阶段，我国的文化秩序呈现出文化生活的多样化特征。这主要是指随着物质生活水平的日益提高和生存型消费的基本满足，人们越来越注重生活的丰富性，追求多样化的、高质量的精神文化生活。

改革开放前，我国虽然一直注重提高民众的文化素质，提倡文化生活要坚持“双百”、“二为”的方针，但是由于受浓厚意识形态和阶级斗争扩大化的影响，人们的思想观念比较僵化，文化生活比较单一，言谈举止也具有强烈的政治色彩。

改革开放后，我国坚持以人为本，推动了全民族的思想大解放，促进了文化的繁荣发展，人民的文化生活呈现出蓬勃发展的多样化局面。思想上，坚持马克思主义和中国特色社会主义理论体系一元指导下的多样发展，积极借鉴世界优秀文化成果和大力弘扬中国优秀文化传统，促进社会主义文化生活的多样化，多方面、多层次地满足人民群众不断增长的文化需求。现实中，随着对外开放的日益扩大和互联网的广泛应用，国人的生活习惯和文化需求也日益国际化、多样化。在世界饮食、欧美影视、韩日服饰等时尚文化的影响下，国人的思想文化观念和生活方式均发生了较大改变，文化生活方式更加丰富多彩。与此同时，随着现代化进程的发展，中国传统文化的优秀思想价值也日益彰显出来，特别是其在人生价值、社会秩序等方面的深刻理念，深受国人赞赏并得到极力推崇，这进一步丰富了国人多姿多彩的文化生活。

3. 维护文化秩序的路径

“文化建设是中国特色社会主义事业总体布局的重要组成部分，文化繁荣发展是全面建设小康社会的重要目标。”① 构建良好的文化秩序，需要文化产业发展与道德建设并重，在注重文化产业健康快速发展的同时，加强我国社会主义精神文明建设。

一方面，加强法制建设，从法律层面规范文化秩序。首先要严格依照《中华人民共和国著作权法》等相关法律法规进行执法监管，加强扫黄打非力度，严厉打击盗版，切实保护知识产权，净化文化行业环境。同时，依照《中华人民共和国文物保护法》等相关法律法规加强对历史文物、民间风俗的重视和保护力度，提高全民保护意识，构建参与平台，构建文化产业及文物的“党委领导、政府负责、社会协同、公众参与”的社会管理格局，全面保障我国文化事业的繁荣、健康发展。

另一方面，强化社会价值体系建设，从非制度层面引导文化建设。需要在法制保障的

① 胡锦涛：《坚定不移走中国特色社会主义文化发展道路 努力建设社会主义文化强国》，见 http://www.gov.cn/ldhd/2012-01/01/content_2035250.htm。

基础上，深入贯彻社会主义精神文明建设与思想道德建设，弘扬社会主义荣辱观等道德规范，强化宣传教育的力度，努力营造道德氛围，从而发挥社会正能量的正面效果，激励社会运转，鼓励正面行为的产生，使得好人敢于行善。同时规范个体行为，统一认识、减小偏差，进一步促进社会秩序的良好发展，形式积极向上的文化秩序。

▶阅读材料

## 文化执法的“青岛模式”

2012 年 8 月 1 日，《青岛市文化市场综合行政执法管理办法》正式实施，标志着青岛市文化市场行政执法局统一管理下的城市文化执法工作步入了有法可依的规范化新阶段。仅用了不到三年时间，青岛文化体制改革就基本实现了从体制机制到制度规范、从执法内容到执法方式、从服务意识到服务保障的全方位规范化运转，以独特的“青岛模式”走出了一条全国文化综合执法新路径。

### 理顺体制：构建五级管理网络

2009 年底，根据中央和省文化综合执法改革的统一部署，青岛市对原新闻出版、版权、文化、文物、广播电影电视五个方面的行政执法职能进行了整合归并，组建成立了青岛市文化市场行政执法局。这是将五项“大盖帽”合成一项，将五个“手指”并作一个“拳头”，打出去更加有力。

与此同时，青岛市七区五市全部成立了独立的文化市场行政执法局和文化市场管理工作领导小组，形成了市、区（市）一休和上下联动的工作格局。青岛所有的镇（街道）文化活动中心、村文化大院都设立了文化市场管理工作办公室和办公站，还组建起了一支 1 270 余人的社会义务监督队伍。

市级总体负责与监督指导、区（市）属地管理、镇（街道）具体负责、村（居委会）日常监控、社会义务监督员广泛参与，文化市场的五级管理网络一直延伸和落实到了基层。

### 理清思路：“1711”纳入绩效考核

“五指”并作一个“拳头”，“出拳”的套路也要改变。新组建的文化市场行政执法局按照“大文化、大市场、大监管、大执法”的理念，首先理清了工作思路，形成了文化执法“1711”基本工作思路。

“1”是以建设文化环保城市为目标；“7”是大力实施阳光网吧、文明娱乐、高雅艺术、文化遗产保护、出版物市场净化、正版普及和健康视听七大工程；“11”是指查处治理网吧接纳未成年人、规范演艺娱乐场所、规范美术品艺术品市场等 11 项重点工作。

在市委、市政府目标绩效考核体系中，“1711”每年都被纳入重要的考核内容。市文管办还特别制定了文化综合执法工作量化考核具体实施办法，对各区市进行严格考核，考核结果在向市考核办报送的同时，也向区市党委、政府进行反馈，大大提高了基层对文化市场管理工作的重视程度。

在此基础上，各级文化执法部门都把目标责任逐条逐项细化分解，量化到所有内设机构和工作人员，确保执法工作的扎实有序开展。

### 规范作为：18个“执法规范”明确实用

现在，全市各级文化执法队伍已全面实现了执法服装、执法车辆、执法器材、执法证件、执法标识和执法文书的“六统一”，树立了良好的形象。

但是只有整齐的“外包装”显然不够。结合青岛实际，有关部门又研究制定了包括演出市场、娱乐市场、美术品市场等18个文化市场领域的行政监管执法规范。对监管执法的范围、内容、方式、程序以及行政处罚作出明确要求。平度市文化市场行政执法局局长刘成爱表示：像平度这样一个拥有近140万人口的大市，要在短时间内提高执法水平和效能原本很难，但有了18个“规范”，执法人员只要严格执行，一步步做、一条条来，就基本可以实现有效监管。它的操作性强，非常实用，大大提升了执法效率，规范了执法行为。

为了促进文化经营单位规范化、标准化管理，文化执法部门还专门出台了四项针对娱乐市场、网吧市场、出版物发行市场以及印刷业的经营服务规范指导意见。这些举措进一步增强了对市场的控制力，夯实了管理基础。

### 创新制度：专家咨询阳光执法

文化市场行政执法局成立之初，就聘请了五位知名法律专家，组建了“青岛市文化执法专家决策咨询委员会”。专家们在复杂案件处理、重大决策规划等方面提出了一系列意见，很多都被吸收采纳，应用到了实践中。

青岛市文化市场行政执法局在依法执法、科学执法方面的意识非常强、行动非常快。青岛的做法，在建立完善文化执法领导、专家、群众三位一体的决策机制方面进行了积极的探索和尝试。在副省级城市的一个局级层面成立专家决策咨询委员会，青岛是第一个。

为确保行政处罚案件公正、公平、公开，青岛还规范了行政处罚制度，梳理了文化市场行政处罚事项370项，对每项处罚事项按照违法情节的轻重，确定了轻微、一般、较重、严重和特别严重五个档次，共计1 780多个处罚阶次，明确每个阶次的处罚标准，向社会公布。同时，网上执法办案系统把案件处理的全过程都公之于众，实现了全过程的规范透明。

资料来源：《“青岛模式”趟出文化执法新路》，见 http://news. xinhuanet. com/yzyd/local/20120830/c_112903972. htm。

### 6.2.3 治安秩序

治安问题是一个社会问题。虽然我国社会治安形势相对平稳，但是社会转型期经济发展所带来的贫富差距、利益关系、社会风气以及人们思想观念等的变化，使治安问题复杂多变。社会治安秩序的稳定直接关系到我国全面建设小康社会宏伟目标的实现，因此必须重建良好的治安秩序，为我国社会主义市场经济的发展创造良好的社会环境，实现社会秩序的稳定，为构建社会主义和谐社会创造条件。①

1. 治安秩序的界定

治安秩序是社会秩序体系的重要组成部分，产生于人类活动，受制于法律规则，直接关系到国家和社会稳定、公共安全、他人的生命和财产安全。广义上，治安秩序是指社会治安秩序，符合统治阶级的意志和利益，由国家法律法规进行规范，其中涉及公民生命财产安全和社会稳定的社会秩序，能够确保社会公民的治安安全感的需要。狭义上，治安秩序是指由国家公安机关治安部门依照法律法规进行管理和维护的特定场所的公共秩序。

总体而言，治安秩序具有以下三方面的内涵：一是治安秩序是人们的活动遵循一定的常规和次序的结果，在当前社会背景下，主要是法律规则规定和调整的结果，此外还包括道德、伦理等规则共同作用的结果。二是治安秩序具有特定的范围和内容，它产生于人类活动，是人对他人或物作用的结果，因此治安秩序必定是在社会秩序之下对其他人产生影响的一种秩序。三是直接关系到国家和社会稳定、公共安全、人民生命财产安全，保障社会公民的治安安全层面的需要，这是治安秩序最为本质的内涵，也是区别于其他社会秩序的关键。

2. 我国治安秩序的现状

当前，在社会转型期这一异质化的社会阶段，部分旧的社会规范被打破，一些新的社会规范逐渐形成，造成了新旧并存的局面。社会规范是社会秩序的核心，其统一性是社会秩序存在的前提。在社会转型时期，社会规范缺乏社会秩序所需要的统一性，于是社会主体之间就存在规范冲突或抵触。出于利益考虑，人们不惜违背规则来追求利益的最大化，导致各种违法犯罪活动在利益驱动下不断出现，给社会治安稳定造成了极大的影响，具体表现在以下方面②：

首先，社会控制力的弱化。在社会转型过程中，市场经济的高速发展必然会使原有的社会控制机制失调、弱化，而新的社会控制机制的形成和发挥作用，还需要一个过程。这种新旧交替期间的失调、失序，造成了社会控制力的弱化。社会控制具有抑制和预防犯罪的功能，强有力的社会控制是社会稳定的必要条件。社会控制力的弱化削弱了对公民行为的约束力，导致了各种违法犯罪活动的大量出现，随之而来的必然是社会治安秩序的恶化。

其次，在社会转型期，原有的社会利益格局被打破，造成了公众之间的利益分化，进而导致日益突出的利益失衡。处在社会较低阶层的人感到自身的利益相对受损，在某种程度上对改革和发展的目标感到怀疑，对相关政策感到不满，对未来缺乏信心，在社会公正缺乏完备秩序保障的前提下，心态失衡将表现为自我寻求心理平衡的行为，这会导致一种无序或越轨，从而引发各种治安问题，如盗窃、抢劫、诈骗以及群体性治安事件等。

① 参见李其文：《浅析社会转型时期治安秩序的重建路径》，载《吉林公安高等专科学校学报》，2011 (1)。

② 参见钱洋：《浅析我国社会转型期治安秩序之重建》，载《河南公安高等专科学校学报》，2010 (3)。

再次，区域经济发展失衡、人口流动对社会治安秩序的影响。在社会转型期，伴随城乡二元结构的瓦解和城乡壁垒的松动，农村人口大量流入城市，对城市社会治安带来较大压力。在有限的就业机会已趋于饱和的情况下，农民的盲目流动使自身陷入困境。社会转型期人口流动所带来的治安问题及犯罪问题，已成为影响整个社会秩序最重要的因素之一。

最后，道德失范。在社会转型时期，经济体制和社会结构的变化对人们传统的道德观念产生了巨大的冲击。道德作为一种非强制性规范，对人们的行为起着普遍的指引与控制作用。在道德控制机制对人们的违法行为失去规制力的情况下，某些违法犯罪行为将会得到人们的默许或认同。因此，道德失范的出现，在很大程度上影响了社会治安的稳定。

3. 维护治安秩序的路径

治安秩序是一个立体的、多维的、动态的复杂系统，要重建社会治安秩序必须从目标、过程、结果的动态结构来分析。

第一，最大限度地实现社会利益整合。利益本身包含两重性，一方面具有排他性，另一方面具有社会整合作用。因此，要实现社会利益的整合，必须通过相应制度的建立，把利益的两个方面协调好，减少社会冲突，实现社会的有序运行。利益的社会整合机制是借助国家制度和法律、法规等规范性的中介来运行和实现其功能的。正如美国法学家庞德所指出的，法律制度的作用在于“尽可能保护所有社会利益，并维持这些利益之间的某种平衡或协调”。有效的制度结构既能为个人提供比较巨大的利益激励和比较充分的自由选择空间，也能为人们建立比较有效的利益约束和行为规范，从而可以在个人利益与公共利益之间架起一座沟通的桥梁，进而达到个人利益与公共利益的高度整合，促进社会治安秩序的构建。①

第二，强化社会控制，加强法制建设。社会控制机制是一个社会的秩序得以持续性存在的前提。社会控制力的弱化，是社会转型中治安问题多元化、复杂化的一个极其重要的原因。因此，强化社会控制力是抑制和预防犯罪、维护社会治安秩序稳定的必要条件。

强化社会控制重在加强法制建设，法制建设是解决社会治安问题的首要任务，是建立社会防控长效机制的法律支撑和关键环节。加强法制建设，一是要加强立法工作。要加强针对转型期治安突出问题、权益保障问题、利益均衡问题等方面的立法工作，健全立法机制，尽快形成与国家有关法律法规相配套的、比较完备的适合转型时期特定历史阶段的法律法规体系。此外，还要增强法律法规的可操作性和刚性效能。二是要健全执法机制。要加强执法队伍的建设，配备足够的执法人员，提高执法人员的整体素质和办案效率，以增强对违法犯罪分子的打击力度。三是切实加强执法监督，坚决克服有法不依、执法不严的现象，使社会各方面的运行体现法治精神，真正做到有法可依、有法必依、执法必严、违法必究。四是要加强法制建设，健全普法教育机制。法律是约束人们行为的社会规范，要通过加强普法教育，强化全体社会成员的法制观念，提高公众的自我控制和自我保护能力，促进社会的长治久安。②

---

① 参见李其文：《浅析社会转型时期治安秩序的重建路径》，载《吉林公安高等专科学校学报》，2011 (1)。

② 参见钱洋：《浅析我国社会转型期治安秩序之重建》，载《河南公安高等专科学校学报》，2010 (3)。

第三，建立和完善流动人口管理体系。大规模的流动人口是我国社会转型期的一个必然现象。农民在市场经济的调控下自觉或不自觉地开始流动，是社会进步的体现，也是实现现代化不可缺少的条件。因此，建立和完善流动人口管理体系是重建社会治安秩序的迫切要求。

流动人口的管理是一项涉及诸多领域、诸多部门的系统工程。针对流动人口违法犯罪的具体情况，需要相关管理部门主动对其进行管理和服务，有计划地实行对流动人口的引导。首先，要转变流动人口管理理念。要确立创新机制、加强管理、优化服务、促进发展的整体指导思想，将保护流动人口的合法权益提至议事日程，改变简单粗暴的执法作风，在思想感情上要尊重流动人口，在管理工作中应善待和保护流动人口，坚决清理废除歧视流动人口，特别是进城务工人员的管理制度，为流动人口在城市的创业和生活创造一个良好的社会环境。其次，要健全流动人口管理的综合网络。市、区（县）、乡镇（街道办事处）三级领导部门要按照工作职责，统一领导、加强协调，使相关部门和单位在管理中能够协调一致，各司其职，形成管理合力。要将劳务市场、人才市场、房屋中介等机构纳入管理范围，建立起流动人口输出地和输入地之间的信息互通和交流制度，规范房屋租赁业，强化用工单位管理，引导流动人口有序流动。公安机关内部要建立起自上而下的管理网络。每一个乡镇派出所都要有领导专门负责流动人口管理工作，并把流动人口管理和常住人口管理放在同等重要的位置，纳入责任区（社区）民警岗位目标管理责任体系，以提高管理水平和管理效率，消除人口管理的断层和死角，解决因人口流动出现的失控现象。再次，要完善流动人口管理制度。应将以“阵地控制”为主的静态管理和以“延伸控制”为主的动态管理有机结合起来，按照“谁主管、谁负责，谁用工、谁负责，谁留宿、谁负责”的原则，实行重点突出的分类、分层次管理制度。要加强出租屋治安管理，对房屋租赁户和承租人要进行认真清理摸底，对重点户要重点管控，要进一步健全登记、查验制度。要加强流动人口信息管理，提高动态管理能力，着重进行规范信息的采集、维护并尽快实现联网，实现宾馆旅社住宿人员信息和租赁房屋信息计算机管理系统的共享、比对，及时检索“黑名单”，有效打击流窜犯罪。最后，加大打击力度，遏制违法犯罪。在重点地区、路段要组织力量开展经常性的巡逻、查验、守候，有的放矢地开展工作，形成点、线、面相结合的基础防控网络，大力抓捕现行，威慑犯罪。同时要加强重要部位、易受侵害部位的安全防范工作，不给违法犯罪分子以可乘之机。要推行弹性工作制度，健全巡逻机制，以动制动。针对流动人口的犯罪特点，建立以民警为主体，以联防队、群防群治组织为依托的全方位、多层次的巡逻机制，提高抓现行、控制发案的能力。①

第四，整合、重构道德信仰体系。违法犯罪行为作为独立的个人反对整个社会的行为，其实质就是道德信仰失衡或不健全的结果。在社会转型时期道德滑坡和信仰缺失的环境下，要强化对社会治安的控制，就应该加快道德信仰体系的整合、重构，增强人们的责任感、义务感、社会正义感，树立正确的是非观、善恶观等，使人们的行为能够自觉地受到道德信仰体系的约束，减少违法犯罪等危害社会治安行为的发生。

① 参见钱洋：《浅析我国社会转型期治安秩序之重建》，载《河南公安高等专科学校学报》，2010（3）。

道德信仰体系的重构需要注意以下几个方面：一是政府制定政策的公平。合理性从某种程度上讲是道德信仰体系重构的支撑框架，也是利益平衡的基础保障。在市场经济中，个人利益的最大化总是倾向于资源的占有者，其后果是出现了社会分配不公，富者愈富、贫者愈贫的现象，导致人们心理失衡。而某些既得利益者再生利益的不合法化更加重了人们不平衡的心理。在社会转型期，政府在制定税收、补贴、社会保障等相关政策，实施公共管理时，须兼顾效率、公平、合理，只有公平、合理的感觉深入人心，功利的追求才能自觉地在遵纪守法的劳动过程中实现，社会道德、信仰体系也才能有支撑的框架。二是道德制度化是道德整合的重要手段。社会转型期，需要制度化的道德规范，具体的做法可以是制定或确认道德行为准则，包括公共道德准则、职业道德准则和家庭准则等，并对社会成员遵守道德规范的情况进行有限的物质和精神的奖惩，对此，许多国家已有成功的先例。三是道德信仰体系的重构需要全社会的共同参与。社会成员道德信仰的形成要依赖整个社会的协同作用，并非某一部门、某一领域可以主导。加强对青少年道德信仰教育是重中之重，因此学校是道德信仰教育的主力阵地。除学校之外，社区、单位、行业等整个社会的协同作用是道德信仰体系重构的重要支撑力量。①

第五，建立完善社会治安防控网络。要解决社会转型时期的治安问题，必须综合运用政治、法律、行政、经济、文化、教育等多种手段，对可能影响社会治安的各种因素进行全面防范和控制，建立和完善符合新形势下社会治安规律和特点的新型社会治安防控网络。一是树立预防为主、标本兼治的意识。打击是社会治安治理的重要环节，是一项重要的防控措施，但同时也要看到，近年来治安形势不好，违法犯罪案件频发，出现了“打不胜打、越打越忙、边打边冒”的被动局面。因此，必须在打击的同时，把防范作为社会治安综合治理工作的重心，从根本上解决社会治安问题。需要注意的是，要突出“专门机关为主，多部门联合、群防群治为辅”的方针，不能把公安等专门机关的职能交给社会民间力量，把群众防范队伍推向社会治安管理的第一线。二是要树立“以人防为根本”的意识，强调人在社会治安防控中的特殊地位和作用。没有人防，物防、技防就无从谈起，再坚固的物防、技防也要有人管理操作，否则就形同虚设。要探索转型期社会治安防控中警力资源的优化配置形式，提高人防在社会治安防控网络中的主体功能、作用以及管理水平、防控效益。三是确立“以物防为基础”的思路。要从硬件上入手，加大基础设施建设投入，不断更新防控方法、手段。社会治安防控也要计算成本，讲求效益。群防群治队伍的活动经费缺、开支大，而且在时间上和空间上安排不尽合理，无法产生治安防控的最佳效益。随着转型期社会环境的变化，人们的自我防范意识不断提高，许多地方引进技防产品加强防范，城市基层治安的职能也逐步向物业管理部门转移，这些做法值得肯定、推广、借鉴。四是形成“以技防为方向”的观念。针对社会治安新情况、新问题的出现，技术防控的理论和内容越来越广泛地被运用于社会治安管理和防控之中，例如电子防盗门、值班闭路电视、楼宇红外线监视器、机动车反劫盗报警网络系统等，并产生了非常显著的效果。②

---

①② 参见钱洋：《浅析我国社会转型期治安秩序之重建》，载《河南公安高等专科学校学报》，2010（3）。

**阅读材料**

## 构建治安秩序时的重点监管服务对象

社会治安管理是我国社会管理的重要组成部分，对维护社会稳定和国家的长治久安起着重要作用。随着改革开放的深入，我国的社会治安管理经历了由“静态治安控制模式”向“动态治安控制模式”的转变，并形成了一些有效的社会治安管理体系，如群防群治、社会治安综合治理和平安建设等。然而，随着中国社会的转型，城市化、工业化步伐的加快，经济结构、社会结构发生了重要的变化，社会矛盾也变得更加错综复杂，许多新的社会问题得以凸显，给社会治安带来了新的挑战。加强社会管理，构建治安秩序，需要围绕社会治安管理的重点监管服务对象，采取更新的、有针对性的治理方式。

1. 流动人口和特殊人群的服务管理

加强流动人口和特殊人群的服务管理是建立治安秩序的核心工作之一。胡锦涛同志在 2011 年省部级主要领导干部社会管理及其创新专题研讨班开班式上发表重要讲话时强调要“进一步加强和完善流动人口和特殊人群管理和服务”工作，为构建良好治安秩序指出了工作重点。

在我国，流动人口是指在户籍制度下离开了户籍所在地到国内其他地方工作、居住的人口，并且随着工作和节假日等因素定期或不定期地迁徙。当前，我国流动人口服务管理工作存在的难点主要表现为两方面：(1) 基数庞大，流动规模较大，不便于开展针对到人的管理和服务，为治安秩序的维护工作带来巨大难度；(2) 服务管理手段有待创新，与当前社会管理工作与形式发展的要求和人民群众的期望相比存在一定差距，表现为一些地方和部门在实际工作中还存在重管理轻服务、重限制轻公平、重防范轻关爱、重突击检查轻规范性监管、重管手脚轻管头脑、重部门利益轻共同利益等，同样不利于治安秩序维护工作的有序开展。

构建良好的治安秩序还需要加强特殊人群的服务管理，包括刑释解教人员、社区矫正对象、吸毒人员、问题青少年、留守儿童及服刑劳教人员的未成年子女、受邪教蒙蔽人员、长期缠访人员等容易诱发治安犯罪以及社会矛盾高发的群体。一方面，由于特殊人群的社会地位以及经济水平等的限制，其日常生活需要社会给予更多关注；另一方面，特殊人群与社会成员密切关联，同时更容易受到不法分子的蛊惑，成为违法犯罪的主体或者受害对象。因此，特殊人群对于社会治安秩序存在不稳定的危害，需要加强统筹管理，做好重点服务。

做好对流动人口和特殊人群的服务管理，需要各级政府转变思想，创新手段，强化服务。

一是要转变管理思想，增强服务意识，改变过去重管理、轻服务的方式，按照服务多数、管住少数的原则，将服务作为加强流动人口和特殊人群管理的立足点，切实保护他们的合法权益，将管理与服务紧密结合，具体是要为流动人口和特殊人群提供职业介绍、房屋租赁、业务培训等服务，在劳动就业、子女入学等问题上与本地人员实行平等的政策等，增加其对本地的归属感。要加强法制宣传教育，将事后打击处理管制措施向事前主动教育预防的管理模式转变。从关心爱护、严格管理的角度出发，开展经常性、有针对性的宣传教育，提高流动人口和特殊人群的遵纪守法和依法维权的意识和能力。

二是要明确部门责任，落实各项管理措施，加强对居所的管理。切实落实对无业人员、有犯罪前科人员和涉嫌利用出租屋进行非法活动人员等租住的出租屋的管理，实行“以居管人”；按照“属地管理”和“谁主管、谁负责，谁留宿、谁负责，谁受益、谁负责”的连带责任原则，由派出所与社区民警、出租屋主层层签订治安管理责任状，责成出租屋主加强管理；对有违法犯罪嫌疑的要及时查证予以打击，对出租屋发生的刑事案件或犯罪人员以出租屋为落脚点的，严厉追究出租屋主和有关社区民警的责任。

三是要创新管理手段，围绕流动人口和特殊人群的生活轨迹开展服务和管理。一方面，可以利用信息化手段，探索建立数字服务平台，全面采集流动人口及特殊人群的生活信息，便于服务管理工作的开展，特别是针对日常生活中常见的问题，做到及时发现，及时处理，及时反馈；另一方面，将服务管理工作深入基层，搭建社会协作平台，鼓励社会和公民积极参与到日常服务和管理工作中。

2. 特殊行业的监督管理与治安秩序

特殊行业是指容易被违法犯罪分子利用，国家法律法规规定由公安机关对其实行特殊管理的行业。在每个时期根据国家的政治经济情况的不同，特殊行业的范围也会发生变化。当前，我国公安机关管理的特殊行业包括旅馆、印铸刻字、典当等。公安机关通过保障合法经营，限制、取缔、打击非法经营，能够及时发现违法犯罪活动，加强安全防范，预防治安灾难事故发生，从而维护公共安全，稳定社会良好治安秩序。因此，强化对特殊行业的监督管理是维护治安秩序的重要工作之一。

3. 公共场所秩序的重点维护与治安秩序

公共场所是不特定的社会成员可以自由到达、停留或往来驻足，进行社会活动的场所，如车站、码头、民用航空站、商场、公园、影剧院、展览会、运动场等，种类多，数量大，分布广。这些场所中的人员构成复杂，容易为不法分子提供作案机会和藏匿环境，给公共场所治安秩序的维护工作增添难度。同时，公共场所的人员相互缺乏约束，容易做出各种过激行为，引发冲突事件。某些公共场所经营者片面追求经济效益，可能为违法犯罪活动提供条件或者导致公共场所存在各种安全隐患，容易发生治安灾害事故。因此，公安机关应依照有关治安管理法律、法规对公共场所实施重点的行政管理，如监督检查公共场所落实、健全各项治安管理制度和安全措施的情况，打击处理发生在公共场所的各种违反治安管理行为和犯罪行为，处置发生在公共场所的各类治安事件，调查处理治安灾害事故等。

## 6.3 虚拟社会的秩序

近年来，互联网的产生与应用已被公认为是一项影响人类历史进程的重大科技成果，正是它的飞速发展为人类的社会活动和信息交换提供了虚拟空间，人类也因此创造了一种全新的社会形态——虚拟社会。

虚拟社会虽然是一种全新的社会形态，但它已经渗透到现实社会的各个角落，虚拟社会一方面重新整合人类社会的生产要素，使人类社会在政治、经济、文化等方面的联系更加紧密，延伸和扩展了人类社会活动的能力；另一方面虚拟社会也给人类社会带来不可忽视的负面影响，如网络犯罪、网络盗窃、网络色情、网络知识产权、网络虚假信息、网络诈骗等问题。如果不对其种种社会问题加以有效治理，那么虚拟社会将可能造成一种混乱而无秩序的局面，严重危害国家的信息安全、商业交易和金融贸易的安全以及社会政治和文化的健康发展，甚至危害社会的和谐稳定和国家的长治久安。因此，社会管理需要对虚拟社会的秩序进行规范，这将有助于虚拟社会和现实社会的健康发展和整个社会系统的和谐稳定。

### 6.3.1 虚拟社会秩序的界定

虚拟社会是与现实社会相对应的一个称谓，是建立在计算机技术的基础上，将现实社会结构以数字化形式展示出来所形成的一种超越时空的社会，其本质是现实社会在特定的时间、空间、条件下的一种表现。

虚拟社会区别于现实社会，它的形成与发展建立在虚拟的时空，但同时又与现实社会存在密切关联。一方面，虚拟社会和现实社会相互影响，在虚拟社会中产生的事物往往引发现实社会中的某些行为，而现实社会的行为又反过来影响社会的意识形态，从而改变虚拟社会中人们的认知；另一方面，将人类社会区分为现实和虚拟，二者在所涉及的方面具有相似性，现实社会涉及个体、人与人之间的行为，同样虚拟社会也是人们意识形态的数字化反映。因此，虚拟社会秩序是在虚拟网络中依靠伦理、法律等手段建立起来的社会规范，它包括虚拟社会中的经济秩序、治安秩序以及文化秩序，维护着虚拟社会的平稳发展。

虚拟社会的治安秩序的主要内容包括打击色情、暴力等不良信息以及黑客行为、网络盗窃等网络犯罪行为。一方面，这些不良信息对网民特别是青少年影响极大，极易诱发刑事犯罪行为，严重危害现实社会的治安秩序。同时，虚拟社会的不良信息混杂在海量的信息中，使得打击工作难度较大，需要公安等执法部门加强重视。另一方面，黑客行为、网络盗窃以及散布木马病毒等网络犯罪行为严重侵犯了公民隐私以及财产安全，特别是由于利用网络等高科技手段，公民的防范意识不强，使破案工作难度加大。因此，对于虚拟社会的治安秩序的维护，需要公安等执法部门予以严厉打击，并加强宣传教育，提高公民防范意识。

维护虚拟社会中的经济秩序的主要工作是打击利用网络手段非法牟利的扰乱经济秩序的行为，最为典型的是网上欺诈以及网络传销。网络欺诈主要是利用虚假的信息或设好圈套让网民进入，然后以种种理由使网民无法达到其所散发的信息要求，或利用关闭网站方式达到诈骗金钱的目的。网络欺诈对于电子商务的发展影响很大。电子商务是一种新兴的交易模式，在这种交易模式中，获取消费者的信任要比取得收益更为重要，尤其是在消费者还有其他多种选择的时候，一旦消费者在网络中受到欺诈，可能就不会再接受这种交易方式。现实社会中的非法传销已经蔓延到网络虚拟社会中，网络传销通过欺诈方式非法获利，破坏社会秩序，影响社会稳定。[①]

虚拟社会中的文化秩序的主要内容是引导舆论健康发展以及维护网络文化产业事业的发展。引导舆论健康发展需要拓宽各级政府、部门的信息发布渠道，增强宣传效果，及时、真诚地与虚拟社会中的公民互动。同时，要防范突发公共事件谣言的产生及传播，严厉打击造谣行为，从而引导舆论健康发展。维护网络文化产业事业的发展，要求各部门不但要保障虚拟社会中的知识产权，还要保障虚拟社会中的公民虚拟财产安全，例如虚拟货币等，全面维护虚拟社会中的文化秩序的稳定。

目前及今后一个阶段，中国面临着加强现实社会管理与虚拟社会管理的双重任务。"进一步加强和完善信息网络管理，提高对虚拟社会的管理水平，健全网上舆论引导机制"[②]，是虚拟社会管理的核心目标。

虚拟社会管理的主体和现实社会管理的主体一样，具有多元性、交互性和可变性，涉及文化行政部门、教育部门、公安机关、工商部门、电信机构以及相应的群团组织。但在具体管理过程中，真正坚守网络社会管理职责的多是文化行政部门和公安部门，其他管理部门的管理职责难以落实。加强虚拟社会管理是政府有关部门义不容辞的责任，构建松紧适度、诚信互动的网络秩序势在必行。

### 6.3.2 虚拟社会的特征

虚拟社会是现实社会的一种延伸，与现实社会有诸多共同之处。同时，虚拟社会是基于网络技术建立的社会，因此在诸多方面又表现出与现实社会不同的特征。

1. 同构性

虚拟社会是现实社会在网络空间的一个体现，虚拟社会与现实社会具有同构性。现代社会在社会财富、资源、人脉以及知识等方面的占有不平衡性在虚拟社会同样有所呈现。比如网络上一样有"新手上路"、"注册用户"，还有"超级版主"等区别。有的网民仅仅是普通会员，有的则属于 VIP，相应的权限完全不同。这就是现实社会结构在虚拟社会的一种具体体现。

2. 隐匿性

网络主体以数字化或非实体化的形式存在于网络社会中，创造了广袤的虚拟空间和延伸的时间维度，改变了人类的时空观，使人类生活在一个物理的、模拟的世界中。这就使得网络具有极大的隐匿性。我们在网络社会中所看到的文字、图像、数据和听到的声音都转化成了数字化的终端显现，甚至人也是以数字化的形式存在，一组代码、一个角色符号就成为一个网络主体的身份标识，人们之间的相互交往，仅是符号与符号的交流。人们只是通过对方的语言来了解对方，可以隐去自己的身份等一些社会特征，重新塑造自己的网络形象，与交流者夸夸其谈，甚至故意隐瞒欺骗，散布一些不可靠甚至是子虚乌有的虚假信息而

---

① 参见陈潮：《网络虚拟社会治安问题研究》，载《信息网络安全》，2009（11）。

② 胡锦涛：《扎扎实实提高社会管理科学化水平》，见 http://news.xinhuanet.com/politics/2011-02/19/c_121100198_6.htm。

不必担心被识破。虚拟社会中的每个行为主体都成了隐藏在符号背后的“假面人”，在符号的面具下，现实社会中的那些备受关注的各种特征，诸如性别、年龄、相貌、健康状况、职业、社会地位等一切自然和社会特征都被隐去了，同样也感受不到对方作为真实人的存在。①

虚拟社会隐匿的特征，使得网络社会成为陌生人的世界，网络主体在“反正没有人知道我是谁”的理念下，行为可以摆脱现实社会中的道德、社会舆论、传统习惯、内心信念的制约，违反规范须承担后果的风险变小了，从而表现出网络社会行为的非责任化。在这种情况下，网络社会存在着严重的信息不对称现象，使得信息获取的多寡和优劣存在差异，不同网络主体由于各种狭隘的利己原因利用网络的隐匿性而人为造成信息获取障碍甚至是歪曲，从而引发道德风险，即人们利用网络的隐匿性为自身获取最大利益的同时作出不利于他人的行为，或者说是一种自身效用最大化的自私行为。②

3. 虚拟性和跨地域性

在虚拟社会中，网民之间的交流方式与现实社会并不完全一样。网民身份的虚拟性和不确定性，使网民可以无须顾及现实社会交流中的许多因素，一个人可以使用同样的虚拟身份在不同的虚拟社区中出现，也可以使用不同的虚拟身份出现在同一个虚拟社区之中。③ 一般网民之间可以没有现实接触，可以远隔千里，也可以近在咫尺，没有地域和国籍限制，因此虚拟社会中的各种行为均带有虚拟的色彩。④

4. 高度开放性和交互性

虚拟社会是建立在互联网上的社会，互联网的开放性使得不同成员可以根据自己的喜好在不同的虚拟区域间自由“流动”。人际交往是在不同聊天室、博客、论坛等网络空间中进行信息的双向交流而实现的，成员是信息的接收者，同时也是信息的发送者，成员在社区中的每一次交流都强调互动，使得虚拟社会具有高度的开放性和交互性。

### 6.3.3 维护虚拟社会秩序的路径

虚拟社会秩序的构建应依照多部门联动协作的原则，采取疏堵结合的方式，强化管理和服务。

第一，在法制层面，应尽快完善相关立法，明确虚拟社会中各部门的职责，建立联动协作机制，形成虚拟社会治理的合力。一方面，应尽快完善相关立法，构建虚拟社会的法制环境，使得相关部门在虚拟社会的执法过程中有法可依，减少工作难度；另一方面，在做好日常信息公开工作的同时，各部门应加大网络事件及舆情的监管力度，增强风险研判意识。对于有可能危害现实社会的治安、经济等秩序的虚拟社会事件，相关部门应主动出击，在联动协作的原则上，做好科学的风险防范，同时采取及时的回应，确保虚拟社会秩序发展在可控范围之内。

第二，在机制层面，应采取疏堵结合的方式，加强技术手段，提升疏导质量。一方

①② 参见陈丽丽：《网络社会秩序多元化治理结构研究》，黑龙江大学硕士学位论文，2010。

③ 参见曹海东：《网络“虚拟社会”综合治理研究》，上海交通大学博士学位论文，2010。

④ 参见陈潮：《网络虚拟社会治安问题研究》，载《信息网络安全》，2009（11）。

面，相关职能部门应加强技术手段，创新管理模式，打破网络匿名效应。必要时，应在保障公民信息安全的前提下，推行网络实名制，有效实现现实社会与虚拟社会共同管理，为打击虚拟社会违法犯罪以及危害其他社会秩序等行为提供便利。同时，加强虚拟社会的司法工作，强调法律的事后追责，从而规范网络秩序，全面应对危害虚拟社会中的治安、经济、文化秩序的危机。另一方面，各级部门在依照《中华人民共和国政府信息公开条例》等政策法规的要求做到全面、准确公开信息的同时，应加强宣传教育，努力引导虚拟社会的网络秩序。不但要注意信息发布的广度，努力使信息发布的渠道多元化、内容丰富化、层次深入化，还要注意兼顾群众的喜好，让宣传教育的形式更为人性、生动，并且加强虚拟社会的服务供给力度，简化后台协调，丰富前台内容，全面提升引导的效果。

## 本章小结

社会秩序是社会管理的基础和关键。本章对社会秩序体系进行了界定，分析了社会秩序的含义、特征、类型及作用，并从现实和虚拟两个角度分别研究了现实社会的秩序和虚拟社会的秩序。其中，现实社会的秩序包括政治秩序、经济秩序、文化秩序和治安秩序；虚拟社会秩序作为一种新的秩序形态，必须充分把握其内涵、特征，不断完善和创新虚拟社会秩序的构建路径。

## 关键术语

社会秩序　现实社会　虚拟社会　政治秩序　经济秩序　文化秩序　治安秩序

## 复习参考题

1. 应如何理解和把握社会秩序的含义和特征？
2. 社会秩序有哪些类型？具有怎样的作用？
3. 如何理解和进一步维护我国的经济秩序？
4. 如何理解和进一步维护我国的文化秩序？
5. 如何理解和进一步维护我国的治安秩序？
6. 虚拟社会秩序的内涵是什么？具有哪些特征？如何进一步推进我国虚拟社会秩序的构建？

## 案例分析

### 网络谣言的治理与虚拟社会秩序的构建

随着社会转型的不断深入，社会生活发生了深刻变化，公众政治参与意愿逐渐增强，通信传播技术日新月异，社会谣言逐渐向虚拟社会蔓延，严重威胁现实社会和虚拟社会的秩序。

1. 当前社会谣言传播的主要特点

(1) 信息的不对称是谣言产生的直接来源。

信息不对称表现为政府信息发布的内容与信息需求的不对称以及政府信息发布的效率与公众预期的不对称，二者是导致谣言产生的直接来源。

第一，政府信息发布的内容与信息需求不对称。公众对信息的需求表现为全面和深入两个方面，然而在实际过程中政府信息发布的内容与公众需求之间存在不对称。一方面，在引发关注的焦点事件面前，政府发布的权威信息所包含的信息量少，内容生硬，难以引起公众的关注；另一方面，官方习惯于对事件本身的表层内容进行简单陈述，而缺乏深层次的信息发布，使得公众对事件的了解程度偏低，甚至质疑政府信息的公信力。在不全面、不深入的信息背景下，公众不得不联系已有的各类碎片化信息对所关心的事件真相进行揣测与交流，这就造成了谣言的产生。

第二，政府信息发布的效率与公众预期不对称。政府信息发布需要遵循相关政策法规，经过调查、审核等一系列步骤，按照一定的模式统筹协调众多资源和信息。然而，对于公众而言，政府的内部工作更像是一个黑箱，公众重点关注的是黑箱所输出的公共服务以及权威信息的质量，并以此作为评价政府绩效的标准，希望信息发布高效、及时。这就导致政府忙于救援、调查，而不知情的公众臆断政府处置不力的局面的产生，从而造成权威信息的短暂缺失，给谣言以可乘之机。

(2) 网络成为谣言传播的主要途径。

当前，谣言的传播主要分为现实社会的人际传播、媒体传播、虚拟社会的人际传播三种途径。

第一，现实社会的人际传播，也就是我们常说的口口相传，包括对话、短信以及邮件等方式。在这种传播途径下，谣言传播的受众较为固定，速度较慢，通常是熟人之间的交流，因此对于受众来说，他们更倾向于选择接受谣言中的信息，并成为下一个可能的传谣者。

第二，媒体传播包括现实社会和虚拟社会的媒体传播，如电视、广播、报纸以及一些被公众熟知的网站。这种渠道下的谣言表现为虚假新闻，尽管其覆盖的受众广泛、扩散的速度较快，但通常在政府部门的监管以及公众的监督下会以媒体的自我矫正、辟谣而收尾。

第三，虚拟社会的人际传播，这是一种将现实生活中口口相传的方式转换到虚拟社会中的一种传播途径，不同的是在此背景下的交流双方可以通过贴吧、论坛、微博等社交平台超越时空的限制，这便是我们通常所说的网络谣言。在这种途径中，谣言的传递有以下几个特点：首先，信息通过双向传递以几何增长的速度向不固定的受众对象传播，从而在短时间内迅速扩散；其次，虚拟环境中的匿名效应更进一步加剧了监管的难度，同时也降低了利用此途径造谣、传谣的成本；再次，在网络社交平台中，传播主体和受体间的界限不明晰，容易产生信息的互动和补充，从而形成群体极化的现象，使一项问题出现一个或多个极端，引起公众更广泛的关注，为谣言的扩散推波助澜；最后，海量的网络信息使得谣言验证成本加剧，因此在面对迅速扩散的谣言时，在从众心态的影响下多数人选择接受谣言甚至继续传播谣言。

因此，网络虚拟社会的人际传播以其双向传递、匿名效应、互动交流以及信息海量等特性，成为当前社会下谣言传播的主要途径。

(3) 谣言符合当前公众的信息需求。

近些年，谣言在公众中的接受程度逐渐提高，这是谣言产生的时间、谣言所包含内容与当时的社会环境相适应的结果。

第一，在突发事件的应对中，谣言产生先于权威信息。一方面，政府部门在应对突发事件时，事件调查、信息核实等步骤需要消耗一定的时间。这段时间形成了权威信息的"真空期"，但这却是谣言传播的黄金时期。另一方面，在受到谣言"先入为主"的影响下，包括那些被动帮助谣言传播的公众在内的一些人主观上不愿再接受其他信息，甚至是权威信息，造成谣言的"根深蒂固"。

第二，部分谣言颇具"内部人士爆料"的意味，其结构与权威信息相似。在网络中开展的"民间打假"行动中的"内部揭发模式"被谣言制造者利用，通过编造数据、篡改图像等手段模仿权威信息，试图用内部人士的口吻还原"真相"，以提高谣言的可信程度。同时，第一时间的权威信息由于所含内容较少，且结构僵化，极易被谣言模仿，使公众难辨真假，从而听信谣言。

第三，谣言倾向于传播更坏的结果，因此公众在不安和从众的社会心态下习惯质疑权威信息的真实性。谣言的内容更多涉及自然灾害、事故灾难等重大安全事件或者与人民群众衣食住行密切相关的民生话题。在这些方面，权威信息更倾向于传统的"报喜不报忧"，或者报喜优先于报忧。而谣言往往夸大其词，人们出于趋利避害的天性，抱着"宁可信其有，不可信其无"的心态接受谣言。因此，在不安和从众的社会心态下，公众逐渐习惯选择质疑权威而选择接受谣言。

2. 谣言应对策略

(1) 依法信息公开，兼顾群众喜好。

第一，依照《中华人民共和国政府信息公开条例》等政策法规的要求，做到全面、准确地公开信息。一方面，要注意信息发布的广度。首先，政府信息发布的渠道要多元化，不仅可以利用主流官方媒体进行跟踪报道及辟谣，还可以利用政务微博等新兴平台实时发布有效信息，实现广覆盖；其次，政府信息发布的内容应丰富，适当发布具有说服力的图片、视频等强有力的证据，以还原事件真相。另一方面，要注意信息发布的深度。横向上要聚焦，进行议题设置，引导舆论走势；纵向上要解剖，注意发布层次。所发布信息的选择，需要根据谣言的传播情况，准确进行舆情研判来确定。通过信息公开，减轻事件的模糊程度，利用疏导的方式使谣言不攻自破。

第二，在信息公开的同时，应注意兼顾群众的喜好，提高信息的接受力。一方面，政府信息公开的形式要人性化，将群众喜好纳入到日常工作的考虑范畴，契合网络媒体的传播特性和新形势下的社会心态，并规避形式死板、内容生硬的信息发布。在信息充斥的网络空间和个性化表达的网络语境下，政府信息发布应以更能吸引眼球、公众更能接受的形式出现。另一方面，增强政府工作的解释度，使公众能够清楚地了解政府内部协调的步骤流程，以赢得公众的理解和支持，从而提高政府信息的接受力，规避谣言。

(2) 规范网络秩序，创新管理手段。

第一，规范网络秩序，应采取疏堵结合的方式。加强宣传教育，依法实行政府信息公开，防患于未然是“疏”；规范网络秩序，应对突发公共事件的谣言，警方介入调查处理、法律的事后追责是“堵”。在做到依法信息公开、正确引导舆论的同时，有必要加大针对危害社会和谐稳定的谣言的打击力度，从而规范网络秩序，净化网络环境。

第二，创新管理手段，打破网络匿名效应。一方面，在保障公民信息安全的前提下，推行网络实名制，有效实现现实社会与虚拟社会共同管理；另一方面，建立各部门齐抓共管的联动机制，增进虚拟社会管理部门之间的协作，创新机制，推进现实社会与虚拟社会融合的进程。

(3) 简化后台协调，丰富前台信息。

第一，简化后台协调，以及时快速地公布调查结果。谣言的传播速度之快、覆盖面之广，要求政府必须以最快的时间发布权威信息，以避免陷入“舆论倒逼”的不利局面。因此，应在相关政策法规的指导下，进一步简化后台的协调流程，提高后台信息获取及传递的效率，在“保安全、防风险”的前提下，尽量缩短信息审核发布的时间。

第二，丰富前台信息，以全面提高政府应对谣言的能力。首先，在应对突发事件谣言时，应提高政府信息发布的影响力，在发布事件本身情况与事件的原因等传统信息之余，着力报道更深层次的事件应对与处理。其次，政府信息公开要以常态化的方式应对日常焦点问题。谣言的产生和出现会随着某一焦点事件的兴起而再度出现，因此运动式治理的被动应对治标不治本，甚至会错失治理良机。只有建立健全政府信息公开的常态化机制，加强政府与公众的互动，畅通信息的上传下达机制，才能真正防患于未然。

（注：根据相关新闻报道和资料整理）

**思考题：**

1. 网络谣言有哪些特点？是如何传播的？
2. 你认为应如何更好地治理网络谣言，维护虚拟社会的良好秩序？

## 立法管理互联网的实践先行者美国

美国是互联网的诞生地，也是最早开始对互联网进行管理的国家。部分美国人在互联网刚问世时曾一度认为，网络空间的秩序和规则应当靠人们的行为自律和市场这只“看不见的手”来逐步确立，并把政府对互联网的管理看成了“插手”和“控制”。但随着互联网的发展，网络色情、电脑病毒、黑客攻击、知识产权侵犯等一系列问题渐渐露出苗头，大多数美国民众转而认识到，政府这只“看得见的手”必须介入互联网规则的制定，并通过适当的管理来打击违法行为。

立法是美国管理互联网最主要的手段。除了全国性的法律法规外，各州还针对互联网应用在当地的实际特点颁布了法律法规，并建立符合各州具体情况的互联网管理制度。此外，美国联邦政府和各州都十分注意把历史上颁布的法律法规与时代接轨。比如，美国20世纪六七十年代颁布的《信息自由法》和《隐私法》，便成为《电子通信隐私法》等许多互联网法律法规的基础。

在许多人对互联网还没有形成概念时，美国便在1977年制定了《联邦计算机系统保护法》。随着互联网在20世纪八九十年代逐渐普及，美国又相继颁布了《联邦禁止利用计算机犯罪法》、《计算机安全法》、《电子通信隐私法》、《全球电子商务政策框架》、《域名注册规则》等一系列与互联网有关的法律法规，涉及对行业准入、数据保护、网络通信、消费者权益保障等各种网络行为的规则制定，以及对欺诈、诽谤、色情、盗版等网上不法行为的防范与打击。

加强对儿童的保护是美国规范互联网行为的一个重点。早在1998年，美国便通过了《儿童在线隐私保护法案》。该法律严禁任何网站在未经家长同意的情况下获取未成年人的姓名、地址、电话号码等私人信息。为了打击网络色情对儿童的侵害，美国联邦调查局设置了专门的机构，在网上搜寻、识别含有儿童色情内容的信息，一旦发现便会采取具体行动，将制作、发布、浏览、留存这些违法信息的犯罪分子绳之以法。美国司法部还建立了特别部队，专门打击针对未成年人的网络犯罪行为。

进入21世纪以来，美国的互联网管理出现了两个新特点。

一是加大了对网上恐怖主义信息的打击力度，加强了对利用互联网从事与恐怖主义有关活动的监控。"9·11"事件后，美国颁布的《爱国者法》和《国土安全法》都含有授权政府对互联网进行监控的条文，美国政府或者执法机构可以依法监控所有"危及国家安全"的互联网信息，并采取屏蔽等措施。2010年，美国又通过了《将保护网络作为国家资产法案》，授权美国联邦政府在实施紧急状态的情况下关闭互联网。

据英国媒体报道，美国国土安全部的"分析员"还通过搜索关键词随时掌握社交媒体上的"潜在威胁信息"。26岁的英国人布莱恩和一名朋友2012年1月下旬前往美国西海岸的洛杉矶旅游，出发前一个星期，他在社交网站推特上随便发布了一条微博："这个星期之后，我要前往美国摧毁它。"二人一入境即被逮捕。尽管布莱恩强调自己的本意是在美国"疯玩一场"，但警察还是于次日将二人遣返回英国。

美国互联网管理的第二个新特点，是针对个人的隐私信息有可能经新兴社交网站泄露或被网络公司非法获取的情况，加快相关立法和行政干预的步伐。2012年2月，美国政府要求谷歌、"脸谱"等互联网公司建立共同的隐私标准，赋予用户更多的控制个人网上信息的权利。

资料来源：《美国，立法管理互联网的先行者》，见 http://news.xinhuanet.com/world/2012-06/09/c_112171275.htm。

**思考题：**

1. 美国立法管理互联网有什么值得我国借鉴的地方？
2. 你如何评价立法管理互联网这一做法？

# 第7章

# 公共服务体系

## 7.1 公共服务体系的界定

公共服务体系是政府为公众提供公共服务、满足公共需求的一系列政策措施的总称，公共服务体系内容、范围和性质的界定是由公共服务的内容和性质所决定的。一般而言，公共服务的界定有广义和狭义之分。从广义的角度来讲，公共服务是指由政府提供的一切具有公共物品性质的产品和服务，按照其内容和形式可以分为维护性公共服务、经济型公共服务、社会性公共服务。按照大的专业属性，还可以有如下分类：国防建设、国内与国际公共救助与灾害援助、法律法规政策规范、文化经济产业开发建设、精神文明和物质文明建设、信息化建设、标准化建设、工业化建设、城镇化建设、特色产业建设、金融保险与消费建设、职业化和专业化建设发展等。①

而从狭义的角度来看，公共服务仅指基本公共服务，一般包括保障基本民生需求的教育、就业、社会保障、医疗卫生、计划生育、住房保障、文化体育等领域的公共服务。基本公共服务的概念是建立在保障公民基本权利的社会共识上结合我国社会发展阶段而提出来的。本书所论述的公共服务体系就特指建立在基本公共服务基础上的社会保障、服务和管理体系。

公共服务体系的建立健全是政府社会管理的重要任务，是政府调控和管理社会关系的重要方式，同时也是我国落实建立服务型政府的必然要求。公共服务体系是指政府部门制定公共服务政策、组织公共服务生产、监督公共服务结果等一系列行政行为的总称，其工作重心是服务，本质特征是公共。"公共"的范围是不断发展变化的，因此决定了公共服务体系的范围也在不断变化。就我国目前而言，结合建设服务型政府的要求，公

① 参见康菲：《我国区域公共服务均等化问题研究》，山西财经大学硕士学位论文，2011。

共服务的内容主要包括公共教育服务、公共卫生服务、劳动就业服务、公共文化服务和社会保障服务等。

## 7.2 公共服务体系的原则

公共服务从物品属性上讲属于公共产品或准公共产品，《国家基本公共服务体系“十二五”规划》提出要把基本公共服务制度作为公共产品向全民提供。公共产品就是在消费上具有非竞争性和非排他性的产品和服务。所谓公共产品的非竞争性指的是，任何消费者对公共产品的消费都不影响其他消费者的利益，也不会影响整个社会的利益，并且增加或减少任何一个人对公共产品的消费都不会增加或减少公共产品供给的边际成本。公共产品的非排他性则是指为了满足社会需要而提供的公共产品，可以无差别地由社会成员共同享用。公共服务体系的原则指的是公共服务在供给主体、供给方式、供给内容和供给结果等方面的特点和要求，它是由公共产品非竞争性和非排他性的特征所决定的。

### 7.2.1 公共服务主体的政府主导性原则

公共服务主体的政府主导性原则是指政府是公共服务生产和提供的主体，扮演着决策者、主导者和引领者的角色。决策是政府主导公共服务的主要表现，政府依据法律法规决定了公共服务的主体、公共服务的范围和深度。同时，由于公共服务的主体并不局限于政府，所以政府在作决策、配置资源之余，必须对社会、市场等领域的公共服务提供者加以引导、控制和规范。

现阶段，中国政府拥有四项基本职能，分别是经济调节、市场监管、社会管理和公共服务，因此，为公众提供公共服务是政府的本职工作，并且在计划经济时期，政府是向公众提供公共服务的唯一主体。随着市场经济的不断发展和政府改革的不断深入，越来越多的社会组织和企业开始进入公共领域，公共服务的供给主体开始多元化，服务的生产和提供的方式也在不断创新。

但是，公共服务主体的多元化并不影响政府的主导性原则，相反，公共服务主体的多元化是政府主导原则的集中体现。首先，政府在多元化的公共服务主体中扮演着绝对的领导角色，政府掌握着丰厚的行政资源和充足的人力、财力、物力，能够为最广泛的人群提供服务。其次，政府部门可以通过制定相关政策来规定社会组织和企业提供公共服务的领域和方式。

### 7.2.2 公共服务方式的多样性原则

公共服务主体的多元化决定了公共服务方式的多样性。公共服务存在两个阶段，即公共服务的生产和公共服务的提供。现阶段，我国公共服务在生产和提供的方式上主要存在以下三种模式：

1. 公共生产、公共提供

公共生产、公共提供是指由政府部门出资建设的所有权归政府所有的工商企业和单位来提供服务。公共生产、公共提供是完全由政府主导的一种服务方式，它也是我国目前公共服务最常见的方式，例如政府机关、国防部门等提供的服务以及这些部门从国有企业购置的办公用品和设备等。

2. 私人生产、公共提供

私人生产、公共提供是指政府购买私人机构生产的产品或服务，然后向公众提供公共服务。以政府部门从私人部门购买的设备和办公用品为例，其生产者是私营企业，但是是政府利用这些设备和办公用品为公众提供了诸如治安、环保、咨询、审批等方面的公共服务。此外，私人企业承包政府的工程也属于这种形式，近年来不断发展成熟的BOT模式在基础设施建设领域得到了广泛的推广。

▶阅读材料

### 政府特许经营的BOT模式

BOT（build-operate-transfer）即建设—经营—转让，是指政府通过契约授予私营企业（包括外国企业）以一定期限的特许专营权，许可其融资建设和经营特定的公用基础设施，并准许其通过向用户收取费用或出售产品以清偿贷款、回收投资并赚取利润，特许权期限届满时，该基础设施无偿移交给政府。

BOT这种投资与建设方式被一些发展中国家用来进行基础设施建设并取得了一定的成效，引起了世界范围广泛的青睐，被当成一种新型的投资方式进行宣传。然而BOT远非一种新生事物，它自出现至今已有至少300年的历史。

BOT模式具有以下特点：(1) 私营企业基于许可取得通常由政府部门承担的建设和经营特定基础设施的专营权（由招标方式进行）；(2) 由获专营权的私营企业在特许权期限内负责项目的建设、经营、管理，并用取得的收益偿还贷款；(3) 特许权期限届满时，项目公司须无偿将该基础设施移交给政府。

3. 公共生产或私人生产、混合提供

某些准公共产品，例如医疗、家电下乡产品等，其生产方式可以是私人的，也可以是公共的，而在提供方式上则一般采取混合提供的方式。以医疗为例，大多数医疗服务属于公共生产、混合提供，即由政府负责建设医疗设施、提供医疗物品，但同时收取一定的费用；再以家电下乡产品为例，家电下乡产品一般属于私人部门生产的产品，但是在消费者购置过程中，政府会给予一定量的补贴。

## 7.2.3　公共服务供给的社会回应性原则

社会回应性是公共服务的核心原则，也是服务型政府无法回避的主题。公共服务的好坏关键在于公众评价的高低，公共服务的供给必须体现公共服务供给的社会回应性原则。回应性是西方法治化前提下提出的为解决行政法制化的负面结果而建立的改革目标和取向。公共服务供给的社会回应性原则，就是要求政府和其他公共服务主体在提供公共产品时要以公众的需求为准线，对公众的公共服务的需求信息给予积极的回应，把公众的需求视为政府公共服务供给的导航灯。传统的公共服务在供给内容和供给方式上都是政府完全主导的模式，忽视了对公众需求的回应，公众只能被动地接受相应的公共服务，这样使得公共服务在服务质量和服务效率方面都大打折扣。

公共服务供给的社会回应性原则要求建立一个社会需求信息的收集和评价机制，转变服务理念，针对性地为公众提供需求。回应性的组织设计是现代民主政府的普遍要求，在美国联邦政府中，高级文官对于实现政府对社会的回应性起着至关重要的作用。高级文官普遍承担着对政府的施政纲领和宏观规划加以解释并转化为各项操作性政策的任务，同时，在大量政府事务已经通过合同、外包和契约等方式转移到政府外部完成的情况下，他们还承担着广泛而重要的监督职责。鉴于高级文官在政府中所发挥的独特功能和作用，提升高级文官对民选官员的回应性也就成为政府的一项重要任务。①

### 7.2.4 公共服务结果的社会公正性原则

社会资源的稀缺性和社会需求的多样性决定了政府难以回应每个公民的每个需求，公共服务公共性也决定了其供给只能是服务公众的基本需求而非公众的所有需求，因此公共服务的供给还需遵循公正原则，让所有公众都能享有公平的公共服务结果。具体而言，公共服务结果的社会公正性要求政府做到以下三点：

1. 公共服务对象的非歧视性

在提供公共服务的时候不能存在任何歧视，即公共服务的质量和内容不能因为服务对象的年龄、性别、种族、宗教信仰、地区差异、受教育水平、社会地位与声望等因素的不同而不同。②

2. 公共服务价格的公正性

公共产品的公共特性决定了其生产的动机不同于私人产品的生产，即公共产品生产的目的不是为了追求最大的利润，而是为了满足公众的需要，所以公共产品的价格又不能完全由市场来决定，而是由政府在一定范围内进行指导。

3. 公共服务供给的正当差别性

公共服务供给的公正原则，不是要求我们对整个社会的所有人提供同样的服务，而是要在满足全体人民基本公共需求的基础上，还要满足不同消费群体的差异性需求。因此，正当差别性要求政府确保对公民的基本服务供给的同时，满足不同主体的不同需求，并引导公民形成正确的消费观，即服务需求不能超越国情和个人实际情况。

---

① 参见朱立言：《美国高级文官制度与政府回应性》，载《中国人民大学学报》，2010（1）。

② 参见赵文：《制度内供给：破解农村公共服务困境的必然选择》，载《福建农林大学学报（哲学社会科学版）》，2011（5）。

# 7.3　公共服务体系的内容

相对于欧美等发达国家而言，我国的公共服务体系建设尚处于不断发展完善的起步阶段。改革开放以前，计划经济体制下的政府管理着公众生活的方方面面；改革开放以后，随着市场经济改革的不断深入和政府职能的不断清晰和精简，政府在公共服务的领域逐渐缩减，但同时也更加能够体现出公共服务的公共本质和服务要义。公共服务体系建设与完善程度是社会进步的体现，也是一个国家社会发展阶段的体现。中国目前尚处于发展阶段，公共服务水平仍然较低，相关经验比较缺乏，所以在公共服务体系的范围和具体做法上需要借鉴发达国家的经验。

以美国为例，美国的公共服务体系是“公平与效率兼顾型”的公共服务体系，是一种把政府公共补贴与工作贡献以及市场机制有机结合的制度模式，其主要特点是在政府调节分配的前提下，建立起以个人自助为主，政府补助、商业保险为辅的公共服务体系。[①] 中国在经历了 30 多年的“效率为主、兼顾公平”的发展思路之后，近年来也提出要“兼顾公平和效率”、重视社会管理，所以美国的公共服务模式从目标上讲与中国的客观现实是相适应的。但同时要注意到，中国与美国的发展阶段不同，在借鉴经验的同时，必须实事求是、有所区分，我们可以在内容和范围上与之保持一致，但在操作方式上要有选择地借鉴，在服务的程度上要结合中国实际。据此，本书认为，我国目前的公共服务至少包括公共教育服务、公共卫生服务、劳动就业服务、公共文化服务和社会保障服务等内容。

## 7.3.1　公共教育服务

作为政府重要的公共服务职能之一，公共教育服务是公共服务的基本内容。公共教育从教育阶段可划分为学前教育、义务教育和高中阶段教育，相应的公共教育服务可划分为学前教育服务、义务教育服务和高中阶段教育服务。

政府作为公共教育服务的主导，首先要对全国性的公共教育服务做政策和制度上的战略部署，即要有明确的目标；其次要明确公共教育的内容，即要明确政府在公共教育服务领域的公共任务和责任范围；最后要对国家政策规划和工作任务加以落实，即通过人力、财力和物力的有效配置，为全民提供教育服务，并实现战略规划的目标。

1. 公共教育服务的目标

百年大计，教育为本。公共教育服务旨在提高全民的受教育水平，提升全民的科学文化素养。《国家中长期教育改革和发展规划纲要（2012—2020 年）》指出，国家教育改革和发展的战略日标是：到 2020 年，基本实现教育现代化，基本形成学习型社会，进入人力资源

① 参见国家行政学院课题组：《关于公共服务体系和服务型政府建设的几个问题（上）》，载《国家行政学院学报》，2008（4）。

强国行列。结合公共教育的范围，公共教育的总体目标包括以下四点：

（1）提高全民的整体受教育水平。

公共教育服务的首要目标就是要提高全民的整体受教育水平，普及更高水平的全民教育。具体而言，就是要基本普及学前教育、巩固提高九年义务教育水平、普及高中阶段教育、扫除青壮年文盲。

（2）形成惠及全民的公平教育。

公共教育服务必须坚持教育的公益性和普惠性，保障公民依法平等享有接受良好教育的机会。建成覆盖城乡的基本公共教育服务体系，逐步实现基本公共教育服务均等化，缩小区域差距，特别要顾及家庭经济困难的、处于偏远地区的、少数民族的和身患残疾的学生。

（3）提供更加丰富的优质教育。

要实现教育质量整体提升，教育现代化水平明显提高；优质教育资源总量不断扩大，更好地满足人民群众接受高质量教育的需求；学生思想道德素质、科学文化素质和健康素质明显提高；各类人才服务国家、服务人民和参与国际竞争能力显著增强。

（4）健全充满活力的教育体制。

要建立健全充满活力的教育体制，就要做到进一步解放思想，更新观念，深化改革，提高教育开放水平，全面形成与社会主义市场经济体制和全面建设小康社会目标相适应的充满活力、富有效率、更加开放、有利于科学发展的教育体制机制，办出具有中国特色、世界水平的现代教育。

2. 公共教育服务的落实

（1）资金保障。

教育经费是公共教育服务的前提，义务教育已全面纳入财政保障范围，义务教育经费由国务院和地方各级人民政府依照《中华人民共和国义务教育法》规定予以保障。《义务教育法》规定：国务院和省、自治区、直辖市人民政府规范财政转移支付制度，加大一般性转移支付规模和规范义务教育专项转移支付，支持和引导地方各级人民政府增加对义务教育的投入。地方各级人民政府确保将上级人民政府的义务教育转移支付资金按照规定用于义务教育。同时，国家鼓励社会组织和个人向义务教育捐赠，鼓励按照国家有关基金会管理的规定设立义务教育基金。但是，我国目前财政在教育方面的投入还远远不够。

（2）师资建设。

公共教育服务的重点是师资建设，而师资建设的重点和难点又在于农村义务教育。农村义务教育师资目前存在着数量匮乏、质量参差不齐、教育方式落后等问题。而就全国而言，不论是城市还是农村，公共教育教师资源也处于供不应求的状态，教师队伍的平均质量仍有待提高。因此，政府在师资服务方面的工作主要有：拓展师资来源、推广师资（特别是农村教师）培训、组织绩效考核等。

首先，拓展师资来源。从师资来源来看，现阶段城乡二元分割的社会结构，使得城市地区掌握着绝对的优势教育资源，教师资源也相应地向城市集中。农村地区的老师相对学历较低，新分配的教师不甘于农村教育岗位，想方设法调入城市学校。针对这种局面，目前政府采取了一系列的措施，例如陕西省推行的“特设岗位计划”。特设岗位计划，主要招聘高等师范院校和其他全日制普通高校应届本科毕业生，特设岗位计划所需资金由中央和地方财政共同承担，以中央财政为主。

其次，推广师资培训。师资培训是政府一直比较重视的一个项目，《中国教育改革和发展纲要》关于我国建设中小学教师队伍建设的方针和《义务教育法》、《教师法》等都规定了师资培训的内容。《国家基本公共服务体系“十二五”规划》中也强调，要实施农村义务教育学校教师特设岗位计划和中小学教师国家级培训计划，加强农村学校薄弱学科教师队伍建设，建设农村边远艰苦地区教师周转宿舍。

最后，组织绩效考核。教师绩效考核是为深化教育人事制度改革，推进学校绩效工资制度顺利实施，加强教师队伍建设，促进教育事业科学发展的一种教师考核制度。教师绩效考核的内容主要是：教师履行《义务教育法》、《教师法》、《教育法》等法律法规规定的教师法定职责，以及完成学校规定的岗位职责和工作任务的实绩，包括师德和教育教学、从事班主任工作等方面的实绩。义务教育学校实施绩效工资所需经费，纳入财政预算。按照“管理以县为主、经费省级统筹、中央适当支持”的原则，确保落实到位。

(3) 教育设施。

教育设施是公共教育服务的硬件准备，教育设施一般可包括校舍、设备、图书、体育场地等。在教育设施领域，政府的主要工作在于：为义务教育阶段的学生提供充足的教育设施；制定相关教育设施的标准，检查、监督并保障各学校教育设施的完善和安全。

教育设施的完善需要制定标准和规划，目前政府已经制定了不同层次、较为详尽的教育设施标准，为教育设施服务奠定了制度的基础。例如《城市普通中小学校校舍建设标准》和《农村中小学校校舍建设标准》分别对城市和农村校舍的选址、规模、规划等作了详尽的规定。此外，各省市就学校内的图书馆、餐厅等设施的建设标准也出台了相关规定，例如《安徽省中小学图书室建设标准》、《广东省中小学图书室建设标准》等。

(4) 学生服务。

学生服务是指针对学前教育、义务教育和高中阶段在校学生的保障性服务，包括学费减免、校车安全、校园安全等。学生是公共教育服务的直接对象，政府针对学生的服务对公共教育服务目标的实现有着重要意义。

其一，学费减免政策为普及全民教育提供了资金上的保障。目前我国的学费减免政策主要包括城乡义务教育阶段免除学杂费政策和进城务工人员随迁子女就学保障政策。

其二，校园安全保障政策为在校生提供了基本的安全保障服务。安全的外部环境关乎教育的质量和效果，针对校园安全、校车安全问题，教育部、财政部、公安部等出台了一系列相关政策，例如《小学校园安全保卫制度》、《教育部关于进一步做好中小学幼儿园安全工作八条措施》、《公安机关维护校园及周边治安秩序八条措施》、《校车安全管理条例》等。

(5) 民办教育。

公共教育服务的提供者不仅是政府，NGO、NPO和个人均可提供，并且在目前看来，民办教育在公共教育服务领域是非常必要的补充。《中华人民共和国民办教育促进法》规定：县级以上各级人民政府可以设立专项资金，用于资助民办学校的发展，奖励和表彰有突出贡献的集体和个人；民办学校享受国家规定的税收优惠政策。这一规定为政府支持民办教育提供了法律基础。目前，部分农民工随迁子女由于户籍问题无法入学，而就读于一些 NGO 举办的农民工子弟学校。

### 7.3.2 公共卫生服务

1. 公共卫生服务的目标

公共卫生服务由疾病预防控制机构、城市社区卫生服务中心、乡镇卫生院等城乡基本医疗卫生机构向全体居民提供，是公益性的公共卫生干预措施，主要起疾病预防控制的作用。

公共卫生服务是政府保障全民健康水平、提升全民身体素质的基本服务内容。公共卫生服务的目标是：(1) 改善并提升全民的整体健康水平，提高全民的期望寿命；(2) 建立健全完善的公共卫生服务体系，覆盖城乡居民的基本医疗卫生制度初步建立，基本医疗保障制度更加健全，公共卫生服务体系和医疗服务体系更加完善，药品供应保障体系更加规范，医疗卫生机构管理体制和运行机制更加科学，基本医疗卫生服务可及性显著增强，居民个人就医费用负担明显减轻，人民群众健康水平进一步提高；(3) 促进基本公共服务的均等化，具体包括城乡之间的均等化、区域之间的均等化，同时，要为老年人、婴幼儿、残疾人提供特殊的保障性服务。

2. 公共卫生服务的内容

根据 2011 年国家修订和完善的《国家基本公共卫生服务规范》，我国公共卫生服务主要包括 11 项内容，分别是城乡居民健康档案管理、健康教育、预防接种、0～6 岁儿童健康管理、孕产妇健康管理、老年人健康管理、高血压患者健康管理、2 型糖尿病患者健康管理、重性精神疾病患者管理、传染病及突发公共卫生事件报告和处理以及卫生监督协管服务规范。在各项服务规范中，分别对国家基本公共卫生服务项目的服务对象、内容、流程、要求、考核指标及服务记录表等作出了规定。

以上 11 项基本公共服务的内容，除“传染病及突发公共卫生事件报告和处理以及卫生监督协管服务”属于本书中的公共安全体系外，其他均在公共服务下的公共卫生体系之内。结合理论上的研究，可以把剩余 9 项基本公共卫生服务按人群和疾病划分为：(1) 针对全体人群的公共卫生服务任务，如为辖区常住人口建立统一、规范的居民健康档案；为城乡居民提供健康教育宣传信息和健康教育咨询服务。(2) 针对重点人群的公共卫生服务，如为 0～36 个月婴幼儿建立儿童保健手册，开展新生儿访视及儿童保健系统管理；为孕产妇开展至少 5 次孕期保健服务和 2 次产后访视；对辖区 65 岁及以上老年人进行健康指导服务。(3) 针对疾病预防控制的公共卫生服务，包括为适龄儿童接种乙肝、卡介苗、脊灰等国家免疫规划疫苗；及时发现、登记并报告辖区内发现的传染病病例和疑似病例，参与现场疫点处理，开展传染病防治知识宣传和咨询服务。(4) 针对高血压、糖尿病等慢性病高危人群进行指导，对确诊高血压和糖尿病患者进行登记管理，定期进行随访。

(5) 针对重性精神疾病患者进行登记管理，在专业机构指导下对在家居住的重性精神疾病患者进行治疗随访和康复指导。

国家基本公共卫生服务项目主要通过城市社区卫生服务中心（站）、乡镇卫生院、村卫生室等城乡基层医疗卫生机构免费为全体居民提供，其他医疗卫生机构也可提供。对包括社会力量举办的所有提供基本公共卫生服务的医疗机构，都可以采取购买服务等方式核定政府补助。

3. 公共卫生服务的落实

(1) 公共卫生资金保障。

我国卫生资金筹措系统可以分为政府、社会和个人三个子系统，其中政府依靠国家预算划拨专项资金，社会筹措部分则由社保基金、合作医疗基金和援助基金（红十字会）构成，另外个人可以以自费医疗和商业保险的形式支付医疗费用。

我国政府针对公共卫生服务的投入主要包括政府主导投资和非公投资两种方式。政府主导投资主要是指利用各级政府拨款对卫生进行投资，非公投资是指各种非政府主体，如投资基金、公司、事业单位为满足投资盈利需要或自身单位职工需求而进行卫生投资。非公投资主要包括企业为员工缴纳的医疗保险、职工个人缴纳的医疗保险、城市居民和农村居民缴纳的医疗保险，以及社会捐助的卫生事业基金等。

(2) 绩效工资。

为保障和改善卫生人员工资待遇、建立保障公平效率的长效激励机制、提高公共医疗卫生公益服务水平、促进公共卫生与基层医疗卫生事业发展，国家自2009年开始逐步在各公共卫生与基层医疗卫生事业单位实施绩效工资制。

根据规定，绩效工资分为基础性绩效工资和奖励性绩效工资两部分。基础性绩效工资主要体现地区经济发展、物价水平、岗位职责等因素，在绩效工资中所占比重为60%～70%，一般按月发放。奖励性绩效工资主要体现工作量和实际贡献等因素，根据考核结果发放，可采取灵活多样的分配方式和办法。根据实际情况，在绩效工资中可设立岗位津贴和综合目标考核奖励等项目。

(3) 医药供应保障。

第一，医药供应保障需要政府建立和完善以国家基本药物制度为基础的药品供应保障体系。基层医疗卫生机构全面实施国家基本药物制度，其他医疗卫生机构逐步实现全面配备、优先使用基本药物。国家发改委、卫生部等九部委2009年8月18日发布了《关于建立国家基本药物制度的实施意见》，这标志着我国国家基本药物制度工作正式实施。同时，发布了《国家基本药物目录管理办法（暂行）》和《国家基本药物目录（基层医疗卫生机构配备使用部分）》（2009版）。根据规定，基本药物是适应我国基本医疗卫生需求，剂型适宜，价格合理，能够保障供应，公众可公平获得的药品。国家将基本药物全部纳入基本医疗保障药品目录，报销比例明显高于非基本药物，降低个人自付比例，用经济手段引导广大群众首先使用基本药物。

第二，医药供应保障需要国家建立基本药物目录动态调整机制，并逐步完善价格形成机制和动态调整机制。另外，政府还需要做到：提高基本药物实际报销水平，加强药品生产管理，整顿药品流通秩序，规范药品集中采购和医疗机构合理用药。

### 7.3.3 劳动就业服务

1. 劳动就业服务的目标

劳动就业服务，即国家通过建立劳动就业公共服务制度，为全体劳动者就业创造必要条件，加强劳动保护，改善劳动环境，保障劳动者的合法权益，促进充分就业，构建和谐的劳动关系。以高校毕业生、农村转移劳动力、城镇就业困难人员和零就业家庭为重点服务对象，全面提升就业全过程中的公共服务能力，努力创造平等就业机会，积极构建和谐劳动关系。劳动就业服务的核心目标包括以下两个方面：

第一，要努力降低失业率，实现充分就业。要努力实现就业规模持续扩大，就业结构进一步优化，就业局势保持稳定，特别要解决好高校毕业生、农村转移劳动力、城镇就业困难人员和零就业家庭的就业问题。

第二，劳动关系更加和谐稳定。各类企业全面实施劳动合同制度，建立集体协商和集体合同制度，提高企业劳动合同签订率和集体合同签订率；进一步完善中国特色的协调劳动关系三方机制；健全劳动标准体系，完善劳动人事争议处理机制，使得基层劳动争议调解组织和仲裁机构实体化基本建设取得明显进展，劳动人事争议案件得到及时有效处理。

2. 劳动就业服务的落实

劳动就业服务的工作重点在于劳动就业服务与管理、就业技能培训、劳动关系协调和劳动权益保护三个方面。

(1) 劳动就业服务与管理。

劳动就业服务是准公共产品，可以由政府直接提供，也可以由市场提供，而政府分别在这两种提供方式下承担着服务和管理的职能。政府的就业服务包括：就业政策的制定、实施和发布，就业信息的发布和引导，失业管理等。政府的就业管理包括对劳动关系的管理，以及对劳动就业服务企业的管理，例如《劳动就业服务企业管理规定》中对劳动就业服务企业的申请资格的认定等。

据此，政府在改善劳动就业服务、加强就业管理方面的努力方向在于：第一，完善并全面实施就业政策法规咨询、信息发布、职业指导和职业介绍、就业失业登记等免费服务，推进服务规范化和标准化，拓展服务功能。第二，推进分类服务和管理，加快推行就业失业登记证实名制，尽快实现一人一证、全国通用。第三，健全人力资源市场调查统计制度，建立全国就业信息监测制度，加强失业动态监测预警。第四，完善就业援助政策，加大资金投入，完善税费减免、社会保险补贴、岗位补贴等办法，开发社区服务、养老服务、助残服务、交通协管、保洁、绿化等公益性岗位。第五，加强公共就业服务网络建设，整合职业介绍和人才交流服务的公共资源，推动就业信息全国联网，提升就业创业和人才服务能力。

(2) 就业技能培训。

就业技能培训服务是指政府通过建立面向全体劳动者的职业培训制度，为城乡有就业要求和培训愿望的劳动者提供职业技能培训。就业技能培训是提升国家人力资源素质、降低失业率的重要举措。

《职业技能培训和鉴定条例》规定，劳动者有参加职业技能培训和鉴定的权利。用人单位应当保障职工参加职业技能培训和鉴定的权利。国务院人力资源和社会保障部负责全国职业技能培训和鉴定的指导、监督、管理工作。国务院其他有关部门按照各自职责负责职业技能培训和鉴定等有关工作。县级以上地方人民政府人力资源和社会保障行政部门负责本行政区域职业技能培训和鉴定的指导、监督、管理工作。县级以上地方人民政府其他有关部门按照各自职责负责职业技能培训和鉴定等有关工作。

同时，就业培训是靠国家财力作为支持的，因此必须加强职业技能培训经费统筹使用，提高效率和效益。加强职业技能培训能力建设，加大培训市场监管和资源整合力度，引导协调各类职业院校、培训机构有序开展职业技能培训，研究推进职业技能实训基地建设。

(3) 劳动关系协调和劳动权益保护。

政府在协调劳动关系、保护劳动权益方面的主要依据是《中华人民共和国劳动法》和《中华人民共和国劳动合同法》，其工作重点在于：推行劳动合同制度，着力提高小企业和农民工劳动合同签订率，扩大集体合同覆盖面；规范劳务派遣用工和企业裁员行为；全面推进实施劳动用工备案制度，加强对劳动用工的动态监管；健全企业薪酬调查和信息发布制度；完善企业工资决定和正常增长机制，积极稳妥推进工资集体协商工作；健全工资支付保障机制，完善最低工资和工资指导线制度，逐步提高最低工资标准；健全协调劳动关系三方机制，发挥政府、工会和企业的作用；加强劳动保障监察执法力度，全面推进网格化、网络化管理，完善劳动案件办理协查制度；加强劳动人事争议调解仲裁服务体系建设，规范办案程序；建立健全重大集体劳动争议应急调处机制。

## 7.3.4 公共文化服务

### 1. 公共文化服务的目标

公共文化服务是政府公共服务的重要内容，也是现阶段政府推进文化体制改革和社会主义文化大发展大繁荣的关键。公共文化服务是指以政府部门为主的公共部门提供的，以保障公民的基本文化生活权利为目的向公民提供公共文化产品与服务的制度和系统的总称，包括公共文化服务设施、资源和内容，以及人才、资金、技术和政策保障机制等方面的内容。

《中共中央关于深化文化体制改革　推动社会主义文化大发展大繁荣若干重大问题的决定》中提道，“到二〇二〇年，文化改革发展奋斗目标是：社会主义核心价值体系建设深入推进，良好思想道德风尚进一步弘扬，公民素质明显提高；适应人民需要的文化产品更加丰富，精品力作不断涌现；文化事业全面繁荣，覆盖全社会的公共文化服务体系基本建立，努力实现基本公共文化服务均等化；文化产业成为国民经济支柱性产业，整体实力和国际竞争力显著增强，公有制为主体、多种所有制共同发展的文化产业格局全面形成；文化管理体制和文化产品生产经营机制充满活力、富有效率，以民族文化为主体、吸收外来有益文化、推动中华文化走向世界的文化开放格局进一步完善；高素质文化人才队伍发展壮大，文化繁荣发展的人才保障更加有力”。

2. 公共文化服务的落实

(1) 制定公共文化政策。

公共文化政策、理论体系主要提供公共文化政策法规，构建社会公益的价值观念系统，它是政府在公共文化服务中的核心任务。公共文化政策是创造公共文化繁荣的基石，公益意识是促进公共文化发展的基础，价值观念是构建公共文化的根本。国务院颁布实施的《公共文化体育设施条例》等都属于这一体系。

(2) 建设公共文化基础设施。

公共文化基础设施包括各种文化历史遗存和我国已经建成的覆盖城乡的群艺馆、文化馆、文化站、公共图书馆、博物馆、美术馆、文化广场、公园、文化中心、工人文化宫、青少年宫以及代表国家及各地最高水平的、具有标志性特征的剧院等，是公共文化服务体系的物质保障。公共文化场所是人民群众享受公共文化的最基本的场所，只有形成一个遍及全国各地、合理布局、公平准入的公共文化设施网络，才能实现构建公共文化服务体系的目的。

(3) 引导公共文化生产和运营。

公共文化产品或服务的生产和运营系统，是公共文化服务体系中公共文化产品的生产部门和直接作用于服务对象的服务机构体系。政府必须引导公共文化的生产和经营，一方面要从内容上引导社会产业进入与社会主义核心价值体系密切相关的文化领域，另一方面要鼓励和支持传统文化，保护物质和非物质文化遗产。

(4) 公共文化资金保障。

公共文化资金保障体系包括政府的拨款、贴息贷款及融资、集资、社会捐助、赞助、基金等。一个良好的资金保障体系是公共文化服务的血脉。国外经验表明，政府公共财政对公共文化只能进行有限度的投入，政府的责任应该是引导更多的企业和社会公众对公共文化进行投资。只有通过服务的市场化、资金的社会化，才能实现公共文化服务的良性运转，为社会提供高质量的公共文化服务，构筑一个良好的公共文化服务体系。

(5) 构建公共文化评估、监督体系。

公共文化需要一个权威的文化评估系统，这是政府引导社会主义文化建设的重要内容。同时，政府可以依据评估的结果对公共文化服务的执行情况进行有效的监督和管制，从而保证群众得到真正的公共文化服务，政府的拨款（投资）、社会捐助等资金得到正当、合理的使用等。

### 7.3.5 社会保障服务

社会保障制度是指在政府的管理之下，以国家为主体，依据一定的法律和规定，通过国民收入的再分配，以社会保障基金为依托，对公民在暂时或者永久性失去劳动能力以及由于各种原因生活发生困难时给予物质帮助，用以保障居民的最基本的生活需要。社会保障制度通过集体投保、个人投保、国家资助、强制储蓄的办法来筹集资金，国家对生活水平达不到最低标准者实行救助，为暂时或永久失去劳动能力的人提供基本生活保障，逐步增进全体社会成员的物质和文化福利，保持社会安定，促进经济增长和社会进步。

1. 社会保障的目标和原则

（1）社会保障的目标。

总体而言，国家建立社会保障体系的目标是通过保障和改善国民生活、增进国民福利来实现整个社会的和谐发展，促进社会公平。具体而言，社会保障的目标可以分为三个层次：社会救助、社会保险和社会福利。社会救助是补偿性的社会保障，层次最低，覆盖面多为社会弱势群体；社会保险是针对全民的、满足全民基本需要的社保子系统；社会福利是为了提升社会整体生活水平的保障手段。

（2）社会保障的原则。

社会保障在覆盖范围、保障水平等方面具有一定的实施原则，具体包括公平原则、与经济发展相适应原则、责任分担原则、普遍性与选择性相结合原则和法制性原则。公平是社会保障存在的基础和宗旨，与经济发展相适应决定了社会保障的水平，责任分担为社会保障体系的建立提供了财力、人力和物力的支持，普遍性与选择性相结合原则与社会保障目标层次密切相关，而法制性原则则是社会保障法制化、规范化的前提。现代国家必须制定社会保障法律规范，保证社会保障制度真正得到贯彻实施。

2. 社会保障的内容

社会保障制度由社会保险、社会福利、社会救济、住房保障、其他社会保障等各项不同性质、作用和形式的社会保障制度构成。

（1）社会保险。

社会保险是指由国家建立的基本养老保险、基本医疗保险、工伤保险、失业保险、生育保险等社会保险制度，保障公民在年老、疾病、工伤、失业、生育等情况下依法从国家和社会获得物质帮助的权利。社会保险制度是社会保障制度的核心内容，2011 年《中华人民共和国社会保险法》颁布实施，对于建立覆盖城乡居民的社会保障体系，更好地维护公民参加社会保险和享受社会保险待遇的合法权益，使公民共享发展成果，促进社会主义和谐社会建设，具有十分重要的意义。

1）基本养老保险。

基本养老保险亦称国家基本养老保险，它是按国家统一政策规定强制实施的，为保障广大离退休人员基本生活需要的一种养老保险制度。基本养老保险费由企业和职工个人共同负担：企业按本企业职工上年度月平均工资总额的 20%缴纳（部分省市略有调整），职工个人按本人上年度月平均工资收入的 8%缴纳。

2）基本医疗保险。

基本医疗保险是为补偿劳动者因疾病风险造成的经济损失而建立的一项社会保险制度。通过用人单位和个人缴费，建立医疗保险基金，参保人员患病就诊发生医疗费用后，由医疗保险经办机构给予一定的经济补偿，以避免或减轻劳动者因患病、治疗等所带来的经济风险。我国目前建立了城镇职工基本医疗保险制度、新型农村合作医疗制度和城镇居民基本医疗保险制度。

3）工伤保险。

工伤保险，是指劳动者在工作中或在规定的特殊情况下，遭受意外伤害或患职业病导致暂时或永久丧失劳动能力以及死亡时，劳动者或其遗属从国家和社会获得物质帮助的一种社会保险制度。

工伤保险是通过社会统筹的办法，集中用人单位缴纳的工伤保险费，建立工作保险基金，对劳动者在生产经营活动中遭受意外伤害或职业病，并由此造成死亡、暂时或永久丧失劳动能力时，给予劳动者或其遗属法定的医疗救治以及必要的经济补偿的一种社会保障制度。这种补偿既包括医疗、康复所需费用，也包括保障基本生活的费用。

4）失业保险。

失业保险是指国家通过立法强制实行的，由社会集中建立基金，对因失业而暂时中断生活来源的劳动者提供物质帮助的制度。《失业保险条例》规定，失业保险基金由五个方面构成：城镇企业事业单位、城镇企业事业单位职工缴纳的失业保险费；失业保险基金的利息；财政补贴；依法纳入失业保险基金的其他资金。

5）生育保险。

生育保险制度是国家通过立法，在怀孕和分娩的妇女劳动者暂时中断劳动时，由国家和社会提供医疗服务、生育津贴和产假的一种社会保险制度。我国生育保险待遇主要包括两项：一是生育津贴，用于保障女职工产假期间的基本生活需要；二是生育医疗待遇，用于保障女职工怀孕、分娩期间以及职工实施节育手术时的基本医疗保健需要。生育保险费用由用人单位按照国家规定缴纳，职工不缴纳。

（2）社会福利。

社会福利是指由国家或社会在法律和政策范围内向全体公民普遍地提供资金帮助和优化服务的社会性制度。社会福利制度的主要内容包括：社会津贴、职业福利、社会福利企事业和社区服务。

（3）社会救济。

社会救济是指国家通过国民收入的再分配对因自然灾害或其他经济、社会原因而无法维持最低生活水平的社会成员给予救助，以保障其最低生活水平的制度。社会救济是国家针对弱势群体而制定的一系列保障制度。

（4）住房保障。

住房保障，即国家建立基本住房保障制度，维护公民居住权利，逐步满足城乡居民基本住房需求，实现住有所居。在我国，基本住房保障制度主要是指住房公积金制度。住房公积金制度是指各类企事业单位的在职职工通过长期缴存形成的住房储蓄，定向地使用于职工住房消费支出，从而有效地支持中低收入阶层解决住房问题的制度。

（5）其他社会保障。

社会优抚制度是指国家依法定的形式和政府行为，对有特殊贡献的军人及其眷属实行的具有褒扬和优待赈恤性质的社会保障制度。

社会互助制度是指民间组织对部分劳动者的帮助，主要是解决那些政府政策规定之外、没有很好解决但仍需获得外界帮助的实际困难。社会互助是社会救助的补充，是社会成员的基本权利。

此外，还有个人储蓄积累保障，即个人或家庭将部分资金存入银行的一种保障形式，是社会保障的一种有效而必要的补充。

## 本章小结

本章对公共服务体系进行了界定，分析了公共服务体系的内涵，公共服务的政府主导性原则、多样性原则、社会回应性原则和社会公正性原则，并从公共教育服务、公共卫生服务、劳动就业服务、公共文化服务和社会保障服务五个方面分析了具体的公共服务的目标、内容、原则及落实等。

## 关键术语

公共服务体系　　公共教育服务　　公共卫生服务　　劳动就业服务　　公共文化服务
社会保障服务

## 复习参考题

1. 应如何理解公共服务体系的内涵？
2. 公共服务体系的原则有哪些？
3. 如何进一步完善我国的公共教育服务？
4. 如何进一步完善我国的公共卫生服务？
5. 如何进一步完善我国的劳动就业服务？
6. 如何进一步完善我国的公共文化服务？
7. 如何进一步完善我国的社会保障服务？

## 案例分析

### 欧洲福利制度与福利国家建设

福利国家制度强调国家应该承担满足国民基本的教育、健康照顾、经济和社会安全需求。它把福利看作是国家的最主要特性，强调国家要为国民的福利负责，国家必须具备最基本的福利功能。福利国家是 20 世纪最重要的社会福利现象。英国是世界上最早建立社会福利制度的国家之一，二战后的福利国家制度在相当长的时间里运行良好。在此以英国为例进行介绍。

**(一) 英国福利制度的建立**

20 世纪 20—30 年代，英国在长期经济停滞的基础上爆发了经济危机，激化了英国经济中已有的各种矛盾，导致工业生产指数和进出口贸易指数的下降，失业人数激增。

政府建立了失业保险法委员会和失业救济管理局，并建立起比较完善的失业保险制度，国家也开始全面建立福利制度，社会政策的涵盖面急剧扩大。

二战后，工党上台，工党政府把《贝弗里奇报告》作为自己施政纲领中最重要的内容，先后通过了《家庭补助法》(1945 年)、《社会保险法》(1946 年)、《国民保险法》

(1946年)、《国民卫生保健服务法》(1946年)、《国民救济法》(1948年) 以及其他相关措施和法令，由此构成了英国新的社会保障法律体系。

由于长期实行福利国家政策，不断增加社会福利开支，英国社会保障费用增长过快，政府负担过重，社会保障制度面临种种问题："保姆式"的制度使一些人不愿再勤奋工作，激励机制弱化，经济效率不断下降，整个国家经济失去发展的动力；福利支出的长期激增，不可避免地造成国家财政负担长期过重。

1979年，撒切尔夫人上台后，对英国的社会政策进行了大幅的调整改革：减少税收，削减福利，扭转了福利支出不断增长、国家财政负担过重的局面，也使人们重新接受了强调"个人"责任与"选择权"的价值观念。

20世纪90年代后期，英国工党重新上台执政，工党政府发表了《我们国家的新动力：新的社会契约》绿皮书，宣布了新的福利制度的8项原则。"为那些能工作的人服务，为那些不能工作的人保险"的口号概括了其福利原则：减少对福利的依赖，增加工作的动力，但仍维持社会福利的普遍性。在这些原则的指导下，工党政府进行了有效的调整和改革：促进青年就业，帮助弱势群体，鼓励志愿服务和慈善活动等。

### (二) 英国福利制度存在的问题

1. 经济领域的困境

财政负担过重是福利国家在经济领域困境的首要表现。福利国家用于社会福利方面的开支也不断增加，福利国家的财政困境产生于福利支出缺乏理性增长。同时，各项福利制度的实施极大地提高了劳动力的成本，削减了投资者的投资热情，进而导致国家的经济增长迟缓，在国际经济竞争中处于不利地位。

2. 行政领域的困境

福利国家在行政领域的困境主要表现在国家管理机构臃肿庞大、管理机构官僚主义盛行、部门利益滋生、对公民权利要求的回应性差等几个方面。

福利国家的本质就是国家社会管理职能的扩大和加强。随着国家承担社会管理职能的不断扩大和社会福利支出项目的不断增多，国家必须对社会福利支出作出计划和管理，这样便导致国家的福利管理队伍不断膨胀、日益臃肿。

3. 社会结构转变带来的困境

经济全球化进程中西欧国家经济和社会的结构性变化，造成这种制度模式的相对滞后，这是导致福利国家"全球化危机"的社会原因。从社会角度来看，福利国家是针对工业社会的社会结构和社会需求而设计的一种福利制度模式。社会形态的转变需要建立新的福利保障制度以保障社会成员基本的生产和生活需要。

### (三) 撒切尔夫人的"福利社会"实践

撒切尔夫人力行新保守主义经济和社会政策，大力推行市场化、私有化和放松国家管制，对福利国家制度进行了大刀阔斧的改革，对福利社会化进行了初步的探索和尝试。撒切尔夫人改革的指导思想就是：推崇机会平等，反对结果平等；推崇福利社会化，反对福利国家化；推崇福利市场化，反对福利计划化。在具体政策方面，围绕增加政府财政收入和减少国家公共福利支出、推进社会福利的市场化和私人化这两个方面展开。强调个人的责任，强调国家与社会机构的合作和推进市场化进程。

撒切尔夫人实行“福利社会”的尝试获得了巨大的经济成功，长期困扰英国的“滞胀”问题得到了有效控制，出现了新一轮的经济增长。具体表现为：国民生产总值年均增长率超过了同期美国和欧共体国家的平均水平；通货膨胀率低于同期大多数发达国家；公共借贷占国民生产总值的比例大幅下降；劳动生产率、人均年收入和企业竞争力有所增长或有所增强。

但是，由于撒切尔夫人奉行新保守主义的宏观经济政策，在“福利社会”的理解上也走到了偏激的程度，改革使社会不公平问题日益严重，付出了沉重的社会代价。

（注：根据相关新闻报道和资料整理）

**思考题：**

1. 试从以上英国福利制度的发展演变历程，分析社会福利的范围和界限以及政府应该在社会福利供给中扮演怎样的角色。

2. 欧洲福利国家建设对于我国建设服务型政府、完善社会保障体系有什么启示？

## 美国医疗改革与全民医保

### （一）美国医改的历程

美国是世界上医疗费用最贵的国家之一，20 世纪 90 年代初期，美国的全国卫生费用以几何速度上涨，1992 年就已经达到全美 GDP 的 14%之多，个人平均医疗费用大大超出其他发达国家，甚至达到联邦德国的 2 倍、英国的 3 倍。目前，美国的卫生总费用占其 GDP 的比重近 17%，每年的医疗花费已高达 2.2 万亿美元，人均 7 421 美元。美国医疗开支增速比 GDP 增速高 2 个多百分点，而在其他发达国家，这个增速只是略高于 GDP 增速半个百分点左右。

然而，美国却是发达国家中唯一不具备全民医疗保险制度的国家。美国目前还有 5 000 万人口没有医疗保险（主要是 65 岁以下的既不符合穷人医疗报销标准，也没有雇主提供商业医疗保险的人），依然面对着满意程度较低的医疗服务质量以及与高昂花费不相称的医疗绩效，也即面临医疗系统的低覆盖、低效率和高成本这三大问题。

20 世纪 90 年代初克林顿上台之后，美国就走上了医疗改革之路。1993 年，克林顿向国会提交了医疗保险改革法案，主张全国实行统一的医疗保险制度。但由于费用过于庞大，此方案没有通过国会预算办公室的审查。为了使医疗保障更加有效率并且兼顾公平，小布什总统用更加市场化的方式来推行医疗改革。2003 年，美国国会通过医疗照顾计划处方药改革法案，但这些改革只是小修小补，并未改变医疗保障体制的弊端。

2010 年 3 月 21 日，美国众议院以 219/212 票通过了医改法案；23 日，美国总统奥巴马在这一法案上用 20 支笔签署了自己的名字。在法案通过之后，奥巴马发表演讲声称这是历史的呼唤。美国作为当今世界头号强国，却是唯一一个没有全民医疗保障的发达国家，而今终于走上了全民医保之路。

### （二）奥巴马医改的具体措施

奥巴马医改的核心目标是全覆盖和低成本，主要通过政府的适当干预来实现全民医疗覆盖；通过调整医疗保障支出结构，削减不必要的开支，在实现低成本的同时，提高医疗保障体系运行效率。

1. 扩大医疗保险覆盖面

美国政府计划在今后10年内投入9 400亿美元，扩大Medicaid和SCHIP计划的覆盖范围，使3 200万没有医疗保险的美国人得到医疗保险，让子女可以享用父母的医保服务至26岁，使医保覆盖率从85%升至95%左右，接近全民医保。

2. 加强对保险公司的监管

一是创设“医疗保险费率管理局”，监管保险公司保费政策，监督和评估各保险公司保险费率调整，并有权否决不合理的保费上调计划。

二是禁止保险公司“撇奶油”，因为保险公司总是倾向于把保险卖给健康、年轻和高收入人群，而给年老体弱和低收入人群设置苛刻的条件，医改法案规定保险公司不能以申请者“投保前存在病症”为由拒保或者收取高额保费，不得在投保人患病后单方面终止保险合同。

三是对保险公司医疗保险范围进行限定。医改法案明确保险公司向被保险人提供医疗保险计划必须包含联邦政府所确定的“最低受益包”，且要覆盖常规检查、预防性的治疗以及结肠镜检查。医改方案还禁止保险公司缩小报销的范围，不得对投保人终身保险赔付金额设置上限等。

四是要求保险公司将健康保险保费收入的固定比例（大公司85%，小公司80%）用于医疗项目，否则必须向消费者返还利益。

五是以州为基础建立医疗保险交易所。要求确保每个交易有足够的保险公司和保险计划相互竞争。小企业和个人可在交易所里联合议价，自由选择保险计划，享受与大公司员工或联邦政府雇员同样优惠的保险费率。医改法案通过这种透明的竞争机制，促使保险公司为保险者提供最有益的廉价服务并降低管理费用。在健康保险交换制度建立后，进一步通过全国“高风险池”计划为那些因有既往病史得不到保险的人提供低成本、高保障的保险，避免其因疾病导致经济陷入困境。

3. 对投保人——雇主和个人的要求

对雇主来说，医改法案要求雇用超过50名员工的企业必须向员工提供医保；政府对为员工购买医疗保险的小企业减免税收；雇员人数低于25人的企业购买医疗保险可获得政府资助。对个人来说，医改法案要求绝大多数美国人主动投保。对于年收入低于4.3万美元的个人和低于7.3万美元的三口之家，联邦政府给予医保补贴；对于最贫困的家庭，只需要付出家庭收入的10%就可买到全额保险。为了防止医疗保险产生道德风险，医改法案规定对拒绝投保的人予以处罚。对于第一年没有购买医疗保险的违规者，将按照95美元或者年收入的1%二者中较高的数额予以处罚；第二年没有购买医疗保险的罚金标准上涨到每年695美元或者年收入的2%。

4. 加大初级卫生领域投入

吸引更多人才（包括医生和各种有专长的护士）服务初级卫生领域。为在不发达地区服务的初级医生提供奖学金或者贷款，资助他们接受进一步培训。联邦政府计划投入110亿美元用于创建更多以社区和学校为基础的社区医疗中心。联邦政府向各州政府提供资金，帮助它们改革医疗事故处理体系，并鼓励更多的医生和医院结盟成为“可信赖医疗组织”。

5. 改进医疗服务

推广标准化的医疗信息系统。对病历信息深入研究，在不影响医疗服务质量的前提下减少医疗开支。要求医疗机构为患者提供更好的医疗服务，包括疾病预防和慢性病管理服务。允许食品和药物管理局从其他国家以更低价格购买安全和有效药物。对于福利不足的老年人，购买品牌药时给予优惠。防止医疗体系内的浪费。

6. 提高医保体系运行效率

通过调整医保支出结构，削减不必要的开支，在实现低成本的同时提升效率。改革医疗保险付费方式。从根据医生和医院提供的服务数量付费转为根据治疗的质量确定付费。

7. 保障医改资金来源

美国政府预计今后将为医改法案增加投入，主要是用于为新增的3 200多万名65岁以上的老年人和贫困的穷人提供医疗保险费用。对此，奥巴马政府提出医改所需的大部分费用将来自对现有联邦医疗保险体系的节约挖潜，同时政府将对高收入群体加征个人所得税并对高额保单加征消费税。政府对年收入超过20万美元的个人和年收入超过25万美元的家庭加征个人所得税，税率从原来的1.45%提高至2.35%；对保单超过1.02万美元的个人和超过2.75万美元的家庭征收40%的消费税，这一规定暂定从2013年开始执行。奥巴马政府预计，医改法案将在未来10年内节省1 380亿美元的预算支出，在第二个10年内减少约1.2万亿美元。从长期看，这将减少医疗开支和政府医保预算支出，而美国政府的预算赤字在医保法案生效后将大幅减少。

（注：根据相关新闻报道和资料整理）

**思考题：**

1. 结合我国公共卫生服务的落实措施，分析美国医改的主要经验。
2. 如何借鉴美国医疗改革的做法来推进我国医疗改革？

# 第8章

# 和谐保障体系

## 8.1 和谐保障体系的界定

### 8.1.1 和谐保障体系的内涵

社会管理是一个多层次、多角度的复杂管理体系，而和谐保障体系是社会管理体系的重要组成部分，和谐保障体系的建立健全是我国现阶段社会管理的必然要求。首先，和谐保障体系是保障公众正当权益的制度体系。宪法和法律从基本的制度层面规定了公众的合法权益，保障了公众要求维护社会公平正义的权利，从而为和谐保障提供了基本的理念和原始的精神内涵。其次，和谐保障体系是针对弱势群体和维权群体保障的政策体系。和谐保障直接关注的焦点在于消除或减少社会的不和谐因素，提升公众对政府的满意度，而弱势群体由于社会、经济、政治地位的落后，有悖于以人为本的和谐社会理念，因此需要政府作出相应的救济。最后，和谐保障体系是维护社会稳定和国家长治久安的综合体系。和谐保障体系不仅从制度上规定了公众的权利，而且在政策机制上建立了针对弱势群体的补偿措施，同时和谐保障体系包括对社会价值观的重建和社会道德的建设，从而从物质上、精神上维护和协调了和谐稳定的社会关系。

和谐保障体系不同于公共服务体系，其区别在于：公共服务体系是政府保障全体公民基本权利的常规性工作职责，而和谐保障体系则一方面以制度的形式保障公民的基本权利的实现，保障公共安全体系、社会秩序体系和公共服务体系的良好运行，另一方面则要弥补社会管理的漏洞，消除社会管理的死角，保障弱势群体的合法权益。因此，和谐保障体系有利于促进社会达到最高水平的和谐。

在社会管理中，政府所面对的大部分管理是针对全民性的普遍管理，例如公共服务体系就是政府普惠性的管理和服务手段，但是，每一个社会都有弱势群体和社会矛盾的存在。我国正处于社会变革的关键时期，贫富差距、贪污腐败、信仰缺失等社会矛盾产生了两类问题：一是形成了一批处于社会边缘的弱势群体，二是形成了一批权利受到损害的维权群体。和谐保障体系的关键在于保障这两个群体的利益，它首先表现为补偿性的社会福利保障，然后通过对弱势群体的覆盖来实现普惠性的社会福利保障。

总体而言，基本的政治、经济制度是社会和谐的基础。中国是一个法治社会，法律的规定和基本精神是社会乃至政府行为的标杆，基本的经济和政治制度能够为社会提供普遍的公平正义原则，从而为弱势群体和维权群体追求和获取公平正义奠定基础。和谐保障的主要内容是弱势群体保障和维权保障，同时要在此基础上进行社会价值的重建。现如今，不断涌现的社会矛盾和冲突体现了社会价值观的缺失与滞后，更体现了社会价值规范的不完善，因此，为了能够更好地保障弱势群体和维权群体的利益，政府必须加快社会价值的重建。

## 8.1.2　和谐保障体系的制度基础

制度是协调社会利益关系和利益矛盾的重要手段，是维护社会稳定的基本工具。和谐保障体系的制度基础是指国家为保障公民人身财产安全、老有所养、病有所医、住有所居等生存权利，以及自由、平等和民主的政治权利而制定的一系列经济、政治、文化等制度。和谐保障体系的制度基础一方面规定了政府的义务和责任，即保障公民的合法权益，促进社会公平正义，另一方面也规定了公民的权利，即依法维护自身权益，包括利益表达诉求以及追求自由民主的权利。

和谐社会目标的多样性决定了和谐保障体系中制度安排的多样性。和谐社会主要有四大目标体系：人与人之间的和谐、人与自然之间的和谐、人的内在精神上的和谐和社会内部环境的和谐。因此，和谐保障的制度基础也只有覆盖到人与人、人与自然、人的内在精神和社会内部环境等各个方面，才能够保障和谐社会体系的全面性和完整性。

政治领域和经济领域的制度安排是实现上述四大目标体系的基础。首先，政治制度决定了公民的基本权利，保障了公民的自由、平等权利，从而使得改善弱势群体的生活现状、保障群众维护自身权益有了法律和政治上的前提。其次，经济制度不仅能够解决根本的所有制问题，同时还能够解决初次分配问题和公共财政对社会的二次分配问题。经济基础决定上层建筑，所有制问题是所有政治、经济和文化思想问题的前提，相应的分配问题是形成我国社会现状的直接推手，而公共财政制度则是政府推进社会公平的重要手段。

## 8.1.3　和谐保障体系的作用

### 1. 和谐保障体系是社会管理的基础

和谐保障体系能够通过系统的制度设计来为社会管理提供法律法规上的依据。制度保障是和谐保障体系建立的基础和核心，只有根本的政治制度才能保障公民的民主权利，只有根本的经济制度才能保障公民生产、分配、交换和消费的权利。和谐保障体系的制度基础就是整个社会管理的制度基础，也是政府提供公共服务、公众维护自身权利的法理所在。

2. 和谐保障体系有利于促进社会的和谐发展

和谐保障体系有利于促进社会的和谐发展，首先是因为和谐保障体系扮演着补偿性社会福利的角色。弱势群体由于其社会地位、教育水平等方面的落后，在起点上要落后于社会平均水平，需要政府的专门保障，才能与社会的其他人站在同一起跑线上。古人云，不患寡而患不均。和谐保障体系能够通过社会救助来改善弱势群体的生活水平，从而促进实现社会公平。

其次是因为和谐保障体系可以保障公众维护自身权利。和谐保障体系能够通过建立健全一些程序化、规范化的政策机制来保障权利受到侵害的群体顺利表达自己的利益诉求，例如人民调解制度和日益完善的信访制度。同时，和谐保障体系有利于民众维护自身权益，例如政府信息公开制度和社会公示制度就能够充分保障公众的知情权和参政议政的权利。

最后是因为和谐保障体系能够实现社会的价值重建。价值多元化是社会矛盾产生的直接原因，同时它也是转型期社会的共同特征，和谐保障体系能够通过建立核心价值体系来整合社会的整体价值取向，从而从思想上和精神上维护社会的和谐。

## 8.2 和谐保障体系的原则

从社会管理的角度来看，和谐保障体系起着基础和升华的作用，它首先为社会管理奠定了法律和制度的基础，然后又通过建立社会救济制度、构造维权机制和价值观培养等方式推进了社会主义和谐社会的建设进程。同时，从构建社会主义和谐社会的角度来看，和谐保障体系必须以和谐社会的要求为目标。社会主义和谐社会是“民主法治、公平正义、诚信友爱、充满活力、安定有序、人与自然和谐相处”的社会，和谐保障体系只有满足了这些要求才能算是一个完善的、有意义的体系，而这样的社会管理才能应对现阶段的社会矛盾和今后的社会发展。因此，和谐保障体系需要形成一系列原则来实现和谐社会的要求。

### 8.2.1 保障内容的综合性原则

保障内容的综合性原则是指和谐保障体系不是一个孤立的体系，其保障内容是综合性的，可以是一般社会领域的保障，也可以是法律制度的保障，可以是直接的金钱援助，也可以是间接的法律援助。

和谐保障体系内容的综合性首先是由社会主义和谐社会目标的多元性所决定的。“民主法治、公平正义、诚信友爱、充满活力、安定有序、人与自然和谐相处”的社会主义和谐社会目标体系，涉及公众与政府、人与人、人与自然、人与社会的各个方面，例如公众与政府之间需要建立信息公开、民情体察机制，人与人之间需要建立诚信友爱的道德氛围，人与自然之间要建立低碳环保的发展观念，人与社会之间要建立民有、民治、民享的责任意识。只有综合性的保障体系才能够实现这些目标。

和谐保障体系内容的综合性还与中国目前的客观现实密切相关。中国现阶段正处于发展变革的阶段，社会结构也开始由传统走向现代。根据亨廷顿的观点，对于任意一个走向变革的国家而言，“经济发展和社会变革必然促进社会成员政治参与意识的苏醒与增强，而此时，政治上的组织化和制度化如果步履蹒跚，则必然发生包括政治动荡和骚乱在内的政治不稳定现象”。对中国而言，政治体制改革虽然仍在积极稳妥地推进，但是仍然滞后于经济发展和社会需求，因此，需要国家和政府综合运用社会、政治、经济和心理的方法来缓和和改良这一现状。

## 8.2.2 保障方式的法治性原则

中国是一个法治国家，和谐保障体系也必须体现法治的要求，即和谐保障方式的法治性原则。建立和谐社会就必须加强社会主义民主政治建设，发展社会主义民主，实施依法治国基本方略，建设社会主义法治国家，树立社会主义法治理念，增强全社会的法律意识，推进国家经济、政治、文化、社会生活法制化、规范化，逐步形成社会公平保障体系，促进社会公平正义。

法治的本质要求是“有法可依、有法必依、执法必严、违法必究”，和谐保障的方式也要做到以上四点。首先，“有法可依”要求和谐保障要有健全的法制体系，具体可以包括社会救济法律体系、公民维权法制体系、政府监督法制体系等。其次，“有法必依”要求政府在执政过程中遵守行政法律法规，依法行政，保障公民权利。同时，社会问题的解决、社会矛盾的调解都要“以法律为准绳，以事实为依据”，依法进行。最后，“执法必严、违法必究”一方面要求政府严格按照法律的要求做事，同时对于违法违纪行为要严肃处理；另一方面要求政府充分利用法律来调节社会关系，保护弱势群体和群益受损的群体。

## 8.2.3 保障理念的人本性原则

和谐保障理念的人本性原则是指和谐保障体系建设的出发点和落脚点都要做到以人为本。以人为本是指以最广大群众的利益为根本，社会发展要有利于提高人民的生活水平，要在经济发展的基础上不断满足人民群众日益增长的物质文化需要。

以人为本不仅是对现代中国落实科学发展观的基本要求，更是马列主义者一贯的主张。马克思主义人本思想的价值观，要求以人的全面发展为根本。早在 1848 年，马克思恩格斯在《共产党宣言》中就预言道：代替那存在着各种阶级以及阶级对立的资产阶级旧社会的，将是一个以各个人自由发展为一切人自由发展的条件的联合体。他们还把每个人自由而全面的发展看成是比资本主义更高级的社会形式的基本原则。

同时，保障理念的人本性原则也是对中国传统文化的继承和发展。孟子曰：“民为贵，社稷次之，君为轻。”放在现代社会来讲，就是要把人民放在最重要的位置，社会管理其次，而社会管理者是服务于人民的人。

# 8.3 和谐保障体系的内容

按照和谐保障体系的三个原则，本书把和谐保障体系分为三个部分，依次是：弱势群体保障、维权制度保障和价值观保障。首先，对弱势群体的保障是政府的首要职责。弱势群体的存在不仅是社会发展的必经阶段，也是政府治理失范的表现，或因为社会初次分配不公，或因为社会经济发展不平衡，政府对此都负有首要责任。从理论而言，按照罗尔斯《正义论》的思想，社会的真正公平不是取决于社会平均水平，而是社会最底层人民是否享有公平的机会和平等的结果。其次，和谐保障体系是维护政府合法性、提高政府公信力的制度安排。完善的监督机制是政府保持长期合法行政的关键，通畅的维权渠道则是缓解社会矛盾的必要条件。最后，价值观保障是现代中国社会最迫切需要建立的精神保障体系。市场经济的逐步建立，提高了公众的生活水平，但同时也带来了诸如拜金主义、冷漠、隔阂等道德危机，价值缺失严重影响到社会的和谐。价值观保障就是要在坚持社会核心价值体系的前提下，树立新时代的社会价值。

## 8.3.1 弱势群体保障

1. 弱势群体保障的定位

(1) 弱势群体的界定。

弱势群体的概念需要根据人的社会地位、生存状况而非生理特征和体能状态来界定，它在形式上是一个虚拟群体，是社会中一些生活困难、能力不足或被边缘化、受到社会排斥的、散落的人群的概称。

弱势群体是一个历史的、相对的和社会的概念。就我国现阶段而言，下岗职工、困难企业职工、城乡贫困人口、贫困地区群众、受灾地区群众、体弱多病的离退休人员、农民工及其子女、孤寡老人、特困户、未成年人、伤病残人等构成了我国弱势群体的主体。①

(2) 弱势群体的保障。

弱势群体保障是指利用经济的、政治的和文化的一系列手段和政策安排，提高弱势群体社会水平、经济地位和社会地位，促进社会的公平正义。针对弱势群体的保障不同于公共服务体系建设，首先，从标的人群来看，弱势群体保障仅针对弱势群体，而公共服务体系则针对的是全体社会公民。其次，弱势群体保障具有补偿性的特征，即国家利用补贴、救济等方式保障弱势群体在教育、卫生、医疗、住房等方面达到社会的一般水平，公共服

① 参见周作翰、郑自立：《我国弱势群体面临的现实困境与政策选择》，载《深圳大学学报（人文社会科学版）》，2010（6）。

务体系则具有普惠性的特征，目的是保障和提升社会一般水平。最后，弱势群体保障具有区别性和多样性，由于弱势群体是一个庞大而复杂的概念，不同人群的弱势领域不同，因此，政府相应的救助政策也有所不同；同时，其弱势程度不同，所对应的救助力度也有所不同。

弱势群体保障对于整个和谐保障体系和社会管理体系而言，具有查缺补漏、不可或缺的作用，只有顾及和保障了弱势群体的利益，才能真正实现社会主义和谐社会。首先，弱势群体规模庞大，其满意与否直接关系到社会的安全与稳定。其次，弱势群体保障是社会主义社会的本质要求。社会主义本质要求消除两极分化、实现共同富裕，而只有解决了弱势群体的生存和发展问题，才算是真正实现全社会的共同富裕。最后，我国宪法关于公民平等权、物质帮助权、国家尊重和保障人权以及建立健全社会保障制度的规定为我国弱势群体权利保护提供了宪法根据。

2. 弱势群体保障的内容

我国已经制定了一系列专门的法律法规来保障弱势群体的权益，具体包括：《妇女权益保障法》、《未成年人保护法》、《老年人权益保障法》、《残疾人保障法》、《城市居民最低生活保障条例》、《城市生活无着的流浪乞讨人员救助管理办法》、《农村五保户供养工作条例》、《法律援助条例》、《残疾人教育条例》、《残疾人就业条例》等。此外，我国的刑法、民法、刑事诉讼法、民事诉讼法、义务教育法、婚姻法、母婴保健法、公益事业捐赠法等重要法律和最高人民法院颁布的司法解释中都有涉及弱势群体权益保护的规定。根据法律规定，比较重要和常见的弱势群体保障内容主要有：残疾人保障、住房保障、最低生活保障和城市医疗救助等。

(1) 残疾人保障。

《中华人民共和国残疾人保障法》是保证残疾人利益的重要基础。在残疾人保障方面，政府的职责主要包括：完善和落实贫困残疾人参加社会保险保费补贴政策，提高残疾人社会保险参保率和待遇水平；逐步将符合规定的残疾人医疗康复项目纳入基本医疗保险支付范围，逐步增加工伤保险职业康复项目；着力解决好重度残疾、一户多残、老残一体等特殊困难家庭的基本生活保障问题，做好低收入残疾人家庭生活救助；有条件的地方实施贫困残疾人生活补助和重度残疾人护理补贴制度；构建辅助器具适配体系，有条件的地方对重度残疾人适配基本型辅助器具给予补贴。

(2) 住房保障。

在针对弱势群体的住房保障方面，政府工作主要有：建设廉租住房和公共租赁住房；完善租赁补贴制度，通过发放租赁补贴增强低收入家庭在市场上承租住房的能力；推进城市和国有工矿棚户区、中央下放地方煤矿棚户区、国有林区棚户区和国有林场危旧房、国有垦区危房改造；推进农村危房改造，合理确定补助对象和标准，优先帮助住房最危险、经济最贫困农户解决住房安全问题；加快基本住房保障立法工作，做好廉租住房、公共租赁住房和经济适用住房等各类保障性住房的政策衔接。鼓励各地依法建立保障性住房投资机构，研究建立全国性和区域性个人住房贷款担保体系，支持中低收入家庭改善住房条件。

(3) 最低生活保障。

最低生活保障是指国家对家庭人均收入低于当地政府公告的最低生活标准的人口给予

一定现金资助，以保证该家庭成员基本生活所需的社会保障制度。最低生活保障分为城市居民最低生活保障和农村居民最低生活保障。

城市居民最低生活保障制度，是政府对城市贫困人口按最低生活保障标准进行差额救济的社会救助制度。城市居民最低生活保障制度实行地方各级人民政府负责制。县级以上地方各级人民政府民政部门具体负责本行政区域内城市居民最低生活保障的管理工作；财政部门按照规定落实城市居民最低生活保障资金；统计、物价、审计、劳动保障和人事等部门分工负责，在各自的职责范围内负责城市居民最低生活保障的有关工作。

农村居民最低生活保障制度建立于2007年，将符合条件的农村贫困人口纳入保障范围，重点保障病残、年老体弱、丧失劳动能力等生活常年困难的农村居民。建立农村最低生活保障制度以地方政府为主，实行属地管理，中央财政对财政困难地区给予适当补助。建立农村低保制度的目标是：通过在全国范围建立农村最低生活保障制度，将符合条件的农村贫困人口全部纳入保障范围，稳定、持久、有效地解决全国农村贫困人口的温饱问题。

(4) 城市医疗救助。

城乡医疗救助是将城乡弱势群体（城乡低保家庭成员和五保户）纳入到医疗救助体系当中的政策安排。具体救助对象界定标准由地方民政部门会同财政等有关部门，根据本地经济条件和医疗救助基金筹集情况、困难群众的支付能力以及基本医疗需求等因素制定，并报同级人民政府批准。

3. 弱势群体保障完善思路

(1) 实行就业援助，不断提高弱势群体的就业竞争力。

弱势群体弱势的本质原因是政治权利得不到表达，而政治权利的保障在前文制度保障部分已经说明。政治权利弱势的突出表现则是经济地位的落后，即“贫困”，贫困很大一部分原因是缺乏就业优势。所以，弱势群体保障需要政府为弱势群体提供就业援助，不断提高弱势群体的就业竞争力。

就业扶持要向贫困群体倾斜，对中西部不发达地区，政府应从财力、物力上支援，振兴当地经济，为失业者创造就业机会。提高贫困人口的文化素质，是反贫困的重要手段。除了对失业人员进行职业技术培训、增强就业能力外，还应对其子女的教育费用进行资助或采取减免特困生的学杂费、建立贷学金制度等，以保证贫困学生受教育的机会。

(2) 完善社会保障工作，调整社会福利政策向贫困者倾斜。

应加大弱势群体的扶持力度，继续提高低收入者的水平。同时应逐步调整现有社会福利政策，在住房补贴、退休金、医疗保险、义务教育等方面向低收入者倾斜，通过社会保障的再分配，起到缩小贫富差距的作用。要建立和健全覆盖全社会劳动者（尤其是农民工群体）的社会保障覆盖面，使各种经济类型的劳动者都覆盖在安全网内，这不仅能增强劳动者的安全感，也有利于劳动者的合理流动。

(3) 扩大弱势群体的鉴定范围，实现弱势群体保障与公共服务体系的无缝对接。

从弱势群体的保障内容来看，目前政府在鉴定弱势群体并将其纳入保障范围时，其标准主要有两个：一是特殊人群，例如残疾人、老年人、儿童、孕妇等；二是低收入人群，因此某些边缘群体并不能享受到保障服务，例如日益庞大的农民工群体，如图8—1所示。

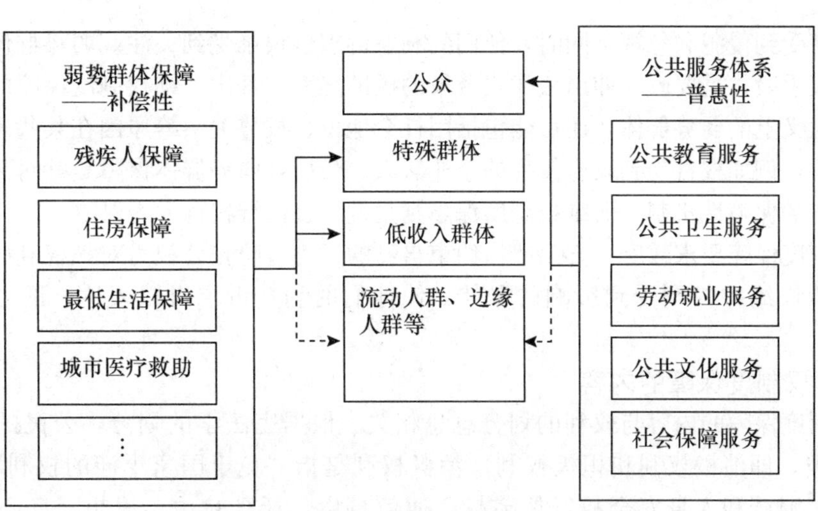


图 8—1　弱势群体保障与公共服务体系的关系

因此，政府关注的对象群体应该从既有的低收入者，扩大到边缘人群和流动人口中的贫困者，同时在优先解决特殊群体、困难群体、优抚群体的民生问题的基础上，给予低保边缘人员及全体市民更多的关注，建立起水平较高的民生保障体系，实现公共服务均等化，提高全民社会福祉水平。将社区服务、就业、子女入学等基本公共服务拓展到流动人口中，使他们共享发展成果，进而实现弱势群体保障与公共服务体系的无缝对接。

4. 建立城镇扶贫的监测体系

为了社会稳定，应把解决失业问题和城镇扶贫纳入宏观调控之内，更有效地对贫困居民进行救济和扶持，应准确掌握失业率、下岗职工的动态情况和劳动争议、劳动关系的紧张程度等，有必要在劳动和社会保障部门建立一套监测指标体系和预警制度，以便及时调控和采取对策①，并在此基础上，由政府牵头形成统一的城镇扶贫管理体系，使扶贫工作制度化、社会化。

## 8.3.2 维权制度保障

1. 维权制度保障的内涵

维权制度保障就是针对权利容易受到侵害的群体或者权利已经受到侵害的群体的一系列保障机制，维权保障的建立是和谐保障体系制度基础在现实社会的集中体现。宪法和法律所规定的政治制度对于保障不同地区、不同阶层、不同民族民众的基本权利起着重要的基础性和纲领性的作用，然而，制度的实施需要一定的执行机制，只有当制度的规定转化为现实时，制度才能免于成为一纸空文。“十二五”规划纲要中也指出，要进一步加强和完善党和政府主导的群众权益保障机制，形成科学有效的利益协调机制、诉求表达机制、矛盾调处机制、权益保障机制。

维权制度保障与弱势群体保障之间，有联系也有区别。首先，弱势群体构成了需要维权保障的主要对象，以农民工群体为例，在社会处于劣势地位，其社会保障、教育等各个

① 参见李建平：《关于我国城镇贫困问题的探讨》，载《理论探索》，2004 (3)。

方面均容易受到侵犯和忽视，同时，他们的利益诉求也很难受到关注。弱势群体缺少维权意识和维权手段，需要政府伸出法律或政策的援助之手。其次，维权制度保障的对象不仅仅是传统意义上的弱势群体，还可能包括因社会地位、权势关系等原因在某些事件中处于弱势的群体，例如权益受到政府侵害的企业法人。最后，弱势群体保障是针对某一群体而制定和实施的保障性机制，而维权制度保障则是针对公民维权行为的保障。

维权制度保障要求政府一方面严格约束自己的行为，防止公权力对私权利的侵害，另一方面要积极维护权利受到影响的群体，使他们的利益诉求得以表达、正当权益得以维护。

2. 维权制度保障的内容

维权制度保障的内容与权利的划分息息相关。根据宪法学的划分，公民的权利可以划分为两类，即消极权利和积极权利。消极权利是指“免于国家干涉的权利”，包括生命、自由、财产和人身安全权，住宅权，通信自由，迁徙自由，思想、良心和宗教自由，主张和发表意见的自由，和平集会以及结社自由等，这些权利在国际人权公约中被概括为“公民权利和政治权利”，人们一般称之为“自由权”。积极权利是指“免于国家匮乏的权利”，包括工作权、休息权、生存权、社会保障权、受教育权、社会文化生活权以及对其所创作的任何科学、文学或美术作品而产生的精神和物质的利益享有受保护的权利等，这些权利在国际人权公约中被概括为“经济、社会和文化权利”，人们一般称之为“社会权”。据此，维权制度保障可以划分成两个部分：消极权利保障机制和积极权利维护机制。

（1）消极权利保障机制。

消极权利最易受到国家的侵害，因此需要国家行使的是消极义务。公民维权的首要任务是维护私权利免受公权力的损害，因此这类权利的保障机制所对应的应该是政府公权力的约束机制。目前，我国针对公民消极权利的保障机制主要有以下几个方面：

第一，道德约束机制。道德约束主要是指通过宣传党的先进文化和先进事迹，以及优秀的传统文化，引导和规范行政人员的行政心态和行为，从而使其免于做出侵害公民权利的行为。道德约束机制的关键在于通过塑造行政人的价值观，来使其形成遵纪守法、勤政爱民的行政理念。

第二，行政监督机制。行政监督机制可分为内部监督和外部监督，内部监督主要是指行政机关内部上下级之间，以及专设的行政监察、审计机关对行政机关及其公务人员的监督。因此，内部监督机制主要包括：《中华人民共和国行政监察法》所规定的行政监察机制、《中华人民共和国审计法》所规定的审计监督机制。外部监督主要是指人大、政协、舆论媒体和民众对其的监督。

第三，行政问责制。行政问责制是指一级政府对现任该级政府负责人、该级政府所属各工作部门和下级政府主要负责人在所管辖的部门和工作范围内由于故意或者过失，不履行或者不正确履行法定职责，以致影响行政秩序和行政效率、贻误行政工作或者损害行政管理相对人的合法权益，给行政机关造成不良影响和后果的行为，进行内部监督和责任追究的制度。《关于实行党政领导干部问责的暂行规定》及其实施办法对此作了详细的规定。

(2) 积极权利维护机制。

当公民的社会权利受到损害或影响之后，需要一定的民意表达机制和矛盾调解机制。国家权力的积极介入是积极权利实现的前提，它能为维权群体提供法律上、制度上及财政上的保障。

1) 民意表达机制。

民意表达机制，是指民众天然地具有参与政治决策或公共决策的需求，政治体制必须安排这一机制，否则，这种需求可能以非制度化、非和平的方式表达出来。民意表达机制包括：公共决策的社会公示制度、公众听证制度和专家咨询论证制度，扩大公众参与程度；信访工作机制，即民意收集与信息反馈，主要是领导干部接待群众来访、处理群众信访的渠道。同时，也要发挥人民团体、行业协会、大众传媒等的社会利益表达功能，发挥互联网通达社情民意新渠道作用，积极主动回应社会关切。

社会公示制度，是指各级党政机关以及国有企事业单位，对那些除涉及党和国家机密之外的、与人民群众利益直接相关的各种事项和信息，向社会和人民群众告知，并且通过有效的方式，在公示之后收集人民群众反映的意见建议，给予解答和处理。公示内容主要包括：机构的设置、职责、法律规定、办事程序，各类办事人员的分工和个人职责，机构处理各种事务的依据、内容、时限、结果，机构各种服务的收费标准，拟进行的工程、采购等公共事务情况，拟提升的干部的情况和准备提升的职位，等等。

公众听证制度在价格决策、地方立法、行政处罚、国家赔偿等诸多领域被广泛采用。其中公共决策中的听证是指政府组织在直接涉及公众或公民利益的公共决策时，应当听取利害关系人、社会各方及有关专家的意见以实现良好治理的一种规范性程序设计。

专家咨询制度，就是围绕经济、社会发展和改革开放中遇到的全局性、战略性、综合性问题，组织相应专家进行深入研究、科学论证、集思广益、提出对策，为党和政府提供科学的咨询论证意见，以保证决策的科学性、民主性、合理性、合法性、正确性和实效性。

信访制度，是指公民个人或群体以书信、电子邮件、走访等参与形式反映情况，表达自身意见，吁请解决问题，同时有关信访工作机构或人员采用一定的方式进行处理的一种制度。各级国家机关设置专门的信访工作机构并配备专职信访干部，按照分级负责、归口办理的原则，处理人民群众的来信、来访、来电活动。

2) 矛盾调解机制。

矛盾调解机制就是要完善化解社会矛盾的领导协调、排查预警、疏导转化、调解处置机制。首先，要加强人民调解、行政调解、司法调解联动，整合各方面力量，有效防范和化解劳动争议、征地拆迁、环境污染、食品药品安全、企业重组和破产等引发的社会矛盾。其次，建立重大工程项目建设和重大政策制定的社会稳定风险评估机制。最后，完善群众工作制度，依靠基层党政组织、行业管理组织、群众自治组织，充分发挥工会、共青团、妇联的作用，共同维护群众权益，兼顾好各方面群众关切，积极化解社会矛盾。

以人民调解制度为例。人民调解制度和民事诉讼制度、仲裁制度一样，是我国民事程序法律制度系统中的重要组成部分，在社会生活中特别是在司法活动中，发挥着重要的作用。我国的《宪法》、《民事诉讼法》、《村民委员会组织法》、《城市居民委员会组织法》、

《继承法》、《婚姻法》、《人民调解委员会组织条例》等法律法规对人民调解均有明确规定。人民调解制度由于宪法、基本法和许多实体法律的规范，享有较高的法律地位，成为独具中国特色的社会主义民主法律制度。

人民调解工作范围从调解一般公民之间的纠纷拓展到调解公民与法人、与集体、与其他社会组织之间的矛盾纠纷，涉及人身、财产、经济、管理、道德等诸多领域。人民调解工作不断规范，形成了受理、准备、调解、达成协议等调解程序和矛盾纠纷预防程序，建立并完善了纠纷登记、共同调解、回访、纠纷排查、信息反馈、统计、档案管理、例会、培训、学习等工作制度，实行了岗位责任制。

3. 维权制度保障的发展趋势

(1) 要健全社会监督机制。

目前，社会对政府的监督机制仍不完善，政府监督仍以体制内部监督为主，主要是行政监察、党内监督以及上级对下级的监督，司法监督的作用仍不明显。社会监督，特别是网络舆论监督开始发挥作用，但是仍然处于初级阶段，特别是社会监督落实机制不完善，例如一些因舆论压力而下台的政府官员过一段时间便在异地任职，并未受到任何影响。

健全社会监督机制，一方面要继续完善社会监督的方法和渠道，包括信息公开、社会监督热线、听证、专家意见咨询等，另一方面要落实社会监督结果，即对社会举报的违法行政工作人员要及时处理，并将处理结果公示。

(2) 要促进维权机制的法制化、规范化、程序化和常态化。

维权渠道不畅是社会矛盾得不到有效解决的关键所在。目前，我国群众维权渠道主要有司法渠道、调节渠道和信访等，但是司法渠道成本过高，一般情况下，群众不会采取这种手段；调节渠道随意性强，容易受到利益因素的影响，很难达成双方满意的结局；信访制度仍不健全，上访结果也难以令人满意。所以，群众维权渠道虽然在名义上比较广泛，但实际上处处阻塞、很难发挥实际作用。要想改善这种状态，就必须实现维权机制的法制化、规范化、程序化和常态化。

首先，维权机制法制化，即国家必须以法律的形式对有关维权机制加以确定，从而使得公民维权保障有法可依。其次，维权机制规范化，就是要把维权的形式规范化，避免一些极端的维权行为的出现。再次，维权机制程序化，就是要把维权的过程以程序化的条文规定出来，从而使得群众在维权过程中能够有序进行，同时这种程序化必须做到科学、简单、便捷、合理。最后，维权机制常态化，就是政府部门要把维护群众权益、为群众提供维权服务作为一项日常工作来做，并适当列入政府绩效考核之中。

▶阅读材料

## 我国信访制度的演变与功能

信访制度，是指公民个人或群体以书信、电子邮件、走访、电话、传真等参与形式与我国的政党、政府、社团、人大、司法、政协、社区、企事业单位负责信访工作的机构或人员接触，以反映情况，表达自身意见，吁请解决问题，有关信访工作机构或人员采用一定的方式进行处理的一种制度。各级国家机关设置专门的信访工作机构并配备专职信访干部，按照分级负责、归口办理的原则，处理人民群众的来信、来访、来电活动。

1. 我国信访制度的发展演变

我国现代信访制度的建立已有50多年的历史，并逐渐呈现出法制化的趋势。主要经历了三个阶段：

(1) 第一阶段（新中国成立至20世纪70年代末）。

新中国成立后，中国共产党作为执政党，注重倾听民声民愿，把信访看成是党和政府加强与人民联系的一种方法，这一时期是信访制度的雏形时期，其主要内容为：1951年6月政务院颁布了《关于处理人民来信和接见人民工作的决定》，这也是新中国成立后的第一份关于信访工作的文件。文件中明确强调，各级政府应为人民群众做主，要密切联系群众，全心全意服务，做好与人民相关的事情，鼓励人民群众积极监督政府的工作和相关工作人员，积极反映情况。1957年11月国务院颁布的《国务院关于加强处理人民来信和接待人民来访工作的指示》指出各级领导要亲自接待、阅批人民来信来访。

(2) 第二阶段（改革开放至90年代初）。

《党政机关信访工作暂行条例（草案）》的制定开创了信访制度的新时期。改革开放后，"文革"遗留问题被突击性解决，社会生产和人民生活逐渐恢复正常，针对这一情况，1982年2月国家及时召开了第三次全国信访工作会议，通过了《党政机关信访工作暂行条例（草案）》和《当前信访工作的形势和今后的任务》，这也标志着我国信访制度逐渐走上了正规化道路，进入了一个新的时期。《条例（草案）》共6章21条，为信访机构设置、信访工作人员的配置、办理信访事项的原则和方法提供了依据，省市级以下（包括省市级）党委和政府可以联合设立信访工作机构，也可以分别设立信访工作机构，各大部委及县级企事业单位可以设立信访工作机构，或配备专职信访干部。《条例（草案）》还规定信访工作要遵循"分工负责、归口办理、件件有着落、有结果"的原则，对于涉及几个部门，情况又比较复杂的信访问题，应由党委或政府负责同志组织有关单位联合办理。处理意见不统一的，原则上由党委和政府出面主持，会商办理，并设立了国务院办公厅信访局。

(3) 第三阶段（20世纪90年代至今）。

为了适应新信访形势的需要，更好地保护公民的合法权益，维护信访秩序，1995年10月28日，国家颁布了《信访条例》，这是我国第一部信访行政法规。《信访条例》的出台是对新中国成立以来信访工作中的经验和做法的一次全面总结和肯定，是国家在信访工作规范化、法制化方面作出的重要努力和尝试。从《关于处理人民来信和接见人民工作的决定》到《国务院关于加强处理人民来信和接待人民来访工作的指示》，再到《党政机关信访工作暂行条例（草案）》和国务院《信访条例》，信访制度的发展过程是一个边实践探索、边向法治轨道靠近的过程，国家将致力于建立一套系统而权威的规范信访活动的法律制度，将信访逐步推向法治化。

2. 信访制度的功能

信访制度作为极具本土特色的制度形态，具有如下功能：

(1) 民主性和政治性。

信访制度是我国国情的具体体现之一，人民群众通过信访渠道来反映自己的要求和意见，也是法律所赋予的权利之一，是社会主义民主的具体体现，同时信访制度体现了中国特色社会主义制度下的民主。尤其是目前国家法律体系不健全的情况下，国家更应该注重人民通过信访来表达自己的意见，信访制度也是普通老百姓参与政治的一种方式。

(2) 维权性和补救性。

在目前社会安定、人民生活安定的情况下，信访是人民群众迫不得已的选择，也是人民群众权益受到损害和遭遇不公待遇等情况下，寻求维权和补救的手段。通过信访这种方式，损害的利益和不公待遇得到恢复或有效处理，因此可以说信访具有维权性和补救性。

(3) 监督性。

监督是对某一特定事项或过程进行监视、督促和管理的过程，信访正是通过这种方式来达到监督效果。人民群众的申诉和控诉情况反映到国家信访部门，信访部门受理后，再把情况反馈给相应部门，对相应的机关施压，从而起到督促作用。

## 8.3.3 价值观保障

价值观保障是和谐保障体系的深化性内容，在社会价值多元化、利益复杂化和冲突显性化的今天，制度保障解决的是政府为什么要提供和谐保障的问题，而弱势群体保障和维权保障解决的是如何保障社会和谐的问题，但是什么因素导致了社会的不和谐现象？社会价值观紊乱是一个重要的方面。

当代中国正处于思想观念大碰撞、文化观念大交融的历史时期，特别是随着改革开放的不断深入和社会主义市场经济的逐步确立和完善，社会经济成分、组织形式、就业方式、分配方式和利益关系等日趋多样化，人们的思想意识空前活跃，价值观念也呈现出多样化的发展趋势，与此相伴产生的问题在于：价值领域出现了价值观混乱的现象，价值观的相对化、庸俗化、物欲化严重地影响到中国公民文明素质的提升和整个社会健康和谐的发展。因此，和谐保障体系的构建迫切需要构建一套共识性的社会价值，加强和完善社会道德建设，加强社会主义精神文明建设，加强社会主义核心价值体系建设，增强全社会的法制意识。

1. 价值观保障的内涵

和谐保障体系的价值观保障是指通过社会道德建设和社会主义精神文明建设来建立一套有广泛的公共认同的社会价值理念体系，进而达到整合现有的多元社会价值观，引导社会的社会价值取向的目的。

公民道德是国家所有公民都必须遵守和履行的道德规范的总和，它包括社会公德、职业道德和家庭美德等。道德建设是中国特色社会主义建设伟大工程的重要组成部分，是中国特色社会主义建设历史进程中人的全面发展的客观要求，和谐社会有赖于良好道德的支撑。

与公民道德密切相关的是社会价值取向，多元的价值是社会进步的前提，但必须要有一个能够处于整合地位的价值框架，过分强调市场化和个人主义的一个明显结果是社会价值秩序的紊乱。在这样一种社会情势下，提出并建立一种更加合理、更具包容性和统摄性的价值立场，从而对于价值多元在现代化过程中对公民个人以及整个社会所造成的负面影响进行矫正和治理[①]，实属必要。

2. 价值观保障的内容

（1）坚持社会主义核心价值观。

《中共中央关于构建社会主义和谐社会若干重大问题的决定》强调："建设和谐文化，是构建社会主义和谐社会的重要任务。社会主义核心价值体系是建设和谐文化的根本。"只有高扬社会主义核心价值体系的伟大旗帜，引领多样化的思想观念和社会思潮，尊重差异，包容多样，才能最大限度地形成社会思想共识。

首先，要坚持社会主义核心价值体系的主导地位，推进理论创新，深入学习宣传，从而增强核心价值体系的说服力、感染力、影响力和竞争力。在加强马克思主义理论研究与建设、加强马克思主义经典著作的编译与研究的同时，充实中国特色社会主义共同理想的科学内涵。

其次，要巩固社会主义核心价值体系在意识形态领域的主导地位，必须坚持马克思主义的科学批判精神，加强对当代中国社会思潮的研究。只有科学认识社会思潮，才能牢牢把握引领社会思潮的主动权。多元化的社会伴随着多元化的利益诉求和多元化的政治主张，我国的人民代表大会制度和政治协商制度赋予了公民和社会组织参政议政的权利，因此坚持社会主义核心价值体系必须要科学认识其他社会思潮的存在，并用核心价值加以引导。

最后，面对多样化的社会思潮，只有善于做到"尊重"和"包容"，才能有效发挥"引领"作用。只有在尊重差异中才能扩大社会认同，只有在包容多样中才能增进思想共识。需要注意的是，尊重差异、包容多样必须坚持两个基本原则：一是坚持社会主义核心价值体系的主导地位的原则，丝毫不能放弃或削弱其主导地位，这样才能做到多元化社会思潮的"和而不同"，才能引导社会思潮之间保持合理张力，避免发生对立和冲突；二是要坚决划清与反马克思主义思潮和非马克思主义思潮的界限。

（2）完善社会道德建设。

道德建设自古以来是政府教育和管理民众的重要手段，我国在建立社会主义法治社会的同时也一直把道德放在同等重要的地位。社会道德建设能帮助社会成员形成共同的社会理想、世界观、人生观、价值观等，其实质上也是不断充实社会核心价值体系的过程，加强社会道德建设有利于巩固和完善社会核心价值体系。社会道德建设需要一个长期、持续的过程，同时更加需要全方位的投入和支持。

---

① 参见王虎学：《多元社会的价值重建——论社会主义和谐价值体系的历史生产与自觉建构》，载《北京师范大学学报（社会科学版）》，2011（5）。

首先，要大力弘扬和培育民族精神，积极推动公民道德建设。弘扬和培育民族精神，是社会主义思想道德建设的一项极为重要的任务。要广泛开展“弘扬和培育民族精神，构建和谐社会”主题教育活动，在全社会大力倡导解放思想、实事求是、与时俱进、开拓创新的精神。

其次，从社会关注的问题入手，广泛开展道德实践活动。针对群众反映强烈的问题开展道德实践活动，是引导人们参与道德建设、身体力行实践社会主义道德的成功经验。要广泛开展讲文明讲卫生讲科学树新风活动，对广大公民特别是青少年进行环境、健康和可持续发展的教育。紧紧围绕整顿和规范市场经济秩序，加强诚信教育，强化信用意识，引导人们坚持诚信为本、操守为重，推进社会信用体系建设，保证市场经济健康发展。

再次，运用各种方式和途径，使道德宣传教育经常化、大众化。一切宣传思想文化阵地、一切精神文化产品，都要坚持正确导向，宣传科学理论、传播先进文化、塑造美好心灵、倡导科学精神、弘扬社会正气。要把道德建设贯穿至幼儿园、小学、中学到大学整个国民教育体系，渗透到课堂教学、学校管理、课外活动等各个环节，引导学生养成良好行为习惯。

最后，完善各行各业的职业行为准则，使道德建设融入人们的日常工作、学习和生活中。制定切实可行的具体行为准则，是把基本道德规范转化为人们自觉行动的有效途径。要从实际出发，对各类群众性精神文明创建工作的标准和已有的市民公约、社区公约、乡规民约等具体行为准则进行必要的修订完善，并引导干部群众尤其是青少年自觉遵守，努力践行。同时，要建立和完善激励监督机制，帮助人们辨别是非，抵制假恶丑，引导人们养成良好行为习惯，在全社会形成扶正祛邪、扬善惩恶，讲道德光荣、不讲道德耻辱，讲道德受人尊敬、不讲道德受到批评的良好社会风气。

## 本章小结

本章对和谐保障体系进行了界定，指出和谐保障体系是保障公众的正当权益的制度体系，是针对弱势群体和维权群体保障的政策体系，是维护社会稳定和国家长治久安的综合体系。本章关注和谐保障体系的内涵、制度基础及其作用，着重分析了和谐保障体系的三个原则：综合性、法治性和人本性。最后从弱势群体保障、维权制度保障和价值观保障三个方面分析了和谐保障体系的内容。

## 关键术语

和谐保障体系　弱势群体　维权　制度保障　价值重建

## 复习参考题

1. 和谐保障体系的内涵是什么？
2. 和谐保障的制度基础有哪些？

3. 和谐保障有什么作用?
4. 谈谈对弱势群体保障的理解以及如何进一步推进。
5. 谈谈对维权保障的理解以及如何进一步推进。
6. 谈谈对和谐保障体系中的价值重建的理解以及如何进一步推进。

## 案例分析

### 北京市“大民政”促“大民生”

北京市“大民政”是相对于传统民政工作、单个社会建设部门解决民生而言的，核心内容是“大民生”，即在党委领导和政府主导下，探索建立与民生和社会建设规律要求相适应的体制机制，推动城乡社会管理、社会保障、公共服务协调发展，使人民群众基本生活、医疗、住房、就业、教育等问题得到制度化、均等化、全方位保障。北京“大民政”工作的探索与实践内容主要包括以下四个方面：

1. 加强制度建设，创建社会建设管理新模式

首先，推进社区管理体制改革，形成了“一分、三定、两目标”的社区管理体制模式。“一分”就是把社区居委会与社区服务站的职能分开。同时，强调社区居委会与社区服务站的相互协作。“三定”就是定事、定人、定钱，明确社区居委会和社区服务站的编制、经费、任务，确保人员到位、经费到位、工作到位。“两目标”，一是把北京的社区建设成为社会主义新型社区；二是培养一支专业化、高素质的社区工作队伍。

其次，注重社会组织培育和管理，分期分批将社会组织与主管行政部门在人、财、物上彻底分开，完善社会组织的设立程序，建立分级管理、分类负责的管理模式。

最后，加强社会领域党建工作，建立街道社会工作党委试点，巩固和发展社区党建工作成果。结合构建“枢纽型”社会组织党建工作体系，开展社会组织党建试点，努力实现党组织和党的领导全覆盖。

2. 推行适度普惠政策，推进公共服务均等化

通过制定新的标准、加大财政投入等手段，推进传统的补缺型福利模式向适度普惠型转变，让城乡居民共享首都经济社会发展的成果。

第一，建立城乡无保障老年居民福利养老金制度。为解决无保障老年人的基本保障问题，财政出资为城乡无保障老年人每人每月发放 200 元福利养老金。

第二，出台老年人优待政策。为进一步提高老年人社会福利水平，出台了《关于加强老年人优待工作的办法》，对 60 岁以上老人给予医疗服务“六优先”、社区卫生服务“三优先”、各级文化馆免费开放等 11 项优惠。

第三，为解决无医疗保障老人和学生儿童看病贵的问题，填补医疗保险制度的空白，北京市建立了“一老一小”（城乡无医疗保障老年人和学生儿童）大病医疗保险制度。在此基础上，又建立了“一老一小”大病重病的医疗救助政策。

第四，统一城乡殡葬待遇和义务兵优待政策。按照城乡一体化和公共服务均等化的要求，出台了《北京市城乡无丧葬补助居民丧葬补贴办法》，农民和城镇失业人员与企业、行政事业单位职工享受同样的丧葬补助。2008 年起，不再区分农业和非农户籍，只要是

本市义务兵，都按照相同标准给予优待。

3. 完善政策体系，用大保障统筹城乡

社会福利、社会救助与社会保险都是社会保障体系中的重要组成部分。从“大民政”角度出发，做好各项社会保障制度和福利救助政策的衔接，打破城乡二元政策界限，让城乡居民共享经济社会发展的成果。

(1) 统筹城乡医疗救助。

一是为解决弱势群体看病难、看病贵问题，资助城乡最低生活保障对象和生活困难补助对象等参加各项城镇大病医疗保险或新型农村合作医疗。二是取消大病医疗救助报销起付线，报销额度最高标准由1万元提高到3万元，有效缓解了特困群众看病贵的问题。三是加强部门的沟通和联系，做好医疗救助与相关社会保障政策的衔接，确保低收入群体享受医疗优惠政策。

(2) 统一提高城乡低保标准，实施农村低保分类救助。

为保障低收入群体的基本生活，缓解物价上涨带来的影响，先后几次提高城乡低保标准。实施农村分类救助制度，对农村低保对象中没有劳动能力的重残人士按城市低保待遇进行救助。规范临时救助制度，使医疗、教育、住房等专项救助政策惠及60万低收入群众。

4. 社会参与大民政，推广社会化服务

(1) 鼓励社会力量办社会福利。

引导鼓励社会力量兴办养老服务机构，逐步建立完善以家庭为基础、社区为依托、机构为补充的社会福利服务体系。如采用政府购买服务的方式，按照每收住1名老年人给予每月100～200元的补贴，以扶持社会兴办养老服务机构。

(2)“九养”政策。

为切实解决养老与助残问题，提出九条居家养老（助残）政策，包括建立居家养老（助残）券服务制度，百岁老人免费医疗制度，社区养老（助残）餐桌，社区托老（残）所，街道、社区招聘居家服务养老（助残）员，配备街道养老（助残）无障碍服务车，全面实施家庭无障碍设施改造，为老年人配备“小帮手”应急电子服务器，解决老年人（残疾人）诸多不便的问题。

(3) 推动慈善事业快速发展。

成立“首都慈善公益组织联合会”，将“‘12·3’国际助残日”定为首都慈善公益日。推出“携手助老送健康”、“爱心成就未来”、“美丽心声”、“为生命续航”等慈善公益项目，研究制定扶持政策，广泛开展慈善捐赠活动，推动首都慈善事业快速发展。

(4) 发展社会工作人才队伍。

以建设专业化、职业化队伍为目标，制定《关于加强社会工作人才队伍建设的意见》。2006年以来，北京市共选聘8 000余名高校毕业生担任“村官”助理。招聘大学生充实到社区工作队伍，计划使每个社区有两名大学以上学历的社区工作者。出台《关于进一步加强和改进志愿者工作的意见》，完善志愿者注册登记、管理培训、评价激励机制，推进志愿服务的常态化、制度化。

（注：根据相关新闻报道和资料整理）

**思考题：**

1. 北京市“大民政”促“大民生”，体现了社会管理的哪些思想和理念？

2. 你认为北京市在“大民政”促“大民生”建设中，应当注意哪些问题？如何进一步推进？

## 社会道德建设中的正能量

社会道德建设中的正能量是指发生在社会生活中的、对于提升社会道德水平、推进社会道德建设具有榜样作用的一些真人真事，例如见义勇为、拾金不昧、诚实守信、爱国奉献等。政府如果能够正确、积极地引导这些模范事迹，将不仅能够激发社会正能量的传播，更会对社会道德建设和社会主义核心价值体系建设产生深远的影响。

### 见义勇为——“最美教师”张丽莉

(1) 事件经过。

2012年5月8日20时38分，在佳木斯市胜利路北侧第四中学门前，一辆客车在等待师生上车时，驾驶员误碰操纵杆致使车辆失控撞向学生，危急之下，教师张丽莉将学生推向一旁，自己却被碾到车下，造成双腿截肢，另有4名学生受伤。

据佳木斯市宣传部工作人员介绍：当时肇事的女驾驶员精神溜号，还与车上人说话，将腿别到操纵杆上，车辆一下子就蹿了出去，与前方停在路边的另一辆客车相撞，顺势又撞到停靠在路边的同向依维柯客车及对向的一辆本田轿车。晚课放学时，人群密集，十九中教师张丽莉在疏导学生过程中，发现车辆撞向学生，危急情况下，她将学生奋力推向一旁，自己却被碾到车下。

佳木斯市第十九中教师王筱芊说：“当我发现张丽莉时，她已经躺在车底下了，当时很多学生在喊快救救老师。”

(2) 慰问和奖励。

2012年5月11日晚，中央电视台《新闻联播》播出佳木斯市第十九中学教师张丽莉勇救学生的感人事迹后，中共中央政治局委员、国务委员刘延东同志打电话给省委书记吉炳轩同志，首先向张丽莉及其家人表示诚挚的慰问，并转达对张丽莉的崇高敬意。她说，张丽莉在危急时刻挺身保护学生，体现了一个人民教师的深厚慈爱之情，令人感动，可钦可佩。刘延东同志要求黑龙江省委、省政府一定要全力以赴做好救治工作，祝愿张丽莉尽快脱离生命危险，并能早日康复。吉炳轩同志当即向佳木斯市委、市政府传达了刘延东同志的慰问，并请佳木斯市委、市政府尽快向张丽莉及其家属传达，要求医疗部门不惜一切代价对张丽莉进行精心治疗。

受中共中央政治局常委李长春，中共中央政治局委员、中央书记处书记、中央宣传部部长刘云山和中共中央政治局委员、国务委员刘延东委托，黑龙江省委书记吉炳轩于5月15日下午来到哈尔滨医科大学附属第一医院看望张丽莉，向张丽莉老师及其亲属表示慰问和敬意。

5月14日，教育部发通知，授予舍己救人的佳木斯市教师张丽莉“全国优秀教师”荣誉称号，并通知要求全国广大教师和教育工作者要以张丽莉为榜样，爱岗敬业，关爱学生，严谨笃学，勇于创新，为人师表，无私奉献，以人格魅力和学识魅力教育感染学生。

15 日 19 时，中华全国总工会科教文卫体主席万明东抵达哈尔滨，决定将全国“五一劳动奖章”交到“最美女教师”张丽莉的丈夫李梓烨手中。另外，共青团黑龙江省委决定授予张丽莉全省“青年五四奖章”荣誉称号。

全国妇联 16 日作出决定，授予在危难时刻挺身而出、救出两名学生的“最美女教师”张丽莉全国“三八红旗手”荣誉称号，并决定号召广大妇女向张丽莉学习，学习她临危不惧、勇于担当的崇高精神境界，学习她大爱无疆、舍己救人的高尚道德情操，学习她恪尽职守、敬业奉献的优秀工作作风。

（注：根据相关新闻报道和资料整理）

**思考题：**

1. 你如何看待当代社会的精神文明建设？
2. 你认为应该如何推进社会精神文明建设？

第 4 篇

# 社会管理的实践

社会管理的创新和发展离不开实践，实践中的社会管理具有阶段、地域、行业等的差异性。当前，把握社会管理的发展重心，就是要明确不同阶段、不同地域、不同行业的社会管理的特征与规律。另一方面，社会管理在多元化和差异性之外，也存在一些共性的标准，指导和检验着社会管理的实践成效。具体来看，实践中的社会管理形成了三条主要的发展路径：以公民为中心、以机构改革为载体、以实践成效为导向，并积极推动中央与地方、政府与事业单位、政府与企业的统筹发展。在全球化的背景下，我国的社会管理还必须适应国际发展趋势,回应国际发展要求,学习西方先进经验,同时注重本土化的改革与创新，构建具有中国特色的社会管理之路。

# 第9章 社会管理的践行与发展

## 9.1 社会管理的阶段重心与共性标准

社会管理实践中，不同的阶段、地域、行业，由于实际情况的差异，会有阶段性的重心。但从总体来看，从长远来看，社会管理实践的检验标准具有共性，这些标准丰富着社会管理实践的内容，也指导着社会管理实践的发展。

### 9.1.1 社会管理的阶段重心

不同时期、不同地区社会管理的阶段重心有所不同。一方面，随着经济的发展和社会的进步，社会管理面临的背景和形势也在不断发生变化，这使得社会管理的理念、原则和内容也在随着时代的发展而不断演变；另一方面，我国地域广阔，地区差异较大，不同地区在社会管理发展的阶段、面临的社会问题、管理的方式和手段上也存在显著差异，这使得我国社会管理实践在不同的阶段形成了不同的发展重心。依据社会管理的发展规律、内容重心和行业重点，我国社会管理的阶段重心可以分为以下五类：(1) 以经济发展为重心；(2) 以公共安全为重心；(3) 以社会秩序为重心；(4) 以公共服务为重心；(5) 以社会和谐为重心。

总体来看，这五种不同类型的社会管理侧重点和重心各不相同，适用于不同的社会管理情景和社会管理阶段，但是这五种社会管理并不是割裂的，而是一个有机统一的整体，只有根据地方实际选择符合地方特色的社会管理模式，才能有效满足社会需求，维护良好的社会秩序，提高社会管理的绩效。

1. 以经济发展为重心

以经济发展为重心的社会管理，是在国家政权建立并相对稳定以后，由于战争造成的安全威胁逐步解除，人民群众对于物质文化需求不断增长，以发展社会生产力、促进经济快速发展、改善人民群众生活水平为第一目标的社会管理模式。实际上，以经济发展为重心的社会管理是我国生产力水平相对落后的国情背景下的必然选择，成为进一步推动社会建设和提高人民群众生活水平的物质基础和外在保障。

以经济发展为重心的社会管理着重关注以下两个方面的问题：（1）发展理念的持续调整，即根据经济发展的阶段、面临的问题不断转变发展理念，以适应经济发展的新的背景和要求。一是坚持“以经济建设为中心”，通过非均衡发展策略的实施，促进东部地区率先发展，带动中西部发展；二是以发展作为党执政兴国的第一要务，用发展解决前进中的问题，一方面要集中力量把经济搞上去，另一方面也要实现经济和社会的协调发展，走可持续发展道路；三是实现包容性增长，切实解决经济发展中出现的社会问题，为实现经济长远发展奠定坚实的社会基础。（2）发展思路的改革创新，即不断调整经济发展的战略、政策与措施等，提高经济发展的质量和效率。一是经济发展战略，既包括国家统一的战略，如新型工业化战略、可持续发展战略，也包括区域和行业的战略，如西部大开发战略、人才强国战略、科技创新战略；二是经济发展政策，这包括国家统一的产业政策、金融政策，也包括区域的开发区、试验区优惠发展政策等；三是经济发展措施，即为促进经济发展而采取的一系列的有效工具措施，如招商引资、绩效考核等。

总之，以经济发展为重心的社会管理是一项长期而艰巨的工作，也是发展中社会主义国家应当长期坚持的社会管理理念，同时随着社会的发展进步，以经济发展为重心的社会管理应当注意统筹兼顾，在推进物质文明建设的同时，也要积极推进精神文明建设，为经济发展提供精神动力和智力支持，保障经济发展和建设的社会主义方向。

**▶阅读材料**

### 三代中央领导集体的经济发展战略及其演变

党的十一届三中全会以后，我国逐渐从“以阶级斗争为纲”转向“以经济建设为中心”，以邓小平为核心的党的第二代中央领导集体根据我国社会生产力落后的基本国情，提出了以“分三步走，基本实现现代化”为总思路的经济发展战略思想，坚持发展才是硬道理，实施非均衡策略，提出“两个大局”战略构想，让有条件的东南沿海地区充分发挥优势，率先发展；沿海地区帮助内地发展，达到共同富裕。

以江泽民为核心的党的第三代中央领导集体继续坚持以经济建设为中心，指出发展是党执政兴国的第一要务，把发展与执政党联系起来，提出了全面建设小康社会的“新三步走”战略，并提出“两个根本性转变”的战略方针：一是经济体制从传统的计划经济体制向社会主义市场经济体制转变；二是经济增长方式从粗放型向集约型转变，实施区域经济协调发展战略，在东部地区快速发展的同时，促进和带动中西部地区发展，缩小地区差距，实施可持续发展战略，我国经济发展必须有长远观点，实现经济发展与人口、资源、环境的可持续发展。

党的十六大以后，以胡锦涛为总书记的党中央进一步立足国内外形势的发展变化，创立了科学发展观。作为中国特色经济发展理论的全面创新，科学发展观有着丰富和深刻的内涵，成为新时期指导我国经济发展的基本思路：(1) 科学发展观的第一要义是发展，必须牢牢把握经济建设的中心任务，不断解放和发展生产力，促进国民经济又好又快发展；(2) 科学发展观的核心是以人为本，尊重人民群众的主体地位，维护人民群众的根本利益，做到发展为了人民、发展依靠人民、发展成果由人民共享；(3) 科学发展观的基本要求是全面协调可持续发展，推动经济建设、政治建设、文化建设和社会建设的协调发展，实现经济发展与人口资源环境的相互协调；(4) 科学发展观的根本方法是统筹兼顾。正确认识和处理发展中的重大关系，包括统筹城乡发展、区域发展、经济社会发展、人与自然和谐发展、国内发展和对外开放等。

### 2. 以公共安全为重心

以公共安全为重心的社会管理是特定时期或特定领域内的社会管理，是指在社会公共安全受到威胁的一段时期内，以公共安全为第一重要和迫切的工作目标。在过去计划经济时期，社会结构单一，影响公共安全的因素主要是自然灾害，如地震、洪水、台风等。随着市场经济的发展，社会进一步分化，影响公共安全的不稳定因素越来越多，同时随着全球化、城市化和信息化的不断推进，现代社会成为一个高风险的社会，从“非典”、禽流感，到矿难、汶川地震，再到校园伤害案、毒奶粉事件，一系列的公共安全事件给我们带来了沉重的损失，以公共安全为重心的社会管理在现代风险社会的作用越来越重要。

总体来看，以公共安全为重心的社会管理既包括正常态的公共安全风险管理，也包括危机态的公共安全应急管理。当前，正常态的公共安全风险管理的安全威胁主要来自食品药品安全、生产安全、社会安全，这些领域一旦发生公共安全事件则会对社会和谐稳定造成严重影响，因此必须加强这些行业和领域的公共安全风险管理。危机态的公共安全事件依据危害的大小可以将公共安全分为三个层次：一是人员死伤和经济损失的危机；二是社会负面影响和社会恐慌的危机；三是社会信任危机，由于公共危机的发生往往具有突发性、临时性、阶段性和严重性，因此在特定时期内以公共安全为重心进行全面危机管理有利于维护良好的公共安全和社会秩序环境，对于提高社会管理能力和水平也具有重要的意义。

**▶阅读材料**

#### 三重危机源导致“复合式”危机管理的格局

当前社会已逐步形成三大类危机源，分别是：人员死伤和经济损失的危机、社会负面影响和社会恐慌的危机、信任危机。第一类，人员死伤和经济损失的危机，是指以死亡人数和损失金额为危机的界定标准，通常适用于《中华人民共和国突发事件应对法》界定的突发公共事件类的事故灾难。第二类，社会负面影响和社会恐慌的危机，是指造成社会负面影响、对形象有较大伤害，或引发大规模利益相关群体恐慌的危机。突发公共事件、矛盾纠纷等均可能导致这类危机；虽然在当时可能无伤亡或损失，但其引发的社会影响却十分深远且难以清除。第三类，信任危机，是指由于主体负有责任，或当事人、群众的误解而导致的不信任危机。质疑易导致危机应对的低效、无效，甚至被全盘否定。上述三大类危机来源还不断呈现出相互融合的倾向，单起事件也往往兼有三重类型的危机。

2003年，“非典”的发生成为我国公共安全应急管理的转折之年。当前，以公共安全为重心的社会管理应当坚持两种手段并用：一是针对社会突发事件，综合运用我国“一案三制”的体制机制，有效应对各类突发事件；二是充分利用党政部门维护社会稳定的长期经验，充分发挥党团组织的作用，积极开展群众工作，发挥工、青、妇等人民团体以及其他社会组织的作用，有效应对公共安全危机。总体来看，以公共安全为重心的社会管理是在特定时期、特定领域内开展的社会管理。作为一种短期的管理行为，当公共安全的威胁解除以后，社会管理应当恢复到正常的工作状态之中。

3. 以社会秩序为重心

良好的社会秩序是社会管理的基础，也是社会管理的重要目标。当旧秩序不适应现状或者需要新秩序来规范社会问题的时候，这一阶段的社会管理即以社会秩序为重心。具体而言，以社会秩序为重心的社会管理是针对特定领域和方面的秩序问题，通过开展整顿、重建、健全秩序的工作，以保障社会的正常运行，以社会秩序为重心的社会管理在转型期尤为重要。

以社会秩序为重心的社会管理处在不断的发展变化之中。在计划经济时代，投机倒把十分猖獗，是最典型的破坏经济秩序的行为，严重危害了市场贸易的正常进行，不利于全国计划市场和自由市场价格的稳定。建国后，中央工商行政管理局颁发文件规定，市场管理人员在工作中发现投机倒把分子或者有投机倒把嫌疑的分子，可以凭借检查证进行询问，需要追查处理的，应当带到市场管理所、检查站，动员他们交代投机事实，交出违法物品。1987年，国务院发布《投机倒把行政处罚暂行条例》，主要针对以牟取非法利润为目的，违反国家金融、外汇、金银、工商管理法规，非法从事工商业活动，扰乱市场，破坏社会主义经济秩序的行为。1997年，刑法修订取消投机倒把罪。2008年，《投机倒把行政处罚暂行条例》宣布失效，因为其调整对象已消失。

进入21世纪，随着信息技术和互联网技术的发展，网络虚拟空间不断拓展，一个强大的虚拟社会已经形成，但是虚拟社会在为人们的工作、生活、学习带来诸多便捷的同时，也带来了一系列的问题和挑战，加强虚拟社会管理，维护虚拟社会秩序，成为这一时期我国社会管理的重心所在。虚拟社会是现实社会的延伸，虚拟社会中人们的很多行为，包括经济行为、社会行为等同样受着现实社会中的经济规律、道德准则等的约束，但是，虚拟社会又与现实社会显著不同，其虚拟性、开放性等特征使得虚拟社会更加复杂和难以管理。虚拟社会的管理，须从虚拟社会的特点出发，借鉴现实社会的管理经验，着重把握虚拟社会的特点，虚拟社会秩序管理应当注意以下三个问题：（1）转变观念，正确对待虚拟社会。虚拟社会的到来是历史趋势，虚拟社会虽然会带来一定问题，但是总体来看虚拟社会拓展了人们生活、工作、学习的空间，为人们带来了便捷和娱乐，因此不能因为虚拟社会出现的一系列问题而将虚拟社会全盘否定。（2）虚拟社会的管理应当特别注意加强舆论的引导。虚拟社会具有信息真假混杂、传播速度快、危害影响大等特点，因此以舆论信息为对象，加强对舆论的引导和管理，是加强虚拟社会管理的有效工具和抓手。(3) 加强虚拟社会的管理，还必须尽快建立健全一套系统的法律法规体系和相关制度规范。由于虚拟社会近年来才逐渐兴起，我国的虚拟社会管理缺乏经验，法律规范也很不健全，这造成了虚拟社会管理的随意化和无序化，因此必须不断加强法律法规建设，推动虚拟社会的依法管理。

总体来看，以社会秩序为重心的社会管理是动态的，根据社会环境的演变而处在不断变化之中，正如计划经济时代以打击投机倒把为中心任务，但是随着市场经济的发展和社会的进步，投机倒把罪逐步取消并退出历史舞台，而信息与网络的发展使得虚拟社会秩序的管理成为现代社会管理的重要任务。与此同时，社会秩序涵盖经济秩序、文化秩序、社会秩序等方方面面，这使得社会秩序又往往与特定行业和特定领域相关联，具有明显的区域性和行业性。

4. 以公共服务为重心

在我国东部沿海地区，经济发展水平较高，政府的职能将主要集中在公共服务上。以公共服务为重心的社会管理体现了政府职能的转移，是一国经济发展到特定阶段的必然选择，这与当前我国提出构建公共服务型政府具有内在的一致性。

服务型政府是相对于管制型政府而言的，是一种以服务公民为中心，以满足公众日益多元化的公共需求为导向的新型政府治理模式。这种治理模式要求政府从以控制管理为要务转变为以提供服务为宗旨，管理范畴由经济建设领域转移至社会管理和公共服务领域，强调把社会管理和公共服务放在更加重要的位置。可见，服务型政府彰显了政府以人为本的施政理念，体现了为民服务的行政价值观，有助于“让人民生活得更幸福、更有尊严”。社会管理创新与服务型政府建设有共同的价值诉求，即最大限度地实现公共利益。强化社会管理职能，核心在于建设服务型政府，提供更多更好的公共服务。

▶阅读材料

### 服务型政府的提出

2004 年 2 月，温家宝总理在中共中央党校举办的省部级主要领导干部“树立和落实科学发展观”专题研究班上，第一次提出了“建设服务型政府”。2004 年 3 月 8 日，在当时召开的全国人大会议期间，温家宝总理在与陕西代表团的座谈会上指出：“管理就是服务，我们要把政府办成一个服务型政府，为市场主体服务，为社会服务，最终是为人民服务。”2007 年，十七大报告明确指出“加快行政管理体制改革，建设服务型政府”，“健全政府职责体系，完善公共服务体系，推行电子政务，强化设计管理和公共服务”。2011 年，“十二五”规划中，指出“加快服务型政府建设，在服务中实施管理，在管理中体现服务”，“发挥政府主导作用，强化社会管理和公共服务职能，建设服务型政府，提高服务型管理能力”。

当前，以公共服务为重心的社会管理应当注意以下四个方面的问题：(1) 社会管理必须以服务为根本目标，寓管理于服务之中；(2) 社会管理必须了解民众需求，鼓励公民参与，从而更好地提供人民群众所需的公共服务种类；（3）公共服务供给方式必须进行市场化改革，鼓励民间力量参与，通过委托和政府购买等多种形式，不断提高公共服务的质量和效益；（4）以公共服务为中心的社会管理还必须特别重视弱势群体、贫困地区的公共服务供给，通过政府的宏观调控推动基本公共服务均等化。2012 年 7 月，国务院印发了《国家基本公共服务体系“十二五”规划》，阐明国家基本公共服务的制度安排，明确基本范围、标准和工作重点，引导公共资源配置，成为“十二五”乃至更长一段时期构建国家基本公共服务体系的综合性、基础性和指导性文件，对于建立健全基本公共服务体系，促进基本公共服务均等化，全面建设服务型政府，推进以保障和改善民生为重点的社会建设，具有十分重要的意义。

总之，社会管理的根本目标在于满足人民群众多样化的公共服务需求，是社会管理的终极价值之所在，以公共服务为重心的社会管理存在于社会管理的全过程与高级阶段，公共服务的内容和范围也随着社会管理阶段的不断演进而不断拓展和深化。

5. 以社会和谐为重心

现代社会，随着社会结构的分化，社会矛盾凸显，群众权利意识不断觉醒，同时，在转型期，社会价值受到冲击，和谐社会建设面临挑战，以社会和谐为重心的社会管理的重要性和必要性逐步凸显。针对特定的问题、人群和行业开展以社会和谐为重心的社会管理可以有效调解社会矛盾，维护人民群众和弱势群体的合法权益，促进社会公平正义，重建社会价值规范，推进社会主义精神文明建设。

当前，在特定领域开展以社会和谐为重心的社会管理是保障社会稳定、团结、和谐的重要基础。结合我国社会管理的现状，我国以社会和谐为重心的社会管理主要表现在以下四个方面：（1）有效调解社会矛盾。随着社会分化和社会利益的多元化，处在转型期的中国，社会矛盾也十分突出，如劳动争议、征地拆迁、环境污染、食品药品安全等引发的社会矛盾尤其应引起重视。针对当前出现的大量的社会矛盾，必须进一步建立健全社会矛盾调解机制，实现人民调解、行政调解、司法调解联动，创新调解方法，吸引社会组织和公民参与，通过社会力量有效化解社会矛盾。（2）维护弱势群体权益。针对老人、残疾人、农民工、妇女儿童等社会弱势群体开展弱势群体的利益保障，完善社会福利和社会保障机制，有利于维护社会公平正义，消解社会不和谐因素。（3）保障群众合法权益。社会矛盾的本质在于权益的保障，只有切实维护人民群众的合法权益，才能从根本上消解社会矛盾，维护社会的和谐稳定。一方面，完善群众的诉求表达机制，这就要求进一步完善公共决策体制，建立健全听证制度、信访制度等，为群众提供便捷的权益诉求途径；另一方面，建立健全群众利益协调机制，在社会管理中，应当保护人民群众的合法权益，当利益出现矛盾时，应当予以协调，对于利益受损的群众应当给予合法和及时的救济。（4）社会主义核心价值体系建设。我国社会正处在转型期，社会价值失范，社会心态失衡，人们失去社会信仰，造成全社会的价值危机，当前重建全社会的价值体系对于维护社会和谐稳定具有重要意义。社会主义核心价值体系是社会主义意识形态的本质体现，是全党全国各族人民团结奋斗的共同思想基础，包括四个方面的内容：马克思主义是社会主义核心价值体系的灵魂，中国特色社会主义共同理想是社会主义核心价值体系的主题，以爱国主义为核心的民族精神和以改革创新为核心的时代精神是社会主义核心价值体系的精髓，社会主义荣辱观是社会主义核心价值体系的基础。在当前，必须不断加强社会主义核心价值体系构建，提升公民道德素养，构建社会信任体系，培育民族精神，从而为我国和谐社会的构建提供精神动力。

**阅读材料**

### 广东召开全省信访工作会议

2012 年 9 月 20 日至 21 日，（广东）省委、省政府在广州召开全省信访工作会议。汪洋强调，党的十八大召开在即，营造和谐稳定的社会环境显得更为重要。希望同志们继续努力，以优异的成绩迎接党的十八大胜利召开。一是切实增强做好信访工作的责任感和使命感。信访是中国特色社会主义制度的组成部分，是群众向党委、政府反映诉求的重要渠道，是党委政府紧密联系群众的重要桥梁，做好信访工作不仅有利于保持社会和谐稳定，也有利于密切党群政群关系。二是始终坚持党的群众路线，积极主动化解社会矛盾。群众路线是我党的法宝，信访工作要始终坚持走群众路线，注意从群众的角度想问题，增进与人民群众的感情，赢得群众的信任和支持。三是进一步加强信访队伍的自身建设，不断提高做好信访工作的能力水平。要适应群众民主意识、法治观念不断增强的新形势，努力提高对法律、政策的掌握程度，切实提升解决群众问题的实践能力。

资料来源：http://news.xinhuanet.com/local/2012-09/22/c_113168365.htm。

以社会和谐为重心的社会管理是在特定领域、针对特定问题和特定群体开展的治理活动。作为一种基础型和保障型的社会管理，社会和谐建设的内容和重点也在不断发展演变，必须针对当前社会突出的不和谐因素，及时、有效地开展和谐建设，维护和谐稳定的社会发展环境。

## 9.1.2 社会管理的共性标准

尽管不同地区、不同阶段、不同领域的社会管理各有其重心，但是无论在何地、何时，社会管理总有一些共性的内在规律，决定和指导着社会管理实践。因此构建社会管理的共性标准，成为衡量地方政府社会管理水平和推动社会管理创新变革的重要工具。构建共性标准，不仅能为社会管理创新提供指导和依据，同时，统一的标准也便于实现社会管理的比较，发现社会管理的规律、经验、存在的问题以及改进的空间。

依据社会管理的目标以及实施过程，社会管理的共性标准可以区分为以下七个方面的内容：（1）形势适应性；（2）管理高效性；（3）党政主导性；（4）党政自律度；（5）社会参与度；（6）公民自治度；（7）目标达成度。

1. 形势适应性

社会管理创新的形势适应性是指社会管理的创新趋势、类型和内容应当符合和适应时代背景和国内外环境。一方面，我国的社会管理创新是在全球化的国际大背景下进行的，国外的经济、政治、文化、科技等深刻影响着我国社会管理所处的社会形态；另一方面，社会管理的创新又深受我国当时当地的社会环境的影响，这要求社会管理的创新必须从我国的社会、经济、政治、历史和文化传统出发。总之，社会管理创新的形势适应性要求社会管理必须符合社会环境和社会发展的大潮流和大趋势，遵循社会发展规律。

当前，社会管理创新与发展面临的形势和趋势主要表现在以下四个方面：(1) 分权化，社会管理强调多元主体的互动协作治理，分权化背景下的社会管理应当充分发挥社会团体、企事业单位、基层制自治组织和非政府组织的协作治理。(2) 基层化，社会管理的基层化是指社会管理下沉，创新的实践以基层为主要平台。(3) 服务化，社会管理创新趋势是由管制向管理、服务转变，寓服务于管理，社会管理创新的根本目标都是更好地为人民群众服务，满足人民群众的需求，维护人民群众的根本利益。(4) 信息化，一方面信息化要求社会管理充分运用信息技术手段，不断提高社会管理的效率和效益；另一方面，信息化促进了虚拟社会的快速发展，加强虚拟社会管理成为重要任务。

2. 管理高效性

社会管理创新的高效性是社会管理实践合法性和合理性的重要来源，一个高效的社会管理才是有价值的社会管理，社会管理的高效性既体现为社会管理的结果，也体现为社会管理的过程。

从社会管理的结果来看，管理的高效性应当符合绩效管理的 4E 标准：一是经济，即应当尽量控制社会管理创新的投入成本，这要求社会管理的创新思路能够通过竞争或者市场化策略进行成本最优化选择；二是效率，主要是指社会管理创新中投入与产出之间的比例关系，收益大于成本的社会管理创新才是值得推行和复制的；三是结果，即社会管理创新是否真正促进了公共服务供给以及社会秩序的完善和公共安全的提升；四是公平，公平是指社会管理创新的合法性和公正性，要求社会管理创新应当推进社会的平等，提升全社会的共同福利，符合社会正义。从社会管理的过程来看，即社会管理是否是透明的、整合的，富于回应性和弹性化的：(1) 社会管理的透明体现为社会管理的开放性，即社会管理创新应当是一个开放的系统，社会管理的信息应及时向社会发布；(2) 社会管理的整合性是指社会管理越来越倾向于协作而不再是分裂的碎片化治理，将各种社会资源整合，推动协同治理；(3) 高效性的社会管理还是一个高回应性的社会管理，能够及时地回应社会问题，满足公民需求；(4) 弹性化的社会管理是指社会管理的灵活性，即能够灵活地根据社会环境的发展变化，不断调整组织设置、运行机制和管理模式，适应社会管理的新形势。

3. 党政主导性

党政在社会管理中掌握着国家权力和政治资源，也承担着更多的责任，因此党政主导性是确保社会管理的正确方向，是维护国家统一、社会稳定和公共秩序的必然要求。社会管理的党政主导性表现在以下五个方面：(1) 党政积极创新管理理念，制定科学的社会管理战略和发展思路；(2) 党政积极推动社会管理体制机制改革，包括社会管理的领导体制、组织机构、运行机制以及社会管理模式的创新发展；(3) 党政通过财政、法律、行政等多样化的手段和工具调控和引导社会管理发展；(4) 在公共服务和社会福利建设中，党政积极履行其职能，不断满足人民群众日益增长的物质文化需求；(5) 党政积极开展自身建设，包括基层党委、党员领导社会管理、开展群众工作的能力，政府公务员不断提高社会管理的能力和技巧等。

党和政府是社会管理的主力军，也是当前推动社会管理的领导主体和推动力量，直接决定着我国社会管理的发展。党政主导性体现了社会管理最终的责任归属在于党和政府，社会管理的创新必须在党的领导下和政府主导下推进。如北京市为推进社会管理，于 2007 年底成立了市委社会工作委员会和市社会建设工作办公室。社会工作委员会为市委派出机构，社会建设工作办公室为政府组成部门，合署办公，市社会建设工作领导小组办公室也设在社会工作委员会，负责全市社会建设综合协调和政策制定，具体负责综合协调社会基本公共服务、社区建设、社会组织建设、社会工作者队伍建设、志愿服务、社会领域党建等工作。

4. 党政自律度

党政自律是指党政在社会管理中不断加强思想建设，廉洁自律，积极为人民群众服务。党政自律提高了党政的威望，提升了社会管理的公信力和领导力，是确保党政高效领导社会管理的必要前提。

在社会管理中，党政自律具体表现在以下方面：一是在党政服务理念上，党政工作人员必须转变观念，由“管理者”变为“服务者”，在服务中实现管理，不断满足人民群众的服务需求；二是在党政作风建设上，坚持群众路线，重视群众工作，定期开展接访下访、民情恳谈、蹲点调研等活动，推动领导干部重心下移，完善基层民情沟通和民主决策机制，积极推广党员议事会、党委书记直通车、民主恳谈会、民主听证会等制度，畅通基层党组织了解民情和党员群众表达诉求的渠道；三是在党政廉洁建设上，加强学习、教育和培训，严格遵守规章制度，加强自我约束，避免滥用职权、以权谋私、贪赃枉法等腐败行为。党政自律在社会管理创新中，要求不断加强党政部门内部建设，不断提高为人民群众服务的意识、态度和能力。

5. 社会参与度

社会管理区别于政府管理的核心特征在于多元治理主体的互动协作治理，因此社会参与成为社会管理创新的重要内容和目标，也是衡量社会治理水平的重要标志。所谓社会参与，是指政府以外的社会组织包括人民团体、基层自治组织、企事业单位和其他社会组织等，积极参与社会的管理和治理，从而促进资源的有效整合，实现优势互补，促进社会管理问题的解决，不断提高社会管理绩效。

社会参与度可以从社会参与的广度与深度来衡量。从广度上来看，社会参与度表现在以下两个方面：一是参与主体广泛，社会管理中应积极推动各类社会组织参与社会管理与建设，包括工青妇等人民团体、企事业单位、非政府组织等。二是参与领域扩大，积极促进社会组织在公共安全、社会秩序、公共服务、和谐保障等更广阔的领域参与社会治理。从深度上来看，社会参与度体现在以下两个方面：一是社会管理决策的参与，从决策制定、决策执行到执行监督都广泛纳入社会组织，如浙江温岭的“协商民主”、“参与式决策”和“参与式预算”将广大群众纳入到社会政策的制定过程之中，充分吸纳民意，提高决策的科学化和民主化。二是公共服务的社会参与，体现在政府通过社会化、民营化和市场化等方式创新公共服务供给机制，如浙江宁波海曙区率先推出政府购买养老服务，北京东城区也拨出专款用于向非政府组织购买各类社会服务，完善了公共服务的社会化参与机制。

6. 公民自治度

一个成熟的社会，其公民的自治能力和自治水平都在不断提高，因此公民的自治度也是社会管理创新的重要标志，一方面表现为公民参与治理的领域、范围和能力；另一方面表现为公民的互助行为和公益精神。

具体而言，社会管理创新中的公民自治度标准主要包括以下四个方面：一是基层自治水平，包括农村村委会自治和城市社区居委会自治。作为基层民主实践，基层自治成为公民参与政治的基本途径。二是公民参与治理领域和内容的多样化水平。当前公民自治参与社会管理的方方面面，如矛盾调解、服务供给和维权等领域，广泛促进公民参与和自治。三是公民自治的组织化和规范化水平。一方面，公民通过参加各种各样的社会组织如农村社会组织、社区社会组织，推动组织化的参与；另一方面，不断完善公民参与的制度、机制与平台，如听证会、恳谈会等形式，提高公民参与的便捷性。四是公民志愿者服务机制。培育和发展志愿者服务，促进群众自我管理与服务。如广州市2004年发起百万义工服务社区群众的活动，组建治安、敬老、助残、帮困、医疗卫生、环保、科普等专业服务队伍，服务社区群众，配合社区治安管理。

▶阅读材料

### 深圳桃源居社区社会组织广泛参与社会管理

深圳桃源居社区抓住深圳市社会组织管理体制改革的良机，在社区层面登记注册了社区公益中心、老年协会、社区餐厅等社会团体和民办非企业单位。同时，开发商通过成立社区型的非公募基金会，为社区公益中心注入了大量无偿捐赠资金，然后再通过公益中心为不同类型的社区社会组织提供不同程度的资金支持。通过积极培育和发展各类社区公益性社会组织和互益性社会组织，极大增加了社区的组织资源，降低了社区的社会管理成本。而且，社区社会组织已经成为社区养老服务、教育与卫生、文化娱乐与体育、环保、治安等公共服务的重要提供载体，丰富了居民多元化的物质与精神文化生活。

7. 目标达成度

目标达成度是从结果考察社会管理目标的实现程度及其绩效水平的高低。社会管理的目标是为了更好地满足人民群众的需求，维护人民群众的权益，构建完善的社会管理和公共服务体系。因此衡量社会管理目标的达成，主要是考察社会管理是否实现了特定的社会管理任务，是否促进了社会管理水平的改善。

具体来看，社会管理的目标达成度可以从以下四个方面进行考察：（1）公共安全的改善。公共安全是社会管理的基本目标，社会管理创新的基本出发点应该是为人民群众创造更加安全的生活环境，从而保障人民群众的生命、财产安全。公共安全的改善包括食品药品安全，生产安全、社会安全等。公共安全的改善直接体现为公民的安全感的不断提升。（2）社会秩序的维护。良好的社会秩序是社会管理的基础，社会管理创新离不开稳定、有序、和谐的社会秩序。社会秩序的提高表现在治安稳定，流动人口管理有序，虚拟社会秩序稳定、和谐、健康等。(3) 公共服务的提升。公共服务是政府的基本职能，通过社会管理创新，完善公共服务的供给方式，不断满足人民群众日益增长的需求是社会管理创新的重要目标。公共服务的提高，首先体现在量上，即公共服务能够满足人民群众的需求；其次体现在质上，即公共服务的多样化和质量不断提升；再次体现在效益上，即公共服务的成本不断下降，从而更好地节约资源；最后体现在均等化上，即公共服务的城乡差距、区域差距不断缩小，基本公共服务均等化水平不断提高。(4) 和谐保障的健全。和谐保障是社会管理创新标准的重要内容，通过确保社会管理更好地实现、社会管理目标更好地达成来实现社会管理的不断优化完善。和谐保障的完善体现为社会矛盾的有效调解、公民合法权益的有效保障以及社会主义核心价值体系的不断建立。

社会管理创新的综合评价，可以依据社会管理的共性标准来建立并不断完善。一方面，依据共性标准的七大指标对社会管理创新实践进行考察和评估，发现社会管理的优势和不足，特别是通过多案例实践的比较分析，可以有效发现自身存在的不足以及下一步创新提升的关键；另一方面，也可以在比较中学习其他地区的先进经验和创新做法，不断指导本地社会管理实践的发展。

在评价的实际操作中，应当依据七大标准的内涵就社会管理创新实践的具体做法进行定性的测度，并按照 1～5 星的星级标准进行量化评定。表 9—1 展现了基于社会管理的七大共性标准对本书前文中提到的三个典型的基层社会管理创新案例（北京东城区网格化管理、北京大兴区社区化管理、深圳桃源居社区治理）进行整体评价的结果演示版。

**表 9—1　　社会管理创新的综合评价表**

| 共性标准 | 北京东城区网格化管理 | 北京大兴区社区化管理 | 深圳桃源居社区治理 |
|---|---|---|---|
| 1. 形势适应性 | ★★★★☆ | ★★★☆☆ | ★★★★☆ |
| 2. 管理高效性 | ★★★★☆ | ★★★★☆ | ★★★★☆ |
| 3. 党政主导性 | ★★★★☆ | ★★★★☆ | ★★★★☆ |
| 4. 党政自律度 | ★★★☆☆ | ★★★★☆ | ★★★★☆ |
| 5. 社会参与度 | ★★★☆☆ | ★★★☆☆ | ★★★★☆ |
| 6. 公民自治度 | ★★★☆☆ | ★★★☆☆ | ★★★★☆ |
| 7. 目标达成度 | ★★★★☆ | ★★★☆☆ | ★★★★☆ |
| 综合得分 | 25 分 | 24 分 | 28 分 |

注：表内评价为演示版，数值具有一定的误差。

## 9.2　社会管理的发展路径与整体统筹

社会管理的发展路径提供了未来社会管理创新与发展的思路与对策，作为一种理想化的建构，基于不同视角，社会管理的发展路径具有多元性，但是这种多元路径又要求宏观视角下的整体统筹，要求协同发展。

### 9.2.1 社会管理的发展路径

社会管理的发展路径必须遵循社会管理的价值与规律，坚持全面性、系统性和前瞻性原则。当前，基于不同的视角，我国社会管理的发展大致形成了三条主要路径，指导着我国的社会管理创新：（1）从价值的视角来看，社会管理是以公民为中心的管理，这要求社会管理必须满足公民的需求，维护公民利益，重视公民价值；（2）从结构的视角来看，社会管理是以机构改革为载体的管理，只有通过政府机构的不断改革才能不断推动社会管理的发展；（3）从目标的视角来看，社会管理是以实践成效为导向的管理，社会管理绩效的改善是推进社会管理的任务和追求所在。

1. 以公民为中心

从社会管理的价值来看，社会管理是以公民为中心的社会管理，重视人的价值的实现，关注“人”的多元化需求的满足。在我国，以公民为中心的社会管理具体表现在以下三个方面：

（1）从社会管理的内容来看，社会管理以满足人的需求为根本出发点和根本目标。以公民为中心的社会管理要求社会管理的内容必须按照人的需求进行设计，满足人民群众生存发展所需要的基本公共服务，这具体包括以下三个方面的内容：第一，从横向上，社会管理要满足一个人同一时期生存发展所需要的基本公共服务，这包括安全服务、秩序服务、衣食住行等基本服务。2012 年通过的《国家基本公共服务体系“十二五”规划》将我国基本公共服务范围进行了狭义与广义的界定，认为基本公共服务一般包括保障基本民生需求的教育、就业、社会保障、医疗卫生、计划生育、住房保障、文化体育等领域的公共服务，广义上还包括与人民生活环境紧密关联的交通、通信、公用设施、环境保护等领域的公共服务，以及保障安全需要的公共安全、消费安全和国防安全等领域的公共服务。这一基本公共服务范围构成了国家应当向公民提供的基本公共服务的框架。第二，从纵向上，以公民为中心的社会管理是基于个体的生命特征，以个体所需的生活轨迹为流程，满足个体从生到死的过程之中所需要的基本公共服务，这包括教育服务、就业服务、养老服务等。第三，我国社会管理内容的以人为本还体现在坚持基本公共服务均等化以及重视对弱势群体的服务与保障，如老年人、残疾人、妇女、儿童等，这种为特定群体提供的专门公共服务，保障了这些群体的生存、生活和发展的权利，从更高的层次上维护了社会的公平正义。

▶阅读材料

#### 新加坡：三维虚拟社区——电子公民中心

新加坡电子公民中心（e-Citizen Center）于 1999 年 4 月正式建立，是全世界迄今为止发展最为成熟的政府为公民服务的模式，被公认为是设计最好的、最充分考虑到居民要求的政府门户网站，在全球享有极高的评价。无论是查退休金情况还是申请奖学金，无论是为新买的摩托车上户还是填写专利申请表格，一天 24 小时，每时每刻公众都可以到电子公民中心的站点去完成。

电子公民中心是一个三维虚拟社区。在这里可以实现所有政府机构的信息与服务的完整集成的传递。它要求各政府机构、各组织间打破界限，集成各项信息、流程与系统，力争向公众提供一个无缝的在线服务与事务处理系统。在这个社区中，人们可以完成自己的虚拟人生，而政府部门则是人生旅途上的一个个站点。医疗保健、商务、法律法规、交通、家庭、住房、招聘等信息部门都在你“人生之路”两边的建筑物里，在人生之路上，可以找到从出生到死亡所需要的所有政府信息。例如在“国防大厦”里面，年轻人可以登记两年义务兵役。该网站有三大特色：第一，以人生的整个里程为依归，将物理世界中政府与公民的关系真实再现于虚拟的数字世界之中；第二，以客户为中心，为公民提供一个完整集成的电子服务包；第三，协同各部门、各机构建立“一站式”、“窗口式”服务。

它把每一个公民从出生到死亡整个生命过程需要跟政府打交道的事情全部归纳出来，然后把它分成各类并加以细化。比如：公民要结婚登记，公民就可以进到这个网站找结婚登记，然后它就会告诉用户应该一步一步怎么走，用户应该准备哪些文件，然后用户就可以在网上全部做完。对居民来讲，有了这个网站，他根本不需要哪个政府部门帮他做什么事情，而他自然地顺着这个网站的引导，就能把他要办的事办完。点击进入网站后，公民就可以轻松实现在线申报税务、申请公用事业的账号、获取相关政府信息等。

资料来源：http://cio.it168.com/jy/2006-09-17/200609171151456.shtml。

（2）从社会管理的方式来看，社会管理必须以服务为基本手段，坚持以人为本。以公民为中心的社会管理在方式上要求以服务为主，以管理为辅。第一，以服务为主，要求社会管理要更多地采用“理”的方式，保障公民的合法权益，加强社会事业和社会保障建设，积极推进社会主义精神文明和核心价值体系建设；重视弱势群体的利益保障，完善社区服务，为社会组织发展和参与社会管理提供良好的环境和平台。以服务为主体现了社会管理的本质在于更好地为人民群众提供服务，满足人民群众的利益诉求，维护人民群众的根本利益。第二，以管理为辅，要求社会管理在一定程度上要合理、谨慎使用强制性的手段。一方面，管理是必不可少的，对某些事项的管理是为了更好地提供服务，对某些人的管理是为了给更多的人提供服务；另一方面，管理手段应当谨慎采用，针对哪些特定事项、特定人群采取强制措施都应当作出明确规定，同时明确管理的目标所在，并不断创新管理思路，寓管理于服务，不断提升管理的效果。

（3）从社会管理的主体来看，社会管理维护“人”的主体价值，培育现代公民，推动公民自治。以公民为中心的社会管理在价值追求上，体现为对人的主体性的尊重，坚持群众的主体地位，并不断推动公民和社会自治。坚持公民的历史主体地位，就必须做到发展依靠人民，发展为了人民，发展的一切成果由人民共享。在社会管理中，公民是管理的对象，也是重要的治理主体，政府一方面应当注重听取民意，了解民众诉求，满足人民需求，保障人民群众的合法权益；另一方面应当为公民参与社会管理创造良好的条件和平台，充分发挥人民群众的聪明智慧，提高政府与公民的协同治理，实现社会管理主客体的统一。同时，以公民为中心的社会管理，还体现为公民自治的价值性回归，这要求政府将更多属于社会管理的事项和领域归还社会，引导公民自主治理。

2. 以机构改革为载体

根据结构—功能主义的观点，社会管理作为政府职能的重要内容，具体通过政府机构来加以实施，政府机构改革成为推动社会管理、实现社会管理目标的重要载体。从社会管理的过程来看，社会管理是以机构改革为载体的渐进式过程，通过机构改革带动社会管理绩效的改善。这具体表现在以下三个方面：

（1）社会管理机构改革以政府职能优化为核心，转变政府职能是深化机构改革的关键，当前必须更加突显政府的社会管理和公共服务职能。当前，推动社会管理机构改革中的职能优化，应该着重注意以下三个方面的问题：第一，政府职能要向大力创造良好发展环境转变。宏观方面，政府要制定和执行宏观调控政策，加强对环境资源的保护，做好基础设施建设和提供公共服务，注重运用经济和法律手段，同时辅之必要的行政手段管理社会活动。微观方面，政府的主要职能在于市场监管，要健全行政执法、舆论监督、行业自律、群众参与相结合的监管体系，维护统一开放、竞争有序、安全健康的市场秩序。第二，政府职能要向有效提供优质服务转变。政府要更新管理理念、强化服务意识，不断提高公共服务水平，着力解决公共服务能力不强等问题，推进基本公共服务均等化。还应实行有力的政策措施，推进教育、卫生等事业加快发展。第三，政府职能要向维护社会公平正义转变。维护社会公平正义，是社会文明进步的重要标志。政府要正确认识和处理效率与公平的关系。要更注重社会公平和社会管理，强化政府促进就业和调节收入分配的职能，建立科学合理的收入分配调节机制；加快完善社会保障体系，大力发展社会保险、社会救助、社会福利等事业。更加注重突发事件应急管理体系建设，健全社会矛盾疏通调处和安全预警机制，构筑社会安全网，维护社会和谐稳定。

（2）社会管理机构改革是渐进式改革，是基于政府职能优化的机构设置与调整，以推动社会管理预期目标的达成。以机构改革为载体的社会管理，其改革路径必然是渐进的，这是因为机构改革涉及的部门较多，执行难度大，改革的路径依赖较强，改革的成本也比较大，一旦改革失败，造成的损失也较大，这要求社会管理的机构改革必须谨慎，并且在改革的过程中不断调整、修正。在具体的改革过程中，渐进式改革的路径是一种增量改革的路径，是在现有的机构设置基础上，通过细小改革逐步扩展的改革模式，在渐进式改革中尤其注意避免机构改革的大幅度调整。在具体的方法上，渐进式改革可以采取先小范围试点，并根据试点情况进行调整修正，再决定是否适应大规模推广的改革模式。当前，我国地方的社会管理改革创新都采取了这样一种稳妥的路径，但是特别需要注意的是，试点改革在推广时也应当根据被推广地区的实际情况，进行本土化的创新，切莫全盘复制。

（3）社会管理机构改革的两个重要载体是“合署办公”和“电子政务”。所谓“合署办公”是指两个或两个以上的机构由于工作性质相近或联系密切，在同一处所办公，这是积极探索职能有机统一、精简效能、规范运转的机构管理模式。当前，我国的社会管理机构改革中，基层政府服务中心的组建成为推动合署办公的重要方式，即在政府活动中引入商业模式，以市场化为导向、以顾客（公民）服务为核心理念来重塑地方政府，其最初是指把相关行政审批和服务项目集中一地办理，为推广公共行政服务社会化而设立的机构，其核心在于引入新理念、新程序、新方法来解决高效、优质公共服务的问题。所谓“电子政务”，是指运用计算机、网络和通信等现代信息技术手段，实现政府组织结构和工作流程的优化重组，超越时间、空间和部门分隔的限制，建成一个精简、高效、廉洁、公平的政府运作模式，以便全方位地向社会提供优质、规范、透明、符合国际水准的管理与服务，具体通过政府门户网站的牵引和推动，不断促进政务信息公开，更好地为公民提供服务。

3. 以实践成效为导向

一个优良的社会管理必然具有较高的社会管理绩效。以实践成效为导向的社会管理，是从结果的角度考察社会管理的治理绩效，是指社会管理的具体部门在遵循以公民为中心和以机构改革为载体的社会管理路径下，进一步从我国机构设置、条块管理、属地负责等制度出发，以取得社会管理实际效果为目标的社会管理的实践和创新。总体来看，以公民为核心、以机构改革为载体的社会管理的实现必须通过以实践成效为导向的社会管理来具体推动，同时也是以实践成效为导向的社会管理的目标与价值所在。

以实践成效为导向的社会管理，要求充分运用先进的信息技术和科学的管理方法和策略，借鉴西方国家和企业领域的管理经验。以实践成效为导向的社会管理应当特别重视绩效管理、流程管理、信息管理：（1）绩效管理。在社会管理中坚持绩效管理有利于综合考量社会管理的成效。绩效管理兴起于20世纪80年代中期，被称为当代政府管理最有效的“工具”，对于社会管理来说，绩效管理的关键在于合理设计绩效评估的指标和评估流程，并将评估结果有效地运用于实践成效的改善。（2）流程管理。流程管理是企业管理中常用的管理手段，对政府社会管理过程采取流程管理，可有效把握政府行政过程中的关键阶段，加强质量控制，提升行政效率，提高公共服务水平。当前，我国社会管理改革中的政府流程再造要遵循公众服务导向战略原则、渐进性和整体性原则、简化便捷效能提升原则、整合资源集成服务原则。（3）信息管理。信息是资源，也是工具，通过信息管理可以有效地推进社会管理成效。一是重视信息收集、统计和分析工作，以作为政府决策的重要依据；二是提供信息服务，加大信息整合和管理，构建一体化的信息服务平台；三是促进信息公开，维护公民的知情权；四是推进电子政务建设，为公民提供更加便捷的现代化信息服务。

**▶阅读材料**

## 杭州市公民评议政府实践

自2000年以来，杭州市开展的以政府为主导的民主评议模式形成了较为完善的评估体系。2000年，杭州市在全市54个市级单位全面展开满意不满意单位评选，评选的主要内容是各单位的全局观念、服务宗旨、服务质量、办事效率、勤政廉洁、工作业绩六个方面。为此，杭州市专门成立了满意不满意评选活动领导小组办公室来负责各项工作。活动的评价主体包括四大层面：一是市党代会代表、市人大代表和市政协委员层面；二是企业层面；三是市民层面；四是市直机关互评。2005年，杭州对考核评价体系进行了改革，成立了杭州市综合考评委员会，对各单位的工作情况通过目标考核、领导考评和社会评价等三个方面进行综合考核评价。2006 年 8 月，杭州市委在整合市级机关目标管理、市直单位满意不满意单位评选和机关效能建设等职能的基础上，组建成立了杭州市综合考评委员会办公室，作为杭州市综合考评委员会的常设办事机构，主要负责市直单位综合绩效考评、效能建设等工作。目前，杭州市将公民评议政府这种自下而上式的评估模式与传统的自上而下式的模式充分整合，将全市 85 个参评政府机关根据窗口/非窗口、党群/政府、执法/非执法分为五大类，在此基础上由包括市党代表、市人大代表、市政协委员、省直属机关、老干部、专家学者、行风评议单位、区县（市）四套班子成员、市直各单位领导班子成员、区县市部委办局，街道乡镇社区党政负责人、企业代表、市民代表等来自社会各界的公民担任评估主体，从部门协作、政令畅通、依法行政、服务态度、责任意识、公平合理、服务速度、政务公开、廉洁自律等方面，请政府机关的服务对象对机关服务进行评价，根据满意度进行机关排名，排名靠后的机关将接受一定的整改。

### 9.2.2 社会管理的整体统筹

社会管理发展的三条路径是从不同的视角考察社会管理的发展思路，这是一种静态的理想路径设计，但是从全局来看，社会管理的实践还必须在具体的社会管理过程中实现，这种动态的实践过程要求社会管理必须是有机整合的，是统筹兼顾的。缺乏整体统筹思维的社会管理是一种碎片化的治理模式，并不能从根本上解决社会管理的深层次问题，也制约着社会管理的治理绩效。

具体而言，社会管理的整体统筹着重表现在以下三个方面：一是中央与地方的统筹，社会管理既需要中央的宏观规划和顶层设计，也需要地方的属地管理和因地制宜；二是政府与事业单位的统筹，按照政事分开、管办分离原则，实现政府与事业单位的相互协作；三是政府与企业的统筹，理顺政企关系，推进政企分开，构建政府与企业的合作伙伴关系。

1. 中央与地方的统筹

中央与地方的关系是社会管理中的重要关系，统筹中央与地方的关系，就要“尊重基层和群众的首创精神，正确处理中央和地方的关系，合理划分经济社会事务管理的权限和职责，做到事权与财权相匹配、权力与责任相一致，既维护中央的统一领导，又更好地发挥地方积极性”。在社会管理中，统筹中央与地方的关系，就是要明确中央与地方在社会管理中的职能权限，加强相互合作，推动共同发展。当前，中央与地方统筹发展的关键是打破我国的“条块分割”。所谓“条块分割”，是指当前我国社会管理中中央垂直管理和地方行政当局基于行政区划的管理相互分割的特有现象。条块分割造成了我国垂直管理部门和地方政府关系的失范，不利于社会管理的整合与联动。因此，一方面，要充分发挥中央在社会管理中的引领和指导作用，做好社会管理的宏观规划和顶层设计，进一步理清我国的社会管理体制机制，完善社会管理格局和社会管理体系；另一方面，地方是社会管理实践的主战场，要落实地方的属地管理责任，中央要给予地方社会管理更多的权限空间、政策和财政支持，调动地方积极性，鼓励社会和公民参与，推动基层社会管理的创新。

2. 政府与事业单位的统筹

所谓事业单位，一般是指以增进社会福利，满足社会文化、教育、科学、卫生等方面的需要，提供各种社会服务为直接目的的社会组织。相比于企业单位，事业单位参照公务员管理，不以营利为目的，这使得事业单位往往具有准行政性、服务性、公益性和知识密集型等特征，成为政府推进社会管理的重要伙伴。

党的十七大报告指出推进政事分开，加快推进事业单位分类改革。如何充分发挥事业单位在我国社会管理中的重要作用成为我国行政管理体制改革的重要内容。2011 年，为了更好地发挥事业单位的功能，推动公益事业发展，满足人民群众日益增长的公共服务需求，中共中央、国务院发布《关于分类推进事业单位改革的指导意见》，成为我国事业单位改革的指导性文件，其核心内容在于在理清规范的基础上，将现有事业单位按照不同功能分为承担行政职能、从事生产经营活动和从事公益服务三个类别，其中承担行政职能的逐步划归行政机构或转为行政机构，经营性事业单位逐步转为企业，从事公益服务的继续保留其在事业单位的序列，并强化其公益属性。

在事业单位规范改革的基础上，为进一步统筹政府与事业单位的关系，应当着重注意以下三个方面的问题：一是强化政事分开原则，理顺政府与事业单位的关系，政府进一步转变职能，强化其在制定政策法规、行业规划、标准规范和监督指导的职责，减少对事业单位的微观管理和直接管理；二是推行管办分离，建立健全事业单位法人治理结构，健全决策、执行和监督机制，确保事业单位公益目标的实现；三是促进相互协作，鼓励事业单位在公共安全和社会秩序维护、公共服务和社会福利建设、社会矛盾调解以及公民合法权益保障等方面发挥积极作用，促进政府和事业单位良性合作伙伴关系的建立。

3. 政府与企业的统筹

政府和企业分别是公共领域和私人领域的基本组织形式，加强政府和企业的统筹发展，是促进社会发展的基础和保障。在计划经济时期，政企职责不分，关系错位，政府过多干预企业生产经营，严重阻碍了经济发展和社会进步。市场经济条件下，如何理顺政企关系，转变政府职能，推进政企分开，构建政府与企业之间的上下互动、合作协商的伙伴关系成为新时期我国进一步加强和创新社会管理的重要内容。

统筹政企关系，应该着重注意以下三个方面的问题：（1）加强党对企业的领导，正确掌握党的基本理论和基本路线，并全面正确地运用于企业发展和改革实践之中。国有企业是我国国民经济的支柱，搞好国有企业改革，对建立社会主义市场经济和巩固社会主义制度具有极为重要的意义。这些年来，党中央对国有企业的改革和发展提出了一系列正确的指导思想和方针政策，如建立现代企业制度是企业改革的方向，对国有企业实施战略性改组，把国有企业改革同改组、改造、加强管理结合起来等，这是全党经过多年艰苦探索形成的搞好企业的有效途径。政府要坚定不移地将党的路线、方针、政策和工作要求贯彻落实到企业中，引导企业加强党组织建设，充分发挥政治核心作用，为实现党对企业的领导创造条件。（2）发挥政府调控作用，规范企业发展。一是用政策引导企业发展，这是政府宏观调控的重要职能。在计划、金融和财政三大政策调控之间建立起相互配合和制约的机制，从而保持宏观环境的稳定。二是建立法律体系，制定约束企业的行为规范并监督执行，以维护市场机制有效运行，这是政府行使社会经济调控职能的一个主要内容。三是从制度上规范政府和企业的行为，建立权责明确的国有资产管理、监督和运营机制，这是政府行使经济调控的又一职能。(3) 发挥政府服务作用，促进企业发展壮大。政府要转变观念，打破传统的管制与被管制的关系，确立为企业服务的理念，健全企业发展的组织制度、运行机制和政策法规环境，培育一批服务专业化、发展规模化、运行规范化的创业服务机构，初步形成符合社会主义市场经济体制和国家创新体系建设要求的开放协作、功能完备、高效运行的服务体系。①

总之，社会管理的整体统筹是相对于社会管理的多样化发展路径而言的，必须同时加强央地之间、政事之间、政企之间的相互联系与合作，整合资源，发挥优势，促进协同发展。

## 9.3 社会管理的国际引领与本土实践

社会管理是具有中国特色的实践命题，但是这并不意味着社会管理就是封闭型的管理，在全球化的背景下，适应国际发展趋势，回应国际发展要求，学习西方先进发展经验，是我国进一步加强和创新社会管理的必然趋势。另外，社会管理又必须在借鉴国际经验的基础上，注重本土化的改革与创新。

### 9.3.1 社会管理的国际引领

改革开放以来，世界各个国家和地区之间的联系日益便捷，这使得我国的经济发展和社会建设深受国际环境和国际潮流的影响，因此我国的社会管理格局的改革创新也难以逃脱国际大环境大趋势的影响。社会管理的国际引领是指必须将我国的社会管理放置在国际大环境大背景之中，顺应社会管理的国际化发展趋势，这具体表现在经济、政治、社会和管理四个领域。

1. 经济领域

从经济领域来看，以经济全球化为特征的国际大环境为我国的社会管理带来了新的机遇和挑战。所谓经济全球化，按照经济合作与发展组织（OECD）的定义，是指一种过程，在这个过程中，经济、市场、技术与通信形式都越来越具有全球特征，民族性和地方性在减少。具体而言，这种全球化使得全球经济环境与经济秩序具有如下三个方面的基本特征：一是不同国家和地区之间的经济联系和相互依赖关系越来越密切，一国的经济发展深受他国经济发展的影响，2008 年爆发的全球金融危机深刻证明了这一点；二是各个国家更加广泛地参与到国际经济的竞争与合作之中，这使得国内外经济规则不断趋于一致，如世界各国都积极申请加入世界贸易组织，承诺遵守世界贸易组织的秩序规则；三是经济全球化也为国家经济发展带来了更多的挑战，由于各国经济发展实力的

① 参见熊英：《新型的政企关系》，载《技术与市场》，2005 (4)。

差异，相比于发达国家，发展中国家在世界经济秩序构建中处于绝对的弱势地位，一国的经济命脉在全球化中可能被他国控制和主导，给本国的经济安全和经济秩序带来威胁。

事实上，经济全球化作为必然趋势，有利于资源和生产要素在全球的合理配置、促进相互合作和共同发展，任何国家都不能逃避，但是经济全球化是一把双刃剑，在带来巨大的利益和机遇的同时，也有风险和挑战。对于我国来说，必须顺应并适应经济全球化的趋势，不断完善经济制度，遵从世界贸易组织的规则，积极参与国际竞争，加强国家合作，学习西方先进的生产技术和管理经验，在国际发展的浪潮中占得一席之地，同时值得注意的是，在参与国际竞争与合作中，要确保国家经济发展的独立性，及时预期可能面临的国际风险，维护国家经济命脉和经济安全。

2. 政治领域

在政治领域，无论是发达国家还是发展中国家，民主化都不可逆转。实际上，当今世界各国的民主化建设不仅是政府寻求合法性的重要途径，而且成为一种现代文明的生活方式，这使得民主化不仅在政治领域，更在经济领域、文化领域和社会领域深刻影响着人们的生活方式和行为选择。首先，民主和专制相对，强调权力的分散和共享，权力高度集中是民主的死敌；其次，民主重视程序，民主不仅要实现，而且要以看得见的方式实现，公共管理和治理中的程序的公正合法十分重要；再次，民主鼓励参与和协作，通过社会组织、公民的广泛参与，推动多元治理；最后，民主强调服务和回应性，民主的根本目标在于更好地服务于公民，因此提高服务意识和服务能力，更好地回应公民需求成为民主的基本诉求。这要求民主化背景下的社会管理也必须更加重视程序，鼓励多元参与，推动社会协作，更好地满足和回应公民诉求。改革开放以来，我国的民主化建设不断推进，人民代表大会制度、中国共产党领导的多党合作和政治协商制度、民族区域自治制度以及基层群众自治制度不断完善。为了顺应国际民主化进程，我国必须进一步推动政治体制改革，加强社会主义政治文明建设。

3. 社会领域

从社会领域来看，风险社会的全面到来为全球公共管理和社会治理带来了新的挑战。特别是经过二十几年的发展，社会风险在全球化、信息化的冲击下更加凸显，变得更加常见、复杂和难以治理。社会风险如果得不到有效控制，其造成的后果和影响也更加严重。风险社会对于政府的社会管理提出了更高的要求，这主要包括以下两个方面：(1) 风险社会下要求政府承担起更重要的风险治理责任，风险社会下，人们要求建立更加健全的公共安全体系，这使得社会管理任务更加繁重，反之，当风险治理失败，政府就会被问责，政府形象受损而降低了公民信赖度；(2) 当今社会，风险的突发性、多样性和不可预测性，使得仅仅依靠政府的力量难以实现对全社会风险的有效治理，因此必须打破政府一元主体，一方面构建政府同各类社会组织的伙伴关系，当风险发生时，积极发挥这些专业组织的作用，迅速整合资源，实现风险的有效治理，另一方面还必须鼓励公民参与，提高公民的风险意识，及时察觉和避免风险。风险社会的到来一定程度上也意味着社会管理的多元性与协作性的到来。

4. 管理领域

从管理领域来看，信息化早已成为不可逆转的世界性潮流，信息化促使社会经济发展从以物质与能量为重心向以信息与知识为重心转变，并带来一种新的社会经济与政治格局。① 一方面伴随着信息技术和互联网技术的不断进步，社会管理平台、机制、流程、技术手段都不断创新和完善，社会管理的现代化、规范化和科技化水平不断提高；另一方面，信息化时代促进了信息资源的管理和发展，信息作为一种资源，为社会管理提供了决策依据，但是信息化也给社会管理带来了巨大的挑战：（1）信息化同时带来了信息爆炸，信息传播速度加快，错误和虚假信息大量存在，在社会管理中，面临大量的信息数据，如何更好更快地对信息进行整理加工，识别有用和正确的信息向信息部门和信息人员提出了挑战；（2）信息化发展推动了电子政务建设，信息的获取更加便捷和全面，这使得以封闭、控制为特征的传统的社会管理模式必然陷入困境，信息环境下的社会管理是一种更加扁平化、弹性化和灵活化的管理，如何构建一个更加公开、透明和具有回应性的现代化政府成为政府未来的发展方向；（3）信息化带来了一个庞大的虚拟社会，作为一种非传统的空间结构，这对我国现实社会管理模式形成了巨大的冲击，网络社群的行为难以控制，管理法规缺乏，虚拟社会管理成为政府面临的重大挑战。

▶**阅读材料**

### 2012 中新社会管理高层论坛

“2012 中新社会管理高层论坛”于 2012 年 9 月 21 日下午在新加坡开幕，论坛主题为“城市化进程中的社会管理”。中共中央政治局常委、中央政法委书记周永康和新加坡副总理张志贤共同出席论坛开幕式并发表讲话。

周永康在题为《加强中新社会管理交流合作，促进两国社会和谐人民幸福》的讲话中，首先代表中国政府对论坛的首次举办表示热烈祝贺。他说，社会管理是人类社会必不可少的一项管理活动，在现代社会显得越发重要。当前，国际形势发生了深刻复杂的变化，各种不稳定、不确定因素明显增多。加强和创新社会管理，创造充满活力、和谐有序的社会环境，是世界各国面临的共同课题，也是各国为之努力的共同目标。

周永康说，中国共产党和中国政府历来高度重视社会管理，为形成和发展适应中国国情的社会管理制度进行了长期探索实践，积累了宝贵经验。近年来，我们提出了构建社会主义和谐社会等重大战略思想，确立了加强和创新社会管理这一重大战略任务。目前，从各级党委、政府到基层组织、广大群众都在积极探索创新、积极参与支持，社会管理进入新的发展阶段。通过实践，我们认识到，加强和创新社会管理必须立足国情，坚持统筹协调，坚持以人为本，坚持依法管理，坚持改革创新。我们有信心在中国共产党的领导下，走出一条符合中国国情、反映时代特征、顺应人民期待、体现科学发展的社会管理新路子，为全面建成小康社会、开创中国特色社会主义事业新局面创造良好社会条件，奠定坚实社会基础。

① 参见徐晓日：《政府创新的信息化模式——基于电子政务的政府运行机制转变》，载《中国人民大学学报》，2007（6）。

周永康表示，新加坡是一个不断创造奇迹的国家。独立以来，不仅在经济发展上取得了令人瞩目的成绩，而且探索出了一条植根于东方传统文化、融合现代文明的社会管理之路，对中国有积极借鉴作用。周永康对推进中新社会管理交流合作提出四点建议：一要在尊重彼此国情和制度差异的基础上，相互借鉴、共享经验；二要围绕两国在社会管理领域都面临的一些重大问题，深入研讨、共破难题；三要按照渐进性、实效性的要求，拓展领域、共谋发展；四要秉持互利双赢精神，建立机制、共创未来，不断开创两国社会管理新局面。“2012 中新社会管理高层论坛”为加强双方社会管理交流合作提供了新的平台。希望各位代表开阔思路、畅所欲言，为两国加强和创新社会管理贡献智慧和力量，并及时总结举办这次论坛的经验做法，坚持办下去，使之成为中新交流合作的又一标志性项目，不断提高各自国家社会管理的科学化水平。

张志贤在致辞中首先感谢中方对论坛筹备工作的高度重视和大力支持。他说，论坛成功举办本身就是新中合作的重要成果。相信通过论坛期间坦诚深入的交流，共同分享彼此的社会管理经验，一定会促进两国各自社会建设和双边关系的全面发展。

张志贤说，随着社会的不断发展，社会管理水平也应持续提高。中国改革开放 30 多年来，经济社会取得巨大发展，人民生活水平大幅提升，民众的社会需求也在发生快速变化。新加坡也处于相似的发展阶段。两国都面临收入差距扩大、人口老龄化、思想文化多元化、新媒体管理等相似的社会管理问题和挑战，如何维护社会和谐，难度越来越大。新加坡奉行异中求同的理念，致力于构建平等和谐的社会，主张家庭和谐是社会和谐之本。这些都与中方的理论和实践有相似共通之处。论坛的举办为双方搭建起一个有效沟通的新平台，共同开启了一个交流合作的新旅程。相信双方的交流探讨一定能取得积极成果，为以后继续扩大合作奠定良好基础。

致辞结束后，周永康和张志贤共同敲响铜锣，宣布论坛开幕。随后双方共同见证了两国关于社会管理合作换文的签字仪式。22 日，来自中新两国政府部门、研究机构等方面的代表围绕这次论坛确定的“收入分配与缩小贫困差距”、“创新社会管理和构建和谐社会”等专题，进行了互动式交流研讨。中宣部、国家发改委和中央社会管理综合治理委员会办公室负责人分别作了主旨发言和总结。

21 日下午，周永康与张志贤亲切会见，深入探讨了两国在社会管理领域交流合作机制化等问题，并就执法领域合作情况交换意见。周永康说，去年初，两国签署了《关于打击跨国犯罪的合作谅解备忘录》，进一步强化了双方在执法领域的机制化交流合作。中方感谢新方在打击跨国电信诈骗犯罪领域给予中方的有力支持与配合，愿与新方继续落实两国业已签署的各项执法合作文件，进一步推进双方在反恐、禁毒、海上执法、刑事及经济犯罪侦查等方面的交流合作，加强双方执法部门在国际刑警组织和东盟框架内的协调配合。

张志贤表示赞同周永康的意见。他说，很高兴今年 5 月我们在北京见面时商定的加强社会管理合作，经过短短几个月的共同努力，就取得了务实进展。新方愿意与中方加强在执法领域的协调配合，共同维护两国和地区的安全稳定。

资料来源：http://news.xinhuanet.com/video/2012-09/22/c_123748848.htm。

## 9.3.2 社会管理的本土实践

尽管在经济全球化和区域一体化的大背景下，社会管理越来越受到国际环境的影响，但是社会管理作为一项管理实践活动，依然根植于一国的国内治理生态，这不仅构成了一国社会管理的制度环境，也决定着一国社会管理的现实需求。因此社会管理的本质在于地方特色、实践特色的管理行为。

2011 年是“十二五”的开局之年，我国的经济社会发展呈现出新的阶段性特征，工业化、信息化、城镇化、市场化、国际化深入发展，人民生活水平显著提高，国际综合实力不断提升，但是这一时期，经济结构和社会结构转型加快，我国社会发展的一系列矛盾和问题不断凸显，如经济发展方式亟待转型，社会建设和公共服务水平亟待提高，城乡间、区域间、群体间发展的不平衡问题亟待解决，公共安全、社会风险等一系列新的社会问题也不断涌现，我国社会管理也面临着前所未有的挑战。

对我国来说，社会管理的本土实践要求我国的社会管理必须从我国国情出发，顺应社会管理的国际趋势，参与社会管理的国际合作，推动中国特色的社会管理实践与发展。

1. 社会管理的中国实践必须坚持党的领导

社会管理的中国实践必须坚持党的领导，这是充分发挥社会主义制度优势、保证社会主义发展方向的必然要求。改革开放 30 多年的伟大成就，离不开党的领导。新时期，加强和创新社会管理，也必须坚持党的领导，具体而言，包括以下三个方面：一是确保党委的领导地位，党委是社会管理发展战略、发展方向、发展思路的制定者；二是充分发挥基层党组织的作用，加强基层党建，确保基层社会管理的顺利推进；三是充分发挥党员的模范带头作用。

2. 社会管理的中国实践必须顺应国际发展趋势

社会管理的中国实践必须顺应国际发展趋势，这包括经济贸易规则的遵守，世界民主和法治建设，风险社会和信息时代到来等一系列的国际大环境，这要求我国的社会管理一方面要积极地去适应社会管理的国际要求，面对社会管理的国际问题，学习社会管理的国际经验，另一方面也要积极参与社会管理的国际竞争与博弈，求同存异，不断提高我国的综合国力。

3. 社会管理的中国实践必须从我国国情出发

社会管理的中国实践必须从我国国情出发，这具体包括我国社会管理所处的阶段、面临的问题以及所要实现的目标等，只有从我国国情出发，才能真正解决我国社会管理中面临的现实难题。尤其要注意的是，我国地大物博，不同地区、不同领域的社会管理具有显著的差异，这也要求我国的社会管理实践必须实事求是，实行差异化发展，切莫造成社会管理的“一刀切”。

4. 社会管理的中国实践要求构建中国特色的社会管理

社会管理的中国实践要求构建中国特色的社会管理，这既是我国进一步加强和创新社会管理的目标，也是推进社会管理创新的原则。中国特色的社会管理包括社会管理格局的构建和社会管理体系的完善。从社会管理格局来看，就是不断健全和完善“党委领导、政府负责、社会协同、公众参与”的四位一体格局；从社会管理的体系来看，就是建立健全我国的公共安全体系、社会秩序体系和社会保障体系。中国特色的社会管理是基于中国国情、中国发展阶段，充分发挥我国“迟发展效应”的重要选择，也是不断提高我国社会管理水平的必然之路。

## 本章小结

本章考察社会管理的实践，将我国社会管理实践的重心分为以下五类：以经济发展为重心、以公共安全为重心、以社会秩序为重心、以公共服务为重心、以社会和谐为重心；提出我国社会管理实践的七个共性标准：形势适应性、管理高效性、党政主导性、党政自律度、社会参与度、公民自治度、目标达成度；探究我国社会管理的建构路径：以公民为中心、以机构改革为载体、以实践成效为导向，并进一步从动态角度推动社会管理的整体统筹；最后考察了当前我国社会管理的国际引领与本土实践的相关问题。

## 关键术语

社会管理实践　社会管理创新　经济发展　公共安全　社会秩序　公共服务
社会和谐　共性标准　建构路径　公民　机构改革　实践成效　国际引领
本土实践

## 复习参考题

1. 社会管理的重心有哪些？
2. 如何理解社会管理的不同重心？
3. 社会管理的共性标准有哪些？
4. 如何理解社会管理建构路径中以公民为中心？
5. 如何理解社会管理建构路径中以机构改革为载体？
6. 如何理解社会管理建构路径中以实践成效为导向？
7. 如何推动社会管理路径的整体统筹？
8. 如何理解社会管理的国际引领？
9. 如何实现社会管理的本土实践？

## 案例分析

### 国内外回应性政府建设

自 1978 年后开展新公共管理运动以来，西方国家在改革政府运作机制、建设回应性政府方面取得了长足进展。其主要有三个方面的做法：一是倡导顾客导向、公民导向和结果导向的理念，完善顾客导向机制、绩效评估机制和公共服务承诺机制。二是通过推行公共治理、完善政府与社会的伙伴关系和公共服务社会化等方式，促进非营利组织、社区组织的发展。三是重视对公民诉求的回应性。不仅通过“倾听会”、“人民陪审委员会”、“咨询与磋商”（如公共会议、市民议事会、服务用户论坛、公民讨论小组、公共检查讨论会、在线讨论、公民普通投票等）、“合作生产”、“参与式决策”、“重点对象调查”等方式鼓励公民参与政府管理，还设立了大量政府服务热线，增强了对公众诉求的回应性。如20世纪90年代中期以来，英国政府部门越来越多地通过公共服务热线向公众提供服务，1989年时只有13条公共服务热线，到2002年时有133条公共服务热线，有4万多名员工在公共服务热线工作，每年处理约9 500万个来电。

进入21世纪，随着我国经济社会发展水平的不断提高，我国一些地方政府不断推进政府管理创新，不断完善公众诉求回应体系，提高政府公共服务能力和回应性，建设回应性政府。综合来看，我国地方政府公众诉求回应体系的建立大体经过了三个发展阶段，即以电话热线为主的民声快递阶段、以民众参与为主的开放式决策阶段、建立在网络平台之上的网络问政阶段。大体上形成了三种模式：(1) 以电话热线为主的民声快递模式。2000年前后，为了解决社会各界关注的热点难点问题，通过平台实现与政府工作对接，我国一些地方相继设立了“民情直通车”、“民声快递”、“民情110”、“百姓事马上办”等电话热线。其目的都是为了满足基层群众的投诉要求，便于政府部门了解社情民意、倾听群众呼声。(2) 以民众参与为主的开放式决策模式。为进一步将民声诉求整合进政府决策之中，我国一些地方开始推进开放式决策。其中，杭州市政府的开放式决策较为典型。(3) 建立在网络平台之上的网络问政模式。广东省在网络问政方面开风气之先。设立了网络问政平台——广东民声热线网站；建立了与网民的互动机制。

（注：根据相关新闻报道和资料整理）

**思考题：**

1. 回应性政府体现了社会管理的哪些共性标准？
2. 如何进一步推动我国的回应性政府建设？

### 政务服务中心的发展与改革

19世纪90年代以来，为了方便人民群众和企业办事，优化经济社会发展环境，我国很多地方陆续建立了以集中办理行政审批事项为主要内容的“一站式”政务服务中心。2003年8月《行政许可法》的颁布实施，为政务服务中心的不断发展注入了强心剂。各级政府以政务服务中心为载体和平台，不断深化行政审批权改革，四川、广西、安徽、吉林、海南、宁夏、陕西、西藏等省区采取了一系列相关措施来完善和推进政务服务中心建设，都取得了不错的成绩。当前我国初步形成覆盖城乡的多层次政务服务体系，其主要内容包括以下几个方面：(1) 积极试行以“两集中、两到位”为代表的相对集中的行政审批权改革，实行并联审批制度，保障行政审批效能；(2) 实行“一站式”服务，创新办理方式，建设网上政务大厅，不断提高信息化水平；(3) 实行全方位监督，强化电子监督系统建设；(4) 推行政务公开，实行阳光政务；(5) 完善内部制度建设，实行人性化管理，开展行政效能监察和绩效评估；(6) 实行标准化的建设和管理，规范政务服务中心和工作人员，不断促进服务质量的提升。

当前政务服务中心的诸多问题限制了政务服务中心的进一步发展，主要体现在以下三个方面：(1) 政务服务中心存废有争议。目前，对政务服务中心的存废有不同的意见。有的大力支持政务服务中心建设，认为其是行政审批权改革的有效途径；有的认为其只是一个收发室，作用不大。对于政务服务中心存废的争议，能在一定程度上影响各地领导对政务服务中心的重视程度，进而影响政务服务中心的实质建设。(2) 管理和运行机制有待改善。当前政务服务中心存在管理机制和运行机制上的制约，使得有些窗口缺乏实际的审批权，政务服务中心审批流于形式或效果不大。政务服务中心的整合难度较大，如何打破条块分割障碍，形成整体合力仍面临体制机制困难。另外，如何通过进行行政审批权改革来规范审批行为不规范、管理不到位、运转不协调的状况也是当前的一个难题。(3) 行政审批制度不够健全。政务服务中心行政审批所依据的法律法规大多比较粗放，有的还没有配套的实施细则，有些事项还难以提出具体的可以明确告知的审核标准，甚至有些事项所涉法规相互矛盾，条件互为前置。这给政务服务中心从实际上方便人民群众设置了障碍。

**思考题：**

1. 政务服务中心建设有哪些意义和价值？
2. 政务服务中心建设面临哪些问题？如何解决并进一步推动政务服务中心的发展？

# 参考文献


[1] 马克思恩格斯全集．中文1版．第25卷．北京：人民出版社，1974

[2]［英］哈耶克．自由秩序原理．北京：三联书店，1997

[3]［德］柯武刚，史漫飞．制度经济学．北京：商务印书馆，2000

[4] 张成福，党秀云．公共管理学（修订版）．北京：中国人民大学出版社，2007

[5] 张成福，孙柏瑛．社会变迁与政府创新——中国政府改革30年．北京：中国人民大学出版社，2009

[6] 童星．社会管理学概论．南京：南京大学出版社，1991

[7] 惠双民．社会秩序的经济学分析．北京：北京大学出版社，2010

[8] 龚维斌，詹敏．中国社会管理论丛．北京：国家行政学院出版社，2011

[9] 张炳贤．社会管理创新研究．南京：东南大学出版社，2011

[10] 魏礼群．社会建设与社会管理．北京：人民出版社，2011

[11] 徐顽强．社会管理创新：理论与实践．北京：科学出版社，2012

[12] 宫志刚．社会转型与秩序重建．北京：中国人民公安大学出版社，2005

[13] 邢建国．秩序论．北京：人民出版社，1993

[14] 沈亚平．社会秩序及其转型研究．保定：河北大学出版社，2002

[15] 郭玉锦，王欢．网络社会学．北京：中国人民大学出版社，2010

[16] 范道津，陈伟珂．风险管理理论与工具．天津：天津大学出版社，2010

[17] 钟开斌．风险治理与政府应急管理流程优化．北京：北京大学出版社，2011

[18] 陈共．财政学（第六版）．北京：中国人民大学出版社，2009

[19] 娄胜华等．新秩序——澳门社会治理研究．北京：社会科学文献出版社，2009

[20] 马凯．努力加强和创新社会管理．国家行政学院学报，2010（5）

[21] 马凯．努力加强和创新社会管理．求是，2010（20）

[22] 郎友兴，汪锦军，徐东涛．社会管理体制创新研究论纲．浙江社会科学，2011（4）

[23] 陈振明. 政府社会管理职能的概念辨析. 中共福建省委党校学报，2002 (3)

[24] 陈振明等. 健全社会管理格局，创新社会管理体系——“我国社会管理格局和管理体系构建”课题研究报告. 甘肃行政学院学报，2008 (4)

[25] 何增科. 我国社会管理体制的现状分析. 甘肃行政学院学报，2009 (4)

[26] 郑杭生. 社会学视野中的社会建设与社会管理. 中国人民大学学报，2006 (2)

[27] 郑杭生. 社会学概论新修（第三版）. 北京：中国人民大学出版社，2003

[28] 中共中央文献研究室. 建国以来重要文献选编（第 18 册）. 北京：中央文献出版社，1998

[29] 徐晓日. 政府创新的信息化模式——基于电子政务的政府运行机制转变. 中国人民大学学报，2007 (6)

[30] 梅宪宾. 关于建立专家咨询论证制度的思考. 研究与探索，2005 (7)

[31] 柏良泽. “公共服务”界说. 中国行政管理，2008 (2)

[32] 金一兰，刘务勇. 论社会主义和谐社会的制度建设. 理论探讨，2011 (5)

[33] 龚长宇，郑杭生. 陌生人社会秩序的价值基础. 科学社会主义，2011 (1)

[34] 王勇. 试论中国社会管理的主体构成. 社科纵横，2011 (5)

[35] 李超. 当代中国社会秩序研究. 中共中央党校博士学位论文，2011

[36] 王文会. 从微博看虚拟社会秩序管理. 中国报业，2012 (8)

[37] 张林江. 当前虚拟社会的特点、管理挑战及其对策. 中央社会主义学院学报，2011 (4)

[38] 杨昕. 论虚拟社会的基本特征及其管理. 社会工作，2012 (1)

[39] 李国敬，张玲. 虚拟社会及其监督管理探析. 行政与法，2012 (3)

[40] 熊英. 新型的政企关系. 技术与市场，2005 (4)

[41] 傅永军. 传媒、公共领域与公共舆论. 山东视听，2006 (1)

[42] 蒯正明，杨新宇. 党、国家与社会格局演变 60 年的历史进程与现实启示. 江西师范大学学报（哲学社会科学版），2010 (3)

[43] 赵孟营，王思斌. 走向善治与重建社会资本. 江苏社会科学，2001 (4)

[44] 孙伟林. 促进社会组织健康发展. 瞭望，2010 (37)

[45] 王卫东. 国外防灾教育“聚焦”普通民众. 城市与减灾，2008 (2)

[46] 张平. “十二五”规划战略研究（上下）. 北京：人民出版社，2010

[47] 唐钧. 形象危机应对研究报告. 北京：社会科学文献出版社，2012

[48] 唐钧. 应急管理与危机公关——突发事件处置、媒体舆情应对和信任危机管理. 北京：中国人民大学出版社，2012

[49] 唐钧. 政府形象与民意思维 2010—2011——社会稳定风险评估和新形势下群众工作. 北京：中国传媒大学出版社，2011

[50] 唐钧. 政府形象与民意思维 2008—2009——政府直面群众与群众博弈政府. 北京：中国传媒大学出版社，2009

[51] 唐钧. 紧急救助. 北京：中国人民大学出版社，2009

[52] 唐钧. 政府公共关系. 北京：北京大学出版社，2009

[53] 唐钧. 公共部门的危机公关与管理. 北京：中国人民大学出版社，2007

[54] 张成福，唐钧，谢一凡. 公共危机管理理论与实务. 北京：中国人民大学出版社，2009

[55] 张成福，唐钧. 政府危机管理能力评估——知识框架与指标体系研究. 北京：中国人民大学出版社，2009

[56] 唐钧，郑雯. 培育防灾减灾文化，全面应对风险社会. 中国减灾，2012（5）

[57] 唐钧，黄莹莹等. 公共场所安全问题凸显，应急处置能力亟待升级. 中国减灾，2011（7）

[58] 唐钧. 社会维稳的风险治理研究. 教学与研究，2010（5）

[59] 唐钧. 危机管理的风险与对策. 中国减灾，2009（11）

[60] 唐钧. 风险沟通的管理视角. 中国人民大学学报，2009（5）

[61] 唐钧. 政府风险管理的实践与评述——以加拿大和英国政府的改革为例. 中国行政管理，2009（4）

[62] 唐钧. 政府风险管理：国际动态与发展趋势. 新视野，2008（5）

[63] 唐钧，陈淑伟. 全面提升政府危机管理能力，构建城市安全和应急体系. 探索，2005（4）

[64] 朱立言. 美国高级文官制度与政府回应性. 中国人民大学学报，2010（1）

[65] 王虎学. 多元社会的价值重建——论社会主义和谐价值体系的历史生产与自觉建构. 北京师范大学学报（社会科学版），2011（5）

[66] 国家行政学院课题组. 关于公共服务体系和服务型政府建设的几个问题（上）. 国家行政学院学报，2008（4）

[67] 陈正良. 略论社会主义和谐社会的构建. 理论探讨，2005（1）

[68] 周作翰，郑自立. 我国弱势群体面临的现实困境与政策选择. 深圳大学学报（人文社会科学版），2010（6）

[69] 杨福忠. 消极权利与立法者的积极义务——以德国联邦宪法法院第二次堕胎判决为例. 北方法学，2011（1）

[70] 卢建坤. 回应型政府：理论基础、内涵与特征. 学术研究，2009（7）

[71] 李军鹏. 完善政府公众诉求回应体系，打造回应型政府——以九江市政府“民声直通车”为例. 行政论坛，2011（3）

[72] 吴东华，常荆莎. 论社会核心价值与社会道德建设的内在联系. 毛泽东思想研究，2011（11）

[73] 李学举. 加强社会建设和管理推进社会管理体制创新. 中国民政，2005（4）

[74] 李其文. 浅析社会转型时期治安秩序的重建路径. 吉林公安高等专科学校学报，2011（1）

[75] 钱洋. 浅析我国社会转型期治安秩序之重建. 河南公安高等专科学校学报，2010（3）

[76] 陈潮. 网络虚拟社会治安问题研究. 信息网络安全，2009（11）

[77] 周浩集. 改革开放以来党与社会组织的关系研究. 中共中央党校博士学位论文，

2010

［78］周政华．当代中国乡村政治动员研究．华中师范大学硕士学位论文，2007

［79］姚华平．国家与社会互动——我国社会组织建设与管理的路径选择．华中师范大学博士学位论文，2010

［80］陈丽丽．网络社会秩序多元化治理结构研究．黑龙江大学硕士学位论文，2010

［81］曹海东．网络“虚拟社会”综合治理研究．上海交通大学博士学位论文，2010

［82］赵文．制度内供给：破解农村公共服务困境的必然选择．福建农林大学学报（哲学社会科学版），2011（5）

［83］李建平．关于我国城镇贫困问题的探讨．理论探索，2004（3）

［84］熊英．新型的政企关系．技术与市场，2005（4）

# 后记

社会管理是人类社会的永恒话题，既是不同国情的政府在不同阶段的主要职能，又是关乎社会组织、群众、公民的实际生活质量的细节琐事。而各国的实践表明：没有最优的社会管理，只有适合的社会管理；因为社会管理是特定阶段的历史产物，是管辖区内政治、经济、文化等综合因素共同作用和社会组织及其成员共同选择的结果。

“实践是检验真理的唯一标准”，评判和检验社会管理的实践优劣和研究水准也需用实践的尺度，因此，社会管理的研究是长期和与时俱进的社会工程。本书的研究成果，也来源于理论研究和实践操作两个方面。一方面是承接中央、部委和省市的系列委托课题项目、国际国内的高端研讨，持续汲取了丰富的学术养分；另一方面是长期直接或间接参与实际的改革创新试点，不断检验校正理论、提炼总结规律，积累了宝贵教训和实战经验。

中国人民大学政府管理与改革研究中心、中国人民大学危机管理研究中心，是此项社会管理研究的牵头单位。担任顾问的于宁（中国机构编制管理研究会执行副会长兼秘书长）、李中水（北京市委教育工委）、陈峰（中编办研究中心）从理论和实践等多方面提供了支持。中国人民大学的唐钧、李家福、边晓慧、王春、范坤、郑雯、张琦等人是主要研究人员；参与相关研究、案例编写等工作的人员还包括：中国人民大学的黄莹莹、王晨光、张越、刘瞳、杨玉琴、李昊城、张潇寒、尚远方、李继朋、蒋宇芝、张竞文、孙宁杰、李慧杰、丛上、张晓涵、王婵、张祺、祝腾娇等，北京建工学院的杨兴坤，国家新闻出版广电总局的卢大振、李雪，环保部的任子平，北京朝阳海外学人中心的肖振祥，北京市民政局的梁婧捷、齐瑜，中国人民公安大学的孙永生，北京市公安局的刘圣东、房山分局的韩秀杰，无锡市编办的毕东升，北京市政府的李泽钧，北京市城管执法局的李宏宇，北京市卫生局的刘念，民政部国家减灾中心《中国减灾》杂志社的徐娜，北京住房公积金管理中心的蒋然，北京市海淀区西北旺镇人大的杨军昌，国家安监总局的任俊杰，北京市安全生产宣传教育中心的莫妮，中国民用航空局公安局的王强，北京乐通律师事务所的张宏伟、马骊、徐松、郭志宏，安徽省公安厅的关清，苏州大学的杭天宇，瑞士卢森堡学院的杨璐宇（Luyu Yang）等。

感谢中国人民大学公共管理学院边晓慧同志为本书所做的艰辛工作，感谢中国人民大学出版社朱海燕、李俊峰等编辑为本书顺利出版所做的工作。感谢我的老师、家人、朋友们长期的支持和帮助。

**唐钧**

于中国人民大学

风险治理与科学管理网 www.999cn.org

2013 年 8 月

# 人大版公共管理类教材

## 公共管理类专业教材——学科基础课教材

| 书名 | 作者 |
|---|---|
| 现代管理学原理（第三版）（“十一五”国家级规划教材） | 娄成武　魏淑艳 |
| 一般管理学原理（第四版） | 张康之　周　军 |
| 管理学基础（第三版） | 方振邦 |
| 管理学教程 | 方振邦 |
| 政治学原理（第三版） | 景跃进　张小劲 |
| 现代政治学原理（第四版） | 石永义　刘玉萼　张　璋 |
| 政治学教程 | 舒　放　刘琼莲 |
| 公共管理学（第二版） | 陈振明 |
| 公共管理学——一种不同于传统行政学的研究途径（第二版） | 陈振明 |
| 公共管理学（第二版）（“十二五”国家级规划教材） | 蔡立辉　王乐夫 |
| 公共管理学（精编版） | 王乐夫　蔡立辉 |
| 公共管理学（第二版） | 张康之　郑家昊 |
| 公共管理概论（第二版） | 朱立言　谢　明 |
| 公共管理学概论 | 曹现强　王佃利 |
| 公共管理学导引与案例（第二版） | 王丛虎 |
| 公共管理案例 | 中国人民大学公共管理学院 |
| 公共政策导论（第四版）（数字教材版） | 谢　明 |
| 公共政策概论（第二版） | 谢　明 |
| 公共政策学——政策分析的理论、方法和技术（“十一五”国家级规划教材） | 陈振明 |
| 政策科学——公共政策分析导论（第二版） | 陈振明 |
| 公共政策学导引与案例 | 陈季修 |
| 公共政策案例 | 中国人民大学公共管理学院 |
| 公共经济学（第三版）（“十二五”国家级规划教材） | 高培勇 |
| 公共经济学教程 | 秦立建 |
| 政府经济学（第四版）（“十一五”国家级规划教材） | 郭小聪 |
| 政府经济学（第四版） | 潘明星　韩丽华 |

## 公共管理类专业教材——方法课教材

| 书名 | 作者 |
|---|---|
| 管理定量分析：方法与技术（第二版） | 刘兰剑　李　玲 |
| 公共管理的方法与技术（第二版） | 魏　娜 |
| 公共管理实用分析方法 | 汪明生　胡象明 |

## 公共管理类专业教材——行政管理、公共事业管理专业教材

| 书名 | 作者 |
|---|---|
| 行政法学导论 | 姜晓萍 |
| 行政法学 | 朱新立　唐明良　李春燕 |
| 公共部门人力资源管理（第四版） | 孙柏瑛　祁凡骅 |
| 公共部门人力资源开发与管理（第四版）（“十二五”国家级规划教材） | 孙柏瑛　祁凡骅 |
| 公共部门人力资源开发与管理（第三版） | 孙柏瑛 |
| 公共部门人力资源管理（第三版） | 滕玉成　于　萍 |
| 公共部门人力资源管理 | 方振邦 |
| 公共部门人力资源管理概论 | 方振邦 |

| 书名 | 作者 |
| --- | --- |
| 公共部门人力资源管理案例 | 周均旭 |
| 公共人事制度 | 刘俊生 |
| 行政管理学（第四版） | 郭小聪 |
| 公共行政学（第五版） | 彭和平 |
| 公共行政学 | 张康之　张乾友 |
| 行政学导论（第三版） | 齐明山 |
| 行政管理学导引与案例 | 陈季修 |
| 管理心理学（第二版） | 范逢春 |
| 公共组织行为学（第三版）（“十一五”国家级规划教材） | 孙　萍　张　平 |
| 公共组织学（第三版） | 李传军 |
| 行政组织学（第二版） | 张　昕　李　泉 |
| 公共事业管理概论（第三版） | 朱仁显 |
| 公共事业管理概论（“十一五”国家级规划教材） | 娄成武　李　坚 |
| 公共组织财务管理（第三版）（“十一五”国家级规划教材） | 王为民 |
| 国家公务员制度（第三版）（数字教材版）（“十二五”国家级规划教材） | 舒　放　王克良 |
| 国家公务员制度概论 | 郗永勤　刘碧强 |
| 公务员制度概论 | 李如海 |
| 公务员制度导论 | 孙德超 |
| 行政领导学（第三版） | 朱立言　李国梁 |
| 领导学（第四版） | 邱霈恩 |
| 领导学 | 王自亮 |
| 领导学：理念、行为与艺术 | 祁凡骅 |
| 领导学 | 孙　健 |
| 现代市政学（第四版）（数字教材版） | 王佃利　张莉萍　高　原 |
| 市政管理学（第四版）（“十一五”国家级规划教材） | 杨宏山 |
| 市政学导引与案例（第二版） | 李燕凌 |
| 社区管理（第三版） | 汪大海　魏　娜　郇建立 |
| 社区管理原理与案例 | 魏　娜 |
| 电子政务教程（第三版）（“十一五”国家级规划教材） | 赵国俊 |
| 电子政府与电子政务（第二版）（“十一五”国家级规划教材） | 张锐昕 |
| 电子政府概论（第二版） | 张锐昕 |
| 管理信息系统 | 张维明　黄金才 |
| 行政伦理学教程（第三版）（“十二五”国家级规划教材） | 张康之　李传军 |
| 公共危机管理导论（“十一五”国家级规划教材） | 肖鹏军 |
| 公共危机管理概论 | 王宏伟 |
| 公共危机与应急管理：原理与案例 | 王宏伟 |
| 应急管理导论 | 王宏伟 |
| 行政决策学 | 许文惠　张成福　孙柏瑛 |
| 非营利组织管理 | 吴东民　等 |
| 非营利组织管理 | 康晓光 |
| 非营利组织管理导引与案例 | 崔向华　张　婷 |
| 当代中国政府与政治 | 景跃进　陈明明　肖　滨 |
| 当代中国政府与行政（第三版） | 魏　娜　吴爱明 |
| 当代中国政府（第二版）（“十一五”国家级规划教材） | 吴爱明 |
| 地方政府学概论（第二版） | 方　雷 |
| 地方政府管理（第二版） | 陈瑞莲　张紧跟 |
| 管理秘书实务（第三版） | 赵锁龙 |
| 行政秘书学 | 唐　钧 |
| 公文写作与处理 | 赵国俊 |
| 机关管理的原理与方法（第三版） | 赵国俊　陈幽泓 |
| 公共部门绩效管理 | 方振邦 |

| 书名 | 作者 |
| --- | --- |
| 政府绩效管理 | 方振邦　葛蕾蕾 |
| 政府绩效评估 | 蔡立辉 |
| 公共关系概论（第二版） | 邹正方 |
| 政府公共关系（第二版）（“十一五”国家级规划教材） | 廖为建　张　宁 |
| 社会管理 | 汪大海 |
| 社会管理——理论、实践与案例 | 陈振明 |
| 西方行政学理论概要（第二版）（“十一五”国家级规划教材） | 丁　煌 |
| 公共行政学史 | 何艳玲 |
| 公共行政学经典理论导引与案例 | 付小均 |
| 西方公共管理名著导读 | 汪大海 |
| 管理思想史教程 | 方振邦　葛蕾蕾 |
| 文化管理学（第三版）（“十二五”国家级规划教材） | 孙　萍 |
| 文化创意产业导论 | 魏鹏举 |
| 卫生事业管理（第二版）（“十一五”国家级规划教材） | 李　鲁 |
| 教育经济与管理（第二版）（“十一五”国家级规划教材） | 娄成武　史万兵 |
| 现代公用事业管理 | 崔运武 |

## 公共管理类专业教材——劳动与社会保障专业教材

| 书名 | 作者 |
| --- | --- |
| 社会保障概论（第六版）（教育部推荐教材） | 孙光德　董克用 |
| 社会保障管理（“十一五”国家级规划教材） | 邓大松　刘昌平 |
| 劳动经济学（“十一五”国家级规划教材） | 董克用　刘　昕 |
| 劳动法与社会保障法 | 黎建飞　李静 |
| 人力资源管理 | 彭剑锋 |
| 社会保险学（第三版） | 孙树菡　朱丽敏 |
| 社会保障基金管理 | 李春根 |
| 社会保险精算原理与实务 | 王晓军 |
| 社会保障国际比较 | 仇雨临 |
| 国际社会保障制度教程 | 穆怀中 |
| 员工福利概论（第二版）（“十一五”国家级规划教材） | 仇雨临 |
| 医疗保障 | 王虎峰 |

## 公共管理类专业教材——土地资源管理专业教材

| 书名 | 作者 |
| --- | --- |
| 土地经济学（第七版）（“十一五”国家级规划教材） | 毕宝德 |
| 土地法学 | 王守智　吴春岐 |
| 土地科学导论 | 叶剑平 |
| 土地资源管理学 | 张正峰 |
| 土地利用规划学 | 张占录　张正峰 |
| 不动产估价（第二版）（“十一五”国家级规划教材） | 叶剑平　曲卫东 |
| 土地信息系统 | 曲卫东　韩　琼 |
| 地籍管理（第五版）（“十一五”国家级规划教材） | 谭　峻　林增杰 |

## 公共管理类专业教材——城市管理专业教材

| 书名 | 作者 |
| --- | --- |
| 城市管理学（第三版） | 杨宏山 |
| 城市管理法 | 王丛虎 |

| 书名 | 作者 |
|---|---|
| 城市总体规划原理 | 邰艳丽　田　莉 |

## 公共管理硕士（MPA）教材——核心课教材

| 书名 | 作者 |
|---|---|
| 全国公共管理硕士（MPA）核心课程教学指导纲要 | 全国公共管理专业学位研究生教育指导委员会 |
| 社会主义建设理论与实践（第三版） | 李景治　蒲国良 |
| 公共管理英语（修订版） | 顾建光 |
| 公共管理学（修订版） | 张成福　党秀云 |
| 公共管理学原理（修订版） | 陈振明 |
| 公共管理导论 | 竺乾威　朱春奎　李瑞昌 |
| 公共政策分析 | 陈振明 |
| 公共政策分析导论 | 陈振明 |
| 公共政策分析概论（修订版） | 谢　明 |
| 政治学：基本理论与中国视角 | 任剑涛 |
| 公共部门经济学（第三版） | 高培勇　崔　军 |
| 公共经济学 | 唐任伍 |
| 行政法学（修订版） | 皮纯协　张成福 |
| 行政法学概论（第三版） | 胡锦光 |
| 非营利组织管理概论（修订版） | 王　名 |
| 非营利组织管理 | 王　名　王　超 |
| 公共管理伦理学（修订版） | 张康之 |
| 社会研究方法 | 陈振明 |
| 定量分析方法（第三版） | 谭跃进 |
| 电子政务理论与方法（第四版） | 金江军 |
| 电子政务 | 吴爱明　何　滨 |
| 信息技术及其应用（第三版） | 张维明 |

## 公共管理硕士（MPA）教材——专业方向必修课、选修课教材

| 书名 | 作者 |
|---|---|
| 公务员制度教程（第五版） | 舒　放　王克良 |
| 比较政府与政治（修订版） | 卓　越 |
| 当代中国政府与政治（第三版） | 吴爱明　朱国斌　林　震 |
| 公共部门人力资源管理及案例教程（第三版） | 陈天祥 |
| 领导学 | 祁凡骅　刘　颖 |
| 领导学教程 | 常　健 |
| 领导理论与实践 | 邱霈恩 |
| 西方公共行政管理理论精要 | 丁　煌 |
| 社会管理概论 | 唐　钧 |
| 公共部门绩效评估（修订版） | 卓　越 |
| 公共危机管理（修订版） | 王宏伟 |
| 公共部门危机管理（第三版） | 张小明 |
| 公共部门战略管理（修订版） | 陈振明 |
| 城市管理理论与实务 | 杨宏山 |
| 公共冲突管理 | 常　健 |
| MPA 学位论文写作指南 | 汪大海 |

**图书在版编目（CIP）数据**

社会管理概论/唐钧主编．—北京：中国人民大学出版社，2013.8
公共管理硕士（MPA）系列教材
ISBN 978-7-300-17896-7

Ⅰ.①社… Ⅱ.①唐… Ⅲ.①社会管理-概论 Ⅳ.①C916

中国版本图书馆 CIP 数据核字（2013）第 185014 号

公共管理硕士（MPA）系列教材
**社会管理概论**
主　编　唐　钧
副主编　边晓慧　李家福　王　春　范　坤
Shehui Guanli Gailun

| | | | |
|---|---|---|---|
| **出版发行** | 中国人民大学出版社 | | |
| **社　　址** | 北京中关村大街 31 号 | **邮政编码** | 100080 |
| **电　　话** | 010－62511242（总编室） | | 010－62511770（质管部） |
| | 010－82501766（邮购部） | | 010－62514148（门市部） |
| | 010－62515195（发行公司） | | 010－62515275（盗版举报） |
| **网　　址** | http://www.crup.com.cn | | |
| | http://www.ttrnet.com（人大教研网） | | |
| **经　　销** | 新华书店 | | |
| **印　　刷** | 北京市鑫霸印刷有限公司 | | |
| **规　　格** | 185 mm×260 mm　16 开本 | **版　　次** | 2013 年 9 月第 1 版 |
| **印　　张** | 14.25 插页 1 | **印　　次** | 2019 年 3 月第 2 次印刷 |
| **字　　数** | 316 000 | **定　　价** | 32.00 元 |

# 教学支持说明

（教学课件）

中国人民大学出版社政治与公共管理出版分社秉承“出教材学术精品，育人文社科英才”的出版宗旨，多年来，出版了大批高质量的公共管理、教育学、政治学、政治理论公共课教材和学术著作。

我们为本教材制作了相应的 PPT 教学课件，任何一位采用本书作为授课教材的教师均可免费获得该课件。为了确保该课件仅为授课教师获得，烦请您填写如下材料，并将相关信息通过 E-mail 发送给我们，我们将在收到相关信息后通过 E-mail 给您发送该课件。欢迎您加入我们的 QQ 群（全国政管教师交流群，群号为 236159213），或登录我社官方网站（www. crup. com. cn），注册并认证成为教师会员，以获得更好的服务。

我们的联系方式：

地址：（100872）北京市中关村大街甲 59 号文化大厦 1202 室

中国人民大学出版社政治与公共管理出版分社

电话：（010）82502724　62514775（传真）

E-mail：ggglcbfs@vip. 163. com

QQ 群：236159213

兹证明__________大学/学院__________院/系__________专业__________学年第________学期开设的__________课程，采用中国人民大学出版社出版的____________________（书名、作者）作为本课程教材。授课教师为__________，授课班级共______个、学生______人。授课教师需要与本书配套的教学课件。

---

联 系 人：____________________

通信地址：____________________

邮　　编：____________________

电　　话：____________________

E-mail：______________________

系/院主任：__________（签字）

（系/院办公室章）

______年____月____日

---